Monadologia e sociologia

GABRIEL TARDE

Monadologia e sociologia

e outros ensaios

Organização e introdução

Eduardo Viana Vargas

Tradução

Paulo Neves

editora
unesp

Títulos originais: *Monadologie et sociologie, La Variation universelle, L'Action des faits futurs, Les possibles: fragment d'un ouvrage de jeunesse inédit*

Direitos de publicação reservados à:
Fundação Editora da Unesp (FEU)
Praça da Sé, 108
01001-900 – São Paulo – SP
Tel.: (0xx11) 3242-7171
Fax: (0xx11) 3242-7172
www.editoraunesp.com.br
www.livrariaunesp.com.br
feu@editora.unesp.br

Dados Internacionais de Catalogação na Publicação (CIP)
de acordo com ISBD
Elaborado por Vagner Rodolfo da Silva – CRB-8/9410

T181m

Tarde, Gabriel
Monadologia e sociologia: e outros ensaios / Gabriel Tarde; organizado por Eduardo Viana Vargas; traduzido por Paulo Neves. – São Paulo: Editora Unesp, 2018.

Tradução de: *Monadologie et sociologie; La Variation universelle; L'Action des faits futurs; Les possibles: fragment d'un ouvrage de jeunesse inédit*
Inclui bibliografia.
ISBN: 978-85-393-0717-3

1. Filosofia. II. Monadologia. III. Sociologia. IV. Antropologia. I. Vargas, Eduardo Viana. II. Neves, Paulo. III. Título.

2018-190 CDD 193.2
CDU 141.144

Editora afiliada:

Asociación de Editoriales Universitarias de América Latina y el Caribe

Associação Brasileira de Editoras Universitárias

Sumário

Eug. Pirou
10 MÉDAILLES D'OR
2 DIPLÔMES D'HONNEUR
MÉDAILLE D'OR EXPON UNIVLE 1900
5. Bd St GERMAIN
PARIS

Gabriel Tarde e a diferença infinitesimal

Eduardo Viana Vargas

I

Hypotheses fingo: existir é diferir.

Imaginemos uma hipótese, experimentemo-la, indaguemos até onde é possível ir quando ela é princípio, desembaracemo-la de contrassensos, consideremos se, afinal, ela produz alguma diferença: foi algo do gênero que Gabriel Tarde fez nos ensaios que reunimos neste volume.

Tudo indica que estes ensaios foram os primeiros escritos por Tarde; foram também os mais ousados, dirão uns, os mais delirantes, dirão outros, os mais metafísicos, provavelmente aquiescerão uns e outros. Todos foram elaborados na década de 1870, quando Tarde, jovem magistrado de província, dividia seu cotidiano entre Sarlat, La Roque Gageac e Ruffec, no sudoeste da França. Todos tiveram de esperar muito tempo antes de serem publicados. Eles o foram quando Tarde já havia se mudado para Paris e estava em vias de se tornar celebridade, ou quando ele já havia morrido. Além disso, o conjunto não representa mais do que uma faceta dos trabalhos de Tarde, que foram muitos e diversificados (ver bibliografia listada ao final deste volume). Sua leitura provavelmente surpreenderá mesmo aqueles minimamente familiarizados com os trabalhos que ele dedicou à criminologia e à sociologia da imitação. Trata-se, no entanto, de um aspecto decisivo, pois foi precisamente nesses ensaios que Tarde desenvolveu de maneira mais impetuosa a hipótese de uma "monadologia renovada" pelo "ponto de vista sociológico universal" (*Monadologia e sociologia* [MS], p.81, 91-3, 114).[1] Essa hipótese fecunda seus demais trabalhos; procurar compreendê-los sem passar por ela nos parece um erro. Além disso, é através dela que poderemos encontrar talvez o que há de mais original em Tarde, e também o que há de mais promissor.

II

A história canônica da disciplina narra que uma das clivagens decisivas para o advento da sociologia se processou em torno de um confronto desigual entre um ancião e um cadete: Gabriel Tarde (1843-1904), expoente maior da sociologia francesa do final do século XIX, professor do Collège de France e membro da Académie, autor de inúmeros livros e artigos publicados na França e em vários outros países, e Émile Durkheim (1858-1917), professor emergente de universidade de

1 Optamos por usar abreviaturas nas referências aos trabalhos de Tarde. No caso dos ensaios aqui publicados, indicamos as páginas desta edição. A lista das abreviaturas e as referências completas das obras encontram-se na bibliografia ao final desta introdução. A tradução para o português dos trechos de trabalhos publicados em língua estrangeira e citados nesta introdução é de nossa responsabilidade.

província (Bordeaux), que vira seus primeiros trabalhos serem objeto de fria acolhida. Já no início do século XX, no entanto, o quadro havia mudado completamente: o cadete bateu o ancião e venceu essa "batalha inaugural" (Balandier 1999), Durkheim entrou para a história como pai fundador da sociologia científica e Tarde foi neutralizado como mero precursor da disciplina.[2]

Por conta disso, habituamo-nos a ler Durkheim antes de Tarde, o que não seria problema algum, desde que continuássemos a ler Tarde apesar e além de Durkheim. O problema aumenta quando, por assim dizer, nos apossamos de Tarde depois de termos sido tomados por Durkheim, pois geralmente é sob o crivo do pensamento durkheimiano que consideramos os escritos de Tarde – quando julgamos conveniente fazê-lo, obviamente. Isso costuma provocar danos (quase) irreparáveis. O mais corriqueiro consiste em (des)qualificar os trabalhos de Tarde como não sociológicos (posto que filosóficos ou psicológicos, nas melhores hipóteses, ou fruto de puro diletantismo, na pior), além de indevidamente centrados na noção de indivíduo.[3] Essa (des)qualificação, há muito acionada, não é mais procedente. Um renovado interesse por Tarde tem agido nos

2 Sobre Durkheim, a bibliografia é abundante e, em geral, bem conhecida. Sobre Tarde, ver listagem ao final deste volume. Para uma introdução à sociologia de Tarde, em português, ver Vargas (1995; 2000). Sobre a polêmica entre Tarde e Durkheim, ver Karsenti (2002), Borlandi (1994) e Besnard (1995), além de Vargas (2006).

3 Hoje corrente nos manuais de sociologia, essa (des)qualificação foi inicialmente elaborada por Durkheim (1975a; 1975b; 1999a; 1999b; 2000), Bouglé (1897-1898), Simmiand (1901-1902) e Mauss (2003), entre vários outros do grupo do *Année Sociologique*.

últimos anos para mudar essa situação.[4] Entre outras coisas, ele vem mostrando de maneira enfática que, para Tarde, o que conta não são os indivíduos, mas as relações infinitesimais de repetição, oposição e adaptação que se desenvolvem entre ou nos indivíduos, ou melhor, num plano onde não faz sentido algum distinguir o social e o individual.[5] Essas relações infinitesimais de repetição, oposição e adaptação são exaustivamente consideradas nos seus maiores e mais importantes trabalhos, notadamente em *Les Lois de l'imitation* (*LI*, 1890), *La Logique sociale* (*LGS*, 1895), *L'Opposition universelle* (*OU*, 1897), *Les Lois sociales* (*LS*, 1898) e *La Psychologie économique* (*PE*, 1902). Certamente elas também estão presentes nos ensaios aqui reunidos. Mas nestes há ainda e sobretudo uma outra coisa: uma hipótese que Tarde

---

4 As listagens bibliográficas de e sobre Tarde (*infra*, p.240 et seq.) dão uma boa ideia do renovado interesse por sua obra. Entre outras coisas, a bibliografia evidencia que ele publicou muita coisa e sobre muitos assuntos, quase tudo em vida, e que as publicações foram interrompidas pouco tempo depois de sua morte e apenas recentemente retomadas. Já a bibliografia sobre Tarde mostra um interesse relativamente constante sobre seu trabalho, apesar de incomparavelmente menor do que aquele dedicado a Durkheim ou Weber, mas constante o suficiente para permitir nuançar, ao menos na França, os sucessivos reclamos de redescoberta de sua obra. Ainda assim, ela revela um especial entusiasmo nos últimos anos. Além dela, destaco apenas os recentes livros de Latour (2005) e Lazaratto (2002). O polêmico artigo em que Mucchielli (2000) tacha acrimoniosamente o renovado interesse por Tarde de pautar-se por motivações meramente polêmicas talvez seja a melhor contraprova de que o interesse se renova.

5 Sobre o supraindividual e o infrassocial, ver em especial *LI* (p.155 et seq.); ver também Deleuze (1988, p.136-7), Deleuze e Guattari (1996, p.98-101), Karsenti (1993), Lazzarato (1999) e Latour (2005, p.43 et seq.), além de Vargas (1995; 2000, p.192-213).

imagina e que não aparece assim tão clara e inequivocamente desenvolvida em nenhum outro trabalho, sequer mesmo nas peças literárias que escrevia com certa frequência e que, se não são geniais, não carecem de imaginação. É essa hipótese que, pelo momento, gostaríamos de fazer centelhar com a publicação deste volume.

III

Jurista de formação e profissão, Tarde foi, talvez, o mais filósofo dos sociólogos, ou o mais sociólogo dos filósofos, precisamente no momento em que certa sociologia emergente procurava se livrar de vez das trevas da metafísica. Não é de espantar que, em vida, Tarde tenha atraído tanta atenção de Durkheim, aquele que talvez tenha sido o mais sociólogo dos sociólogos; nem que, postumamente, tenha despertado tão pouca atenção, particularmente entre os que herdaram de Durkheim a concepção de uma sociologia autônoma.

O que Tarde procura compor nos ensaios aqui reunidos é o que ele chamou a certa altura de "ponto de vista sociológico universal" (*MS*, p.91-3, 114). Um ponto de vista sociológico universal! Não é pedir muito para uma balbuciante disciplina? Decerto, os planos que Tarde reservava para a sociologia nascente não eram menos ambiciosos que os de Durkheim. E se Tarde e Durkheim estavam em desacordo a respeito de quase tudo, ainda assim acordavam que a filosofia já não era suficiente, que já não bastava mais cogitar sistemas de mundo considerando apenas a coerência interna dos enunciados, que era necessário levar em conta outras coisas além da lógica, coisas como as ciências e as sociedades. Essa insatisfação com a filosofia não provocou em Tarde os mesmos efeitos que em Durkheim. Como sabemos, Durkheim se esforçou para fazer a sociologia surgir como ciência autônoma por meio de uma ruptura radical com a filosofia. Tarde fez outras coisas: extraiu da filosofia a hipótese-guia de seu ponto de vista sociológico universal enquanto buscava no desenvolvimento da ciência contemporânea suporte para tal operação.

Dessa operação de extração resultou uma imagem de pensamento[6] singularmente diferente daquela que se tornou canônica nas ciências sociais. Ao contrário desta, marcadamente identitária, a imagem de pensamento projetada por Tarde opera no elemento da diferença universal, a diferença diferente. Para imaginá-la, ele convocou uma intrincada noção: "as mônadas, filhas de Leibniz". Como se sabe, em Leibniz as mônadas são as partículas elementares, as substâncias simples de que os compostos são feitos: elas são, portanto, diferenciadas (dotadas de qualidades que as singularizam umas em relação às outras) e diferenciantes (animadas por uma potência imanente de mudança contínua ou de diferenciação). Além disso, ou por isso mesmo, elas dizem respeito às nuanças, ao infinitamen-

6 Tomamos emprestado de Deleuze (1988, p.215 et seq.; ver também Zourabichvili, 2004, p.15 et seq.) a noção de imagem do pensamento para indicar que a diferença entre Tarde e o *mainstream* das ciências sociais é maior do que uma diferença entre paradigmas ou é de outra ordem. Aproveitamos a oportunidade para rendermos homenagem a Deleuze, que já homenageou Tarde (Deleuze; Guattari; 1996, p.98 et seq.) e que se tornou o principal inspirador do renovado interesse em torno de Tarde. A respeito do impacto de Tarde sobre Deleuze, ver Alliez (2001), em que nota que é de Tarde que derivam os títulos de alguns dos livros mais importantes de Deleuze, como *Différence et répétition* (1968) e, com Guattari, *Mille Plateaux* (1980).

te pequeno, ao infinitesimal que constitui toda (a) diferença. Em Tarde, as mônadas serão tudo isso e ainda algo mais, como veremos a seguir. Pelo momento, cabe proceder contraintuitivamente e reconhecer que, em Tarde, o universal só pode ser alcançado por mediação do elemental, do infinitesimal. É essa a lição que aprende de Leibniz. É essa a lição monadológica.

É essa também a lição que as ciências assimilaram da filosofia e souberam levar adiante, enquanto esta marcou passo. Contudo, cabe notar que, para Tarde, a superação da filosofia pela ciência significa duas coisas bem específicas: uma, que a filosofia ainda reina no campo da formulação de hipóteses e de conceitos; outra, que não foi porque a ciência se tornou mais positiva que ela superou a filosofia, mas sim porque ela demonstrou uma incomparável capacidade para multiplicar prodigiosamente os agentes do mundo. Foi assim na física, com a pulverização do corpo celeste em uma infinidade de massas corpusculares; na química, com a ruptura do átomo em turbilhões subatômicos; na biologia, com o rompimento da unidade orgânica em um número prodigioso de células, ou da grande cadeia do ser em favor de transformismos específicos os mais variados; enfim, foi assim em todas as ciências que, para progredir, tiveram de resolver unidades aparentes em miríades de agentes infinitesimais. Logo, há de ser assim também na sociologia, pretende Tarde, particularmente caso se queira dar a essa disciplina um conteúdo minimamente realista. Mas para isso é preciso realizar um movimento desconcertante e admitir que há infinitamente mais agentes no mundo do que correntemente imaginam nossas ciências humanas.

Assim como as ciências levaram adiante a lição que haviam assimilado da filosofia, Tarde introduziu modificações decisivas na lição monadológica, ainda que sua dívida para com Leibniz tenha permanecido impagável. O que Tarde propõe, não nos esqueçamos, é uma "monadologia renovada", responsável, aliás, por encaminhar seu pensamento em direção à sociologia infinitesimal que ele estava em vias de inventar. Em outros termos, o que ele propõe é uma teoria social que retenha de Leibniz o princípio da continuidade (que fundamenta o cálculo infinitesimal) e o dos indiscerníveis (ou da diferença imanente), ao mesmo tempo que abra mão dos princípios da clausura e da harmonia preestabelecida (em suma, da hipótese de Deus) em que Leibniz havia encerrado as mônadas. Tarde não se cansa de censurar essa timidez de Leibniz e dos demais monadologistas, a de haver fechado as mônadas rápido demais; nem de insistir que é preciso levar a hipótese monadológica até o fim, ou o infinito, pois não há nada que obrigue a parar nas mônadas. Nem absolutamente espirituais, nem integralmente materiais, para ele as mônadas não são, como em Leibniz, as substâncias simples que entram nos compostos: "esses elementos últimos aos quais chega toda ciência, o indivíduo social, a célula viva, o átomo químico, só são últimos da perspectiva de sua ciência particular", afirma Tarde (*MS*, p.57), "eles próprios são compostos", compostos até o infinitesimal.

Em suma, Tarde rompe a clausura das mônadas leibnizianas como os cientistas haviam quebrado o átomo: se os átomos são turbilhões, as entidades finitas não constituem realidades *sui generis*, mas integrações de diferenças infinitesimais, no sentido emprestado ao termo pelo cálculo infinitesimal. Logo, como composições elementares infinitesimais que se interpenetram reciprocamente, as mônadas abertas por Tarde tampouco são impassíveis, como o são em Leibniz, já que não se limitam a exprimir o universo. Em vez disso, elas são esferas de ação que se interpenetram e cujo centro "é um ponto singularizado por suas propriedades, mas, ainda assim, um ponto como outro qualquer", de modo que as mônadas não têm outra essência senão as atividades que exercem umas sobre as outras; cada mônada, portanto, "está inteiramente lá onde age" (MS, p.81). Ocorre que a mônada, como o átomo, é "um *meio universal* ou que aspira a sê-lo, um universo *para si*, não apenas um *microcosmo*, como queria Leibniz, mas o cosmo inteiro conquistado e absorvido por um único ser" (MS, p.81).

Essa formulação é decisiva e será retomada por Tarde em várias outras ocasiões e de muitas outras maneiras. É ela que lhe permite renovar a monadologia e, simultaneamente, livrar-se do perigo das unificações precipitadas tão comuns ao atomismo e aos seus correlatos, como o sociologismo e o individualismo. Sim, a lição monadológica é reducionista, seu movimento próprio vai do grande ao pequeno, embora "a razão pura", ou "nua", esteja "disposta a acreditar em tipos divinos inteiramente prontos *ab initio*, que repentinamente envolveriam e penetrariam um torrão de terra do exterior ao interior" (MS, p.60). Mas também sim, trata-se de um reducionismo intrincado, pois que sustenta que há sempre mais no menor do que no maior, que "há mais lógica em uma frase do que em um discurso [...], em um rito especial do que em todo um credo" (LS, p.115). É portanto um equívoco comum pensar que Tarde substitui a sociedade pelos indivíduos como quem troca o todo pelas partes. O que ele propõe é algo bem diferente: substituir o grande pelo pequeno, as totalidades e as unidades pelas multidões, os átomos, os indivíduos, as sociedades ou outros "tipos divinos" precipitadamente unificados, como estes, pelas ações infinitesimais de uma infinidade de mônadas abertas, cada qual contendo em si todas as outras. Em poucas palavras, se a ação é a essência da mônada é porque cada mônada já é multidão. É por isso que, na monadologia renovada por Tarde, os "verdadeiros *agentes* [seriam] esses pequenos seres que dizemos serem infinitesimais, seriam as verdadeiras *ações* essas pequenas variações que dizemos serem infinitesimais" (MS, p.61).

IV

Não há como deter a marcha em direção ao infinitesimal. E, por onde quer que se siga, não há como deixar de observar que o elemental é composto – aliás, como todo composto. Quanto mais nos aproximamos do infinitamente pequeno, mais encontramos seres completos e complexos. A ciência está aí para evidenciá-lo, enquanto progride multiplicando prodigiosamente os agentes do mundo. Mas, nesse passo, ajuíza Tarde, a ciência acaba "espiritualizando sua poeira" e unificando a dualidade cartesiana entre matéria e espírito. "Com isso ela se lança não [...] em um antropomorfismo, mas em um *psicomorfismo* inevitável" (MS, p.65-6). A lição (neo)monadológica é dupla, pois "supõe a descontinuidade dos elementos e a homogeneidade de seu ser" (MS, p.53). Passamos pela primeira parte, que nos conduziu ao infinitesimal; cabe agora passar pela segunda, que diz respeito ao monismo e ao psicomorfismo universal.

Comecemos pelo monismo. O monismo proposto por Tarde não é monoteísta: a hipótese de Deus foi abandonada. Pluralista, seu monismo ainda assim não se resolve num politeísmo, mas num *miriateísmo* generalizado. Esta é a exigente equação neomonadológica: monismo=miriateísmo, cada um é já uma miríade, uma multidão, todo um mundo de agentes, muitos mundos, *des mon(a)des*, como bem expressou Alliez (1999, p.10).

Há três maneiras de conceber o monismo, lembra Tarde. Uma delas é dualista: a mente e o mundo são, como na batida metáfora, as duas faces de uma mesma moeda, a realidade. Outra é triádica, ou melhor, trinitária: nela, mente é mente, mundo é mundo, e se mente e mundo têm algo em comum, é porque ambos são crias de um mesmo criador: Deus, por exemplo, embora por vezes também a Natureza, a Lei, o Mercado ou a Sociedade figurem como o terceiro transcendente a garantir que dois façam um. Outra, enfim, é monista: nela, "matéria é espírito, nada mais. Essa última tese é a única [...] que oferece realmente a redução exigida" (MS, p.66), assevera Tarde: a redução infinita, infinitesimal e, por isso, irredutível. Mas há ainda dois modos de interpretar essa forma monista de compreender o monismo, um modo idealista e um modo monadologista.

> Com os idealistas, pode-se dizer que o universo material, inclusive os outros eus, é *meu*, exclusivamente meu; ele se compõe de meus estados de espírito ou de sua possibilidade na medida em que esta é afirmada por mim, ou seja, na medida em que ela própria é um de meus estados de espírito. Se essa interpretação for rejeitada, não resta senão admitir, com os monadologistas, que todo o universo exterior é composto de outra almas que não a minha, mas no fundo semelhantes à minha. (MS, p.66)

Almas outras que não a minha, mas no fundo semelhantes à minha, nada mais cristão, não? Não, porque não há mais um Deus absoluto, mas uma miríade de deuses ou agentes infinitesimais. Além disso, se "matéria é espírito, nada mais", é também porque espírito é matéria, nada menos; caso contrário a formulação não seria efetivamente monista. Tarde nota ainda que essa é a única interpretação que permite evitar que continuemos a cair numa contradição sem fim, aquela que ocorre toda vez que afirmamos simultaneamente e com a mesma convicção: 1) que jamais seremos capazes de conhecer as coisas em si (a natureza, a realidade exterior) porque afinal somos humanos, constituímos um domínio ontológico privativo; e 2) que, apesar de incognoscíveis, ainda assim as coisas são alguma coisa, eminentemente as próprias coisas. Ou bem estamos definitivamente presos às armadilhas do solipsismo e jamais seremos capazes de afirmar outra coisa além de nós mesmos, o que nos conduz à absurda posição de negar a existência das próprias coisas, ou bem somos forçados a apostar que "o ser em si é, no fundo, semelhante ao nosso ser", ou que por toda parte as coisas não são senão almas outras, mas almas ainda assim, de maneira que, não havendo mais domínios ontológicos privativos, e não sendo mais incognoscíveis, as diferenças ontológicas que compõem as coisas-almas, mônadas descerradas, enfim assim também se tornem afirmáveis. Como se vê, para seguirmos com o monismo miriateísta de Tarde é preciso deixar de lado muitos outros além de Descartes: Kant e sua coisa em si, por exemplo. Ao tomar contato com Tarde, Latour (2002, p.130) observou que a solução proposta, além de radical, é saudável: não é mais possível continuar dizendo que as coisas existem em si mesmas e que nós não podemos conhecê-las porque um abismo nos separa; se podemos dizer algo sobre elas é porque compartilhamos com elas mais do que costumam imaginar nossas filosofias ou ciências demasiado ou insuficientemente humanas.

Na passagem em questão, Tarde fala de almas, como em outros momentos havia falado de espíritos. O argumento, entretanto, não tem nada de espiritualista, como já deve estar ficando claro, já que matéria é espírito e espírito é matéria. O animismo generalizado que subjaz aí opera antes que se possa fazer a partilha entre matéria e espírito. O argumento é: monismo = miriateísmo, não nos esqueçamos. E tem dimensões ontológicas. Nele, crença e desejo são forças. Nele, "após ter sido mil vezes sondado e julgado insondável, o abismo que separa o movimento e a consciência, o objeto e o sujeito, a mecânica e a lógica acabou sendo posto em dúvida, reputado aparente, e finalmente negado pelos mais ousados, que encontraram eco em toda parte" (*MS*, p.53-4). Mas aqui antecipamos.

Talvez o argumento não seja espiritualista, mas ele é claramente antropomórfico, não? Pura ideologia! Mera projeção de modos de pensar e agir propriamente humanos às formas inanimadas da natureza ou aos seres vivos irracionais, é o que provavelmente muitos pensarão. Será? Não estaremos indo rápido demais? Leiamos mais uma vez: como as ciências, o monismo = miriateísmo de Tarde "se lança, *não* [...] *em um antropomorfismo*, mas em um psicomorfismo inevitável" (*MS*, p.65-6, grifo meu). Não se trata de antropomorfismo, diz Tarde mais de uma vez. O antropomorfismo é, como o fetichismo, uma categoria de acusação, talvez de uso mais letrado, mas ainda assim uma categoria de acusação. A acusação é de projeção indevida, e seu ponto de apoio ou centro de irradiação é aquilo que é tido como indevidamente projetado: no caso, a condição humana. Em outras palavras, a acusação de antropomorfismo supõe um antropocentrismo de base ou, dito às avessas, só quem confina o humano no centro pode acusar um outro de projetá-lo em qualquer lugar. Logo, o psicomorfismo não é um antropomorfismo porque, para Tarde, a separação entre matéria e espírito, como aquelas entre mente e mundo, natureza e sociedade e indivíduo e sociedade são irrelevantes para a compreensão do mundo. Lembremo-nos: o elemento-último de cada ciência só é último aos olhos dessa ciência em particular, ou o elemental é ainda um composto. Para Tarde, as próprias ciências estão rebaixando os abismos escavados outrora entre natureza e sociedade e entre os seres vivos e os inorgânicos ao reconhecerem que os primeiros termos da série social são os últimos da série vital, enquanto os primeiros da série vital são os últimos da química, que, por sua vez, encontra no átomo seu termo inicial. Seu termo inicial? "Não", responde Tarde, "pois o átomo mais simples é um tipo material, um turbilhão [...], um ritmo vibratório de certo gênero, algo de infinitamente complicado" (*MS*, p.105).

Em suma, o psicomorfismo não é um antropomorfismo porque o mesmo movimento que levou Tarde a rejeitar a hipótese de Deus também o levou a recusar as hipóteses do Homem e da Natureza, bem como a da grande divisão entre eles. Essa dupla recusa do antropocentrismo e do antropomorfismo e, com ela, das guerras santas da razão, da ciência contra a religião, é provavelmente uma das principais responsáveis pelas dificuldades de propagação encontradas pela sociologia infinitesimal de Tarde no último século. Não obstante, se observarmos um pouco mais atentamente, talvez nos persuadamos de que há algo mais do que devaneio na ideia de que "todo fenômeno não é senão uma nebulosa decomponível em ações emanadas de uma infinidade de agentes que são outros tantos pequenos deuses invisíveis e inumeráveis" (*MS*, p.79).

V

Dizíamos que, embora Tarde encontre almas por todo canto, o argumento neomonadológico não é espiritualista, pois pulverizar unidades é também lançar pó por toda parte. Entretanto, ele certamente envolve um animismo generalizado, o que equivale a dizer que, em Tarde, monismo = miriateísmo e crença e desejo não são faculdades nem representações, mas forças, como as forças são crença e desejo. Vejamos, pois.

Como notou Tarde, "a principal objeção à doutrina das mônadas é [...] que ela coloca ou parece colocar tanto ou mais complicação na base dos fenômenos do que no seu topo. Quem explicará, poderão talvez nos perguntar, a complexidade espiritual dos agentes pelos quais acreditamos tudo explicar?" (*MS*, p.95). Boa pergunta! A objeção certamente seria grave, se a complexidade existisse. Tarde nega contudo a complexidade alegada, afirmando que a crença e o desejo "são todo o ser das mônadas", ou seja, atribuindo um estatuto ontológico à crença e ao desejo. Mas o que são crenças e desejos? Em Tarde, crenças e desejos são "as duas forças da alma", as forças plásticas e as forças funcionais que animam a vida social. Como forças, elas são quantidades; como quantidades, estão por todo canto, mas porque estão por todo canto elas variam em graus de intensidade. Eis um equívoco que correntemente vitimiza os lógicos: o de ignorar os diferentes graus de credibilidade e de desejabilidade.[7] Eis também um equívoco que acomete os sociólogos desde Durkheim: o de conceber o social como uma

7 Sobre crença e desejo, "La Croyance et le désir" [*CD*, 1880] é o ensaio fundamental, mas ver também *LGS* (p.75-172).

realidade *sui generis*. A questão é que em Tarde a palavra social tem um significado muito peculiar, posto que não define um domínio específico da realidade ou uma zona ontológica particular reservada aos humanos, mas designa toda e qualquer modalidade de associação; de forma que, em vez de substância, social é sempre relação, logo, diferença. Mais uma vez, não há nada de antropomórfico nessa hipótese, afirma, pois a crença e o desejo têm esse privilégio único de comportar estados inconscientes, estando para as representações e as sensações como o espaço e o tempo estão para a matéria: eles conformam seu exterior. Veja-se esta longa citação concernente àqueles que tentaram a via do monismo identificando equivocadamente o movimento à sensação:

> de fato, pelo menos um desses termos está mal escolhido. Entre as variações puramente quantitativas do movimento, cujos desvios são eles próprios mensuráveis, e as variações puramente qualitativas da sensação, quer se trate de cores, de odores, de sabores ou de sons, o contraste é demasiado chocante para nosso espírito. No entanto, se entre nossos estados internos, por hipótese diferentes da sensação, houvesse alguns quantitativamente variáveis, como procurei mostrar alhures, esse caráter singular permitiria talvez tentar por eles a *espiritualização* do universo. A meu ver, os dois estados da alma, ou melhor, as duas forças da alma chamadas crença e desejo, de onde derivam a *afirmação* e a *vontade*, apresentam esse caráter eminente e distintivo. Pela universalidade de sua presença em todo fenômeno psicológico do homem ou do animal, pela homogeneidade de sua natureza de um extremo a outro de sua imensa escala, desde a menor inclinação a crer e a desejar até a certeza e a paixão, enfim, por sua mútua penetração

> e por outros traços de similitude não menos impressionantes, a crença e o desejo desempenham no eu, com relação às sensações, precisamente o papel exterior do espaço e do tempo com relação aos elementos materiais. Caberia examinar se essa analogia não encobriria uma identidade, se, em vez de serem simplesmente formas de nossa sensibilidade, como afirmou seu mais profundo analista, o espaço e o tempo não seriam eventualmente noções primitivas ou quase sensações contínuas e originais pelas quais se traduziriam a nós, graças às nossas duas faculdades de crer e de desejar, fonte comum de todo julgamento e portanto de toda noção, os graus e os modos de crença, os graus e os modos de desejo dos agentes psíquicos diferentes de nós. Nessa hipótese, os movimentos dos corpos seriam apenas espécies de julgamentos ou desígnios formados pelas mônadas. (*MS*, p.67-8)

Não é o átomo "um turbilhão, um ritmo vibratório de certo gênero, algo de infinitamente complicado segundo todas as aparências"? Pois então não há mistério: os movimentos dos corpos são juízos, já que as almas são forças, e se a matéria crê e deseja, é ávida, é porque crença e desejo são quantidades, isto é, forças da alma, elementos compostos de matéria infinitesimal. Em outros termos, corpo e alma, matéria e espírito, propriedades objetivas e subjetivas estão explicitamente conjugadas em um mesmo campo ontológico. O protoplasma oferece o exemplo: límpida como a clara de ovo, como na imagem de Perrier citada por Tarde, "essa geleia executa movimentos, *captura animais, os digere* etc. Tem apetite, é evidente, e, portanto, uma percepção mais ou menos clara do que lhe apetece" (*MS*, p.74). E se esse exemplo ainda é demasiado próximo, animado, Tarde considera que, "se os corpos vivos [...] são máquinas, [...] seus alimentos (carbono, azoto, oxigênio, hidrogênio etc.) contêm elementos psíquicos ocultos" (*MS*, p.73). Ou seja, o animado e o inanimado se confundem *in minimus*. Se ainda assim esse exemplo continua muito animado, feérico mesmo -- para usar a precisa expressão de Joseph (1984) –, é porque, para Tarde, há sujeitos por toda parte.

Há pequenos deuses por todo canto: não será pedir muito dar crédito a esse segundo momento da lição neomonadológica? O primeiro já não era fácil; esse segundo, então, exige demasiado, não? Sim, exige demasiado; para começar, que estejamos dispostos a nos livrar de certos preconceitos e a colocar questões que de outro modo não o seriam. Por exemplo, que nos indaguemos seriamente se as inovações e as descobertas que brotam de nossa inteligência e de nossa vontade próprias prevalecem sobre as invenções, as indústrias e as artes celulares, "tais como um dia de primavera as *expõe*". Para Tarde,

> se o preconceito de nos acreditarmos sempre superiores a tudo não nos cegasse, a comparação não penderia a nosso favor. É esse preconceito, no fundo, que nos impede de crer nas mônadas. Em seu secular esforço para interpretar mecanicamente tudo o que está fora de nós, mesmo o que mais brilha em traços de gênio acumulados, as obras vivas, nosso espírito sopra, de certo modo, apagando todas as luzes do mundo em benefício de sua solitária fagulha. (*MS*, p.75)

Desde que saiu das sombras da caverna, a solitária fagulha do espírito erra, cega. E, se somos incapazes de perceber por toda parte "almas outras que não a minha, mas no fundo semelhantes à minha", é por conta desse preconceito antropocêntrico que nos faz crer sermos sempre superiores, bem como de dois preconceitos que lhe são correlatos, aquele que nos faz julgar os seres "tanto menos inteligentes quanto menos os conhecemos" (*MS*, p.77) e aquele que nos faz "imaginar homogêneo tudo o que ignoramos" (*MS*, p.98). Para Tarde, a diferença não é aquela estabelecida por um abismo ontológico infranqueável, mas aquela constituída relacionalmente, por curtas ou longas distâncias, de modo que "esses cidadãos infinitesimais de cidades misteriosas estão tão longe de nós que não devemos nos surpreender que o ruído de suas discórdias interiores não chegue até nós" (*MS*, p.112-3).

"O monismo nos encaminha ao psicomorfismo universal", diz Tarde. E se, como as muitas outras "entidades flutuantes e fantásticas" que a neomonadologia pulveriza em realidades múltiplas, as divisões ontológicas entre natureza e sociedade e humano e não humano devem ser abandonadas, é o caso então de perguntar onde, afinal, Tarde situa o humano: embora sejam muitos os pretendentes (estando o *cogito*, o simbólico e o social como realidade *sui generis* entre os candidatos mais frequentes), para ele o humano não se define por nenhuma essência, ou por qualquer figura da transcendência; em vez disso, o que o define é uma posição ou perspectiva:[8] o mundo humano é o "único que nos é conhecido *de dentro*". Assim, "quando se diz que a matéria é sólida, é como se se dissesse que ela é indócil; é uma

8 São muitos os pontos de contato entre o perspectivismo miriateísta e o perspectivismo ameríndio (Viveiros de Castro, 2002), embora haja ao menos uma diferença expressiva: enquanto Tarde insiste em dizer que é o mundo que é assim, os etnólogos costumam dizer que são os índios que são assim, de onde se conclui que a metafísica de uns é a cosmologia de outros.

relação *dela conosco* e não *dela com ela*, apesar da ilusão contrária, que especificamos desse modo, tanto pelo primeiro atributo quanto pelo segundo" (*MS*, p.128). Também assim,

> quando entro em comunicação verbal com um ou vários de meus semelhantes, nossas mônadas respectivas, segundo meu ponto de vista, apreendem-se reciprocamente; ao menos é certo que essa relação é a relação de um elemento social com elementos sociais tomados como distintos. Ao contrário, quando olho, quando escuto, quando estudo a natureza ambiente, as pedras, as águas, as próprias plantas, cada um dos objetos de meu pensamento é um mundo hermeticamente fechado de elementos que sem dúvida se conhecem ou se apreendem entre si intimamente, da mesma forma que os membros de um grupo social, mas que não se deixam abraçar por mim a não ser em bloco e de fora. (*MS*, p.120-1)

Uma diferença de perspectiva não é uma partilha ontológica. Ainda que cada qual tenha apresentado sua própria solução para o incomensurável abismo que haviam escavado entre sujeito e objeto, Descartes com Deus ou o *cogito*, Kant com as estruturas *a priori* e Durkheim com a sociedade se equivocaram em virtude dos mesmos preconceitos antropocêntricos, diria Tarde, de modo que, descartado esse grande equívoco, restam-nos duas opções: ou bem conhecimento algum é possível, ou bem conhecemos por mudança de perspectiva. Certamente, é a última a opção abraçada por Tarde, pois, para ele, apenas livrando-nos desses preconceitos é que é possível afastar "a objeção fundamental que se pode fazer a toda tentativa [...] de decompor o contínuo fenomênico em descontinuidade elementar. *Com efeito, o que colocaremos no descontínuo último senão o contínuo?* Colocamos [...] a totalidade dos outros seres. No fundo de cada coisa, há toda coisa real ou possível" (*MS*, p.82).

VI

"No fundo de cada coisa, há toda coisa real ou possível". Mas isso é muita coisa para uma partícula de pó! Entretanto, é isso que a faz existir, é isso que a faz diferir, insiste Tarde. É que, para ele, o real é apenas um caso do possível, do necessário sob condição: "para além do domínio real de todo elemento, há seu domínio condicionalmente necessário, isto é, certo, embora não real" (*MS*, p.118). Para Tarde, o que existe no real são emergências produzidas pelos encontros fortuitos e inumeráveis de séries repetitivas, mas emergências que só são inteligíveis com relação a infinitas séries de relações ou encontros virtuais: "nascidos de um encontro, que nos fez diferentes de todo o resto do Universo, vamos nos esbarrando e nos alterando até a morte; e tudo isso é justamente chamado fortuito, pois os seres que assim se cruzam não se buscavam, mas nem por isso seu cruzamento foi menos necessário e fatal" ("A ação dos fatos futuros" [*AFF*], p.179). Nem determinismo, nem voluntarismo, em Tarde não há Providência, apenas imanência. Ele é um desses pensadores que concebem o real não como pleno, nem como se ele fosse marcado pelo signo de qualquer carência, mas pelo excesso: "o real é um dispêndio de *possível*" ("Os possíveis" [*POS*], p.213). Logo, "não se pode conceber uma realidade sem virtualidade, isto é, sem um certo excesso da *potência* sobre o *ato*" (*POS*, p.215). Em suma, os possíveis são imanentes ao real, embora não se confundam com ele, de forma que "sempre que uma realidade morre, ela sepulta consigo seu cortejo de possíveis; mas também, sempre que uma realidade nasce, ela faz avançar em um grau seu cortejo de possíveis" (POS, p.215). Daí que, se todos os possíveis tendem a se realizar, não é possível realizar todos os possíveis, sendo todo processo de diferenciação ou de realização dos possíveis marcado por uma infinidade de abortos inevitáveis, "de *abortos de outrem*" e de "*abortos de si*" (POS, p.218), como no desconcertante exemplo: foi "por uma série de abortos que o tipo dos vertebrados, tão admirável em sua essência pura, tornou-se mamífero, homem, europeu, francês, eu" (POS, p.222, 5n). Só há mudança porque há aborto, pois se todos os possíveis fossem realizados de uma só vez, como poderíamos passar de uma existência a outra? "Quantas vidas natimortas! Quantos germes impedidos de nascer, quantas monstruosidades [...]!" ("A variação universal" [VU], p.144). Não há plano divino nem estrutura subjacente ou transcendente. "Quantos abortos supõe a panspermia!" (POS, p.217). Só há novidade porque são muitos os banidos. "Mas por que ninguém se digna a ocupar-se deles? Também eles tiveram seu lugar ao sol" (VU, p.148). Só há variação porque o morticínio é inevitável, por isso "não fazemos um movimento [...] sem aniquilar mundos possíveis" (POS, p.217). Assim, sugere Tarde, "quando vir este Universo, diga a si mesmo que ele deve sua existência à imolação de milhares de outros universos, entre os quais talvez houvesse alguns, apesar de Leibniz, melhores e mais belos que ele" (POS, p.218). Enfim, se monismo = miriateísmo, talvez seja porque jamais houve Universo, mas somente pluriversos.

VII

Ficção científica? Sim, e da melhor espécie, daquela que leva em conta a ação dos fatos futuros e, com isso, pretende levar as ciências às últimas consequências. Pois se tem uma coisa que surpreende Tarde é que nos acostumamos a considerar a ação do passado, mas não temos por hábito levar em conta a ação do futuro, ou seja, não tratamos passado e futuro simetricamente. No entanto, "a ação do futuro, *que ainda não existe*, sobre o presente, não [...] parece nem mais nem menos concebível do que a ação do passado, *que não existe mais*" (AFF, p.170).

Levar em conta o passado enquanto não se considera o futuro, ou fazer o contrário, são diferentes maneiras de repetir uma "vã miragem do pensamento", de se deixar levar por esse "preconceito enganador que atribui a um momento imaginário do tempo, seguindo uma só das duas direções do tempo, o monopólio explicativo das realidades" (AFF, p.169-70). Mas o que nos autoriza a "pedir mais ao passado do que ao futuro a chave do enigma oferecido ao espírito pela estranheza do real"? (AFF, p.170). Por que não titubeamos em dizer que o passado vai em direção ao futuro enquanto consideramos bizarro dizer que o futuro vem em direção ao passado? Porque nos iludimos ao "considerar o passado como *determinante* (pois para nós ele *ilumina*) e o futuro como *determinado* (pois para nós ele é *iluminado*)" (AFF, p.175); e

> porque, habituados a pensar no passado *ao mesmo tempo que* em sua ação, somos inevitavelmente levados a julgá-lo real no momento em que seu efeito, no entanto, já ocorreu. A ação do passado deve parecer-nos a de uma realidade, embora não seja mais, enquanto o futuro parece-nos o que ele efetivamente é, um puro nada. (AFF, p.175)

Daí ou bem levamos em conta as ações do passado e as do futuro, ou bem deixamos ambas de lado; é essa a escolha que

Tarde propõe, e não aquele simulacro de escolha que, segundo ele, não deixa escolha alguma. Sim, a ação do futuro é tão (pouco) importante quanto a ação do passado. Sim, ainda é possível liberar a política ontológica da polícia epistemológica e das guerras santas da ciência e voltar a experimentar outras metafísicas, aliás, como nunca deixamos de fazer. Não, o tempo não passa; mas também não para. Por isso ainda há tempo, há muitos tempos nos pluriversos das mônadas, embora Tarde indique haver também coisas urgentes a serem feitas: levar em conta a ação dos fatos futuros, por exemplo... Talvez assim sejamos capazes enfim de compreender efetivamente que a única coisa que *não* varia é a variação, que segue sempre variando.

VIII

Chegamos enfim ao argumento de base ou de fundo. A questão decisiva é: "se tudo vem da identidade e se tudo visa e dirige-se a ela, qual a origem desse rio de variedade que nos deslumbra?" (*MS*, p.108). Bem ao seu estilo, Tarde responde:

> buscamos por toda parte o fim supremo, o termo absoluto e verdadeiramente *para si* do qual depende este mundo. Pedimo-lo à ideia da vida, à ideia da felicidade, à ideia do útil, à ideia do dever, à ideia do belo. Por toda parte vimos a natureza das coisas, essencialmente heterogênea, resistir a essas harmonias diversas, igualmente heterogêneas, que a dominam por um momento para chegar a heterogeneidades novas e mais radicais que elas não explicam. Por toda parte a ausência de uma medida comum, exceto o máximo de diferença e de mudança, nos revelou a ausência de qualquer outro termo final. (*VU*, p.165)

Diferença infinitesimal, diferença universal, a diferença é o alfa e o ômega, a diferença é o fundo das coisas, Tarde repete sem fatigar. A formulação inigualável, essa nós já conhecemos, mas nunca é demais repetir: "existir é diferir"; mas ela aparece também de vários outros modos, como o da mudança para e na mudança ou o da variação universal. Mas se a variação é o que não varia, porque segue variando, então "a identidade é apenas um *mínimo* e, portanto, apenas uma espécie, e uma espécie infinitamente rara, de diferença, assim como o repouso é apenas um caso do movimento, e o círculo, uma variedade singular da elipse" (MS, p.100). Logo, diferenças é o que todos temos em comum, é o caso de dizer. Diferença é o que "nos salva do abismo", não? Afinal, "do casamento do monótono e do homogêneo, que pode nascer senão o tédio?" (MS, p.108). Seja como for, Tarde problematiza, com um vigor poucas vezes visto, o privilégio analítico que habitualmente se concede aos fatos de semelhança. É nesse ponto que o diferendo entre ele e Durkheim foi mais agudo. É que em Tarde não é possível afirmar o caráter infinitesimal do real sem afirmar simultaneamente que é a diferença, e não a semelhança ou a identidade, o que existe ou faz existir. É nesse ponto que Tarde se distingue mais claramente das abordagens tipológicas, ainda hoje tão em voga, de sorte que para ele "os tipos são apenas freios, as leis são apenas diques opostos em vão ao transbordamento de diferenças revolucionárias, intestinas, nas quais se elaboram em segredo as leis e os tipos de amanhã" (MS, p.108). É nesse ponto também que Tarde se distancia daqueles que postulam que a marcha das sociedades consiste em um processo cada vez mais abrangente e inelutável de diferenciação, que partiria de semelhanças primordiais até chegar ao estágio atual, marcado por uma intensa divisão do trabalho. De acordo com Tarde, "a diferença vai diferindo" sem, no entanto, ir aumentando ou diminuindo (*MS*, p.95; ver também a conclusão de *LS*). A diferença não aumenta, como nas teorias da divisão do trabalho; a diferença também não diminui, como nas teorias da massificação; a diferença deambula, como em algumas teorias da tradução. Diferença deambulatória, não estabilizável em jogos de identidade. A sociologia infinitesimal de Tarde está articulada sobre a afirmação dessa diferença "que não se opõe a nada, que não serve para nada, pois ela não é semelhante nem assimilável a nada, e que parece ser o fim final das coisas" (*OU*, 408), vale dizer, sobre a afirmação dessa "mudança que muda sem cessar, [dessa] diferença que se diferencia eternamente" (*AFF*, p.178). E diferença é a noção decisiva porque ela "tem o privilégio único de poder voltar-se contra si mesma, enfrentar-se, dar-se por finalidade ela mesma", (*AFF*, p.178, 1n), de modo que se pode com ela dizer de modo eficiente e suficiente: *diferenciação diferenciada, diferença diferente.*

Para Tarde, portanto, partir da semelhança ou da identidade é cometer o equívoco que Durkheim e tanto outros cometem, a saber, o de confundir o que é recurso e o que é tópico de discussão, o que é dado e o que é preciso explicar. Para ele, "partir da identidade primordial é supor na origem uma singularidade prodigiosamente improvável [...], ou então o inexplicável mistério de um único ser simples posteriormente dividido não se sabe por quê" (*MS*, p.100). Se considerarmos a identidade como o princípio ou o fim, o recurso ou o dado, como será possível dar conta da inovação? Entretanto, tudo muda, e a produção do novo deixa de ser misteriosa se "existir é diferir" e se "a diferença vai diferindo". A diferença deambulatória, tal como

Tarde a concebe, é precisamente a maneira pela qual ele evita se deixar encurralar pela escolha compulsória entre uma sociedade constituída como ordem transcendente ou providencial e indivíduos livres fundando sociedades a partir do jogo de suas vontades. Para ele, nem a sociedade é uma ordem mais alta e complexa, nem os indivíduos são seus elementos de base: indivíduos e sociedades, como células e átomos, são todos compostos e, enquanto tais, imediatamente relacionais, integrações de diferenças infinitesimais. Decididamente, estamos muito longe de Durkheim. Por isso mesmo, não há mais que estudar as sociedades como se elas fossem coisas. Quando muito é o contrário. Pois a essa altura já devemos estar preparados para considerar "*que toda coisa é uma sociedade*, que todo fenômeno é um fato social" (MS, p.82). Como notou Lazzarato (1999, p.103), "com esta fórmula de dupla extensão, é possível reconhecer um verdadeiro grito lançado por Gabriel Tarde contra a constituição da sociologia como ciência do 'homem'": em Tarde, não são as sociedades que são como os organismos, mas são os organismos que se tornam sociedades, havendo sociedades atômicas e astronômicas, celulares e orgânicas, como existem sociedades de indivíduos, públicos e massas, cada qual animada por forças psicológicas, por "forças da alma", devendo por isso ser sociologicamente consideradas.[9] Logo, se separamos uma

---

9 Contra a bandeira que as ciências sociais se habituaram a levantar diante do que consideraram ser uma invasão indevida da biologia em suas searas, não se trata de opor as sociedades humanas aos organismos biológicos, alegando que as primeiras configuram realidades *sui gerenis*, logo irredutíveis. Entretanto, isso não significa, absolutamente, dar razão ou crédito à sociobiologia ou a outros empreendimentos do gênero, ainda que se tenha tentado explicitamente

forma particular de associação e lhe reservamos o uso próprio e exclusivo do termo social, como se este designasse um domínio específico da realidade, é porque nos deixamos levar pelos muitos preconceitos antropocêntricos; mas não há por que separar de modo absoluto uma forma particular de associação das demais formas de associação, insiste Tarde; se há diferentes maneiras de compor o social, essas diferenças são relacionais, e não incondicionais.

IX

Se for assim, em que consiste a diversidade, ou o que é a sociedade senão a possessão [*possession*] recíproca, sob formas extremamente variadas, de todos por cada um? Como notou Latour (2002, p.120; 2005, p.13), social é um termo aplicável a qualquer modalidade de associação; ele portanto não designa, ou não deveria designar, um domínio ontológico particular, nem qualquer outra entidade que se preste a servir de substância para calafetar os ocos de um mundo antecipadamente esvaziado de agentes, precipitadamente dividido entre homens e coisas; em vez disso, o que ele designa é um "princípio de conexão". Logo, lembra ainda Latour (2002, p.128), "haver ou não haver, esta

aproximar Tarde e a memética, por exemplo (sobre essas tentativas de aproximação e seus limites, ver Schimid (2004)). Muito pelo contrário, em Tarde a recusa da resposta que se tornou sociológica clássica só faz sentido se acompanhada da correspondente recusa da resposta que hoje chamaríamos de sociobiológica. Sim, as sociedades são como os organismos; entretanto, não há mais organismos, ou, se organismos ainda há, é porque eles são como os astros e os átomos: sociedades.

é a questão" em Tarde, pois, se "existir é diferir", é a possessão que nos leva de uma existência a outra, de uma diferença a outra.

De onde decorre talvez a mais audaciosa proposição de Tarde, aquela que preconiza "abandonarmos o conceito irremediavelmente solipsista de Ser e recomeçarmos a metafísica a partir do Haver, no que este implica de transitividade intrínseca, de abertura originária a uma exterioridade", como precisamente notou Viveiros de Castro (2003, p.17). Nos termos de Tarde,

> toda a filosofia fundou-se até agora no verbo *Ser* [*Être*], cuja definição parecia a pedra filosofal a descobrir. Pode-se afirmar que, se tivesse sido fundada no verbo *Haver* [*Avoir*], muitos debates estéreis, muitos passos do espírito no mesmo lugar teriam sido evitados. — Deste princípio, *eu sou* [*je suis*], é impossível deduzir, mesmo com toda a sutileza do mundo, qualquer outra existência além da minha; daí a negação da realidade exterior. Mas coloque-se em primeiro lugar este postulado "*Eu hei*" [*J'ai*] como fato fundamental; o *havido* [*eu*] e o *havendo* [*ayant*] são dados ao mesmo tempo como inseparáveis. (*MS*, p.116)

O ser é o verbo identitário por excelência: não somos capazes de dizer nada além da nossa existência quando dizemos "somos". No modo do ser, a autorrelação é o modelo da relação; já no modo do haver, a alteração faz as vezes da relação. Assim, enquanto o ser não admite meios-termos, apenas ser ou não ser, o haver comporta graus, pois sempre se pode haver mais ou menos. A renúncia à metafísica do ser – ou à ontologia – em favor de uma metafísica do haver – ou, como sugeriu Milet (1970, p.164), da ecologia – exige, portanto, uma mudança radical: em vez de buscar a essência identitária dos entes, cabe defini-los por suas propriedades diferenciais e por suas zonas de potência, pois, se "toda possibilidade tende a realizar-se, [se] toda realidade tende a universalizar-se", é porque toda mônada é ávida, todo infinitesimal ambiciona o infinito (*MS*, p.126).

Como escreveu Deleuze (2000, p.182-3), "esses avatares da pertença ou da posse têm uma grande importância filosófica", pois permitem resolver as aporias do ser ou da atribuição mediante a predicação, que diz respeito diretamente ao haver ou à possessão. "Com efeito, esse novo domínio do [haver] não nos introduz num calmo elemento, que seria o do proprietário ou da propriedade, determinado de uma vez por todas. O que se regula no domínio do [haver...] são as relações moventes e perpetuamente remanejadas das mônadas entre si", acrescenta Deleuze. Pois uma mônada, ele conclui, "tem como propriedade não um atributo abstrato, movimento, elasticidade, plasticidade, mas outras mônadas, como uma célula tem outras células ou como um átomo tem outros átomos".

Mas se a importância filosófica é grande, não menos importante é evitar desde logo o mal, passo que consiste em considerar a filosofia do haver como uma variação bizarra do individualismo possessivo. Notemos, pois:

> assinante de um jornal, possuo *meus* jornalistas, que possuem *seus* assinantes. Possuo meu governo, minha religião, minha força pública, assim como meu tipo específico humano, meu temperamento, minha saúde; mas sei também que os ministros do meu país, os sacerdotes do meu culto ou os policiais do meu cantão arrolam-me no rebanho do qual têm a guarda, assim como o tipo

> humano, se fosse personificado em alguma parte, veria em mim apenas uma de *suas* variações particulares. (*MS*, p.115)

A solução proposta por Tarde não é a do individualismo, mas a do relacionismo.[10] O que ele obstinadamente recusa é o malabarismo intelectual, de consequências políticas e ontológicas incalculáveis, que consiste em acreditar que a simples junção de elementos díspares seja capaz de produzir uma entidade supranumerária; em outros termos, que algo possa existir, abstração feita da relação que o constitui enquanto tal. Propriamente falando, em Tarde não há sociedade transcendente, somente associação imanente, composição em ato, relação: no fundo de cada entidade impessoal não se acha senão "certo número de *eles* e de *elas* que se embaralharam e se confundiram ao se multiplicarem" (*LS*, p.61). Logo, é um grave erro aquele que contabiliza a emergência de um ser *sui generis* a cada acréscimo de unidade; esse erro, que se repete a "cada grau da escala das complicações fenomênicas do átomo ao eu", se vê em apuros, no entanto, quando chega às sociedades humanas, pois "aqui estamos em casa, nós é que somos os verdadeiros elementos desses sistemas coerentes de pessoas chamados cidades ou Estados, regimentos ou congregações. Sabemos tudo o que

10 Foi Viveiros de Castro quem me chamou a atenção para o contraste entre "relatividade do verdadeiro" e "verdade do relativo", introduzido por Deleuze (2000, p.42) e retomado por Deleuze e Guattari (1992, p.168). Aqui também "o perspectivismo não é um relativismo – afirmação de uma relatividade do verdadeiro –, mas um relacionalismo – a verdade do relativo é a relação" (Viveiros de Castro, 2001, p.38). Sobre esse contraste, ver ainda Zhourabichvili (2004, p.56) e Latour (2005, p.95).

se passa aqui" (MS, p.94). E o erro se vê em apuros porque, quando consideramos as coisas a partir dessa perspectiva propriamente humana,

> nunca vemos brotar *ex-abrupto*, entre os associados surpresos, um *eu coletivo*, real e não simplesmente metafórico, resultado maravilhoso do qual eles seriam as condições. Certamente há sempre um associado que representa e personifica o grupo inteiro, ou então é um pequeno número de associados [...], cada qual sob um aspecto particular, que o individualiza não menos inteiramente. Mas [...] esses chefes continuam sendo membros do grupo, nascidos de pai e mãe [...]. (MS, p.94)

E se não observamos entre nós a emergência de "tipos divinos" como esse é porque não há Providência, não há sociedade além ou aquém dos processos de associação. Igualmente, não há por que supor que eles ocorram em associações de outros gêneros, pouco importa se astrais ou atômicas, celulares ou orgânicas, pois "por que então o acordo de células nervosas inconscientes teria o dom de evocar diariamente do nada uma consciência em um cérebro de embrião, enquanto o acordo de consciências humanas jamais teria tido essa virtude em sociedade alguma"? (MS, p.94)

Isso não quer dizer que acordos não ocorram, que harmonias não sejam estabelecidas, que não haja ordem em parte alguma. Não se trata de recusar existência aos processos de composição. Trata-se justamente do contrário, isto é, de tratá-los com o devido respeito: eles não são os dados primeiros, mas exatamente aquilo que é necessário explicar, eles não nascem prontos, mas são exatamente aquilo que é preciso constituir. Como então dar conta de sua ocorrência? Para Tarde, não há nada de menos misterioso: o que explica que as mônadas andem juntas é que "entregue a si mesma uma mônada nada pode" (*MS*, p.92). Enfim, se as mônadas são meios universais é porque não há agência sem outrem, não há existência fora da relação, não há relação sem diferença. Logo, se a sociedade é a possessão recíproca de todos por cada um é porque os processos de composição social não se realizam independentemente das micropolíticas da possessão que os constituem enquanto tais e que, portanto, lhes são imanentes. Como bem notou Milet (1970, p.158-9), o que Tarde propõe é uma teoria social que coloque em suspensão (e suspeição) a antinomia entre o contínuo uniforme e o descontínuo pontual ou, mais precisamente, que pense as entidades finitas como casos particulares de processos infinitos, as situações estáticas como bloqueios de movimento, os estados permanentes como agenciamentos transitórios de processos em devir (e não o contrário). Diria ainda que essa teoria social estabelece que o exercício de composição social é a atividade política por excelência, aquela que sempre está sendo (re)feita.

X

Tudo isso não é muito bizarro?

Não há aí um ranço indisfarçável de coisa velha, extravagante e ultrapassada, como se tudo não passasse de mais um daqueles esdrúxulos sistemas de ideias devidamente superados pelo avanço do conhecimento positivo? "Um sistema! Mas ele não *existe*, a título de *realidade*; em um momento dado, nunca há senão fragmentos e aspectos dispersos de sistema, pensados por um ou vários espíritos", pondera Tarde (*VU*, p.162). Não, a disputa não é entre a metafísica e a ciência, nem a epistemologia está qualificada para servir de juiz. Se diferendo há, ele é de outra ordem, pois envolve a composição de uma imagem do pensamento da diferença que, por definição, não pode deixar de ser diferente, nem de continuar diferindo, sob pena de abandonar a existência. Não, não é necessário abandonar a metafísica para que se comece a fazer sociologia. Nesse movimento, monadologia e sociologia se conjugam, daí o título; mas desse movimento nem a filosofia, nem a sociologia, nem a epistemologia permanecem as mesmas: elas são refiguradas. Refigurar o que foram a sociologia, a filosofia ou a epistemologia ou o que elas poderiam ter sido é também um modo de se indagar o que elas são e o que elas podem vir a ser. Nada de mais atual, portanto. Estamos prontos, enfim, para levar a sério a ideia de que a sociedade é a possessão recíproca de todos por cada um, isto é, a noção de infinitesimal e o que ela implica: considerar a diferença como relação (e vice-versa) e não como termo (ou unidade discreta), como dinamismo de uma potência e não como atributo de uma essência. Ou não estamos? Seja como for, diria ainda, dessa vez inspirando-me em Goldman (1999, p.23-4), que nesse ponto se inspirou em Guimarães Rosa, que a eventual fecundidade dos usos atuais e futuros de Tarde é inseparável das possibilidades de corrupção (ativa e passiva) de seu pensamento, vale dizer, quer de sua capacidade de corromper o elenco de questões que atualmente nos autorizamos a colocar, abrindo-o a indagações imprevistas, quer porque o Tarde que se retoma já não é o mesmo, já não é mais Tarde, até e inclusive para ser fiel a ele, que há mais de um século dizia: "durar é mudar".

Enfim, tudo isso soa ainda muito bizarro, mas será o medo do ridículo suficientemente forte para manter enterrados os fantasmas de ideias, ou ainda somos capazes de levar a inteligência ao extremo a fim de atualizarmos as potências da imaginação? Um século após o desaparecimento de Tarde, talvez esse tenha sido seu maior legado: *hypotheses fingo*.

Sobre a seleção dos textos

Os ensaios aqui reunidos foram elaborados na década de 1870, mas demoraram muito para ser publicados. "Monadologia e sociologia" foi o primeiro a vir a público. Provavelmente escrito em 1879, apenas em 1895 ele seria integralmente publicado na coletânea *Essais et mélanges sociologiques*, embora uma versão abreviada tenha aparecido dois anos antes, na *Revue Internationale de Sociologie*, sob o título "Les Monades et la science sociale".[11] Todos os demais ensaios aqui reunidos são capítulos de uma monografia que Tarde preparou em 1874 sob o título de *La Répétition et l'évolution des phénomènes*. Elaborada quando, jovem magistrado de província, dividia seu cotidiano entre Sarlat, sua cidade natal, La Roque Gageac, uma comuna próxima a Sarlat onde se habituara a pensar, caminhando pelos penhascos às margens do rio Dordogne, e Ruffec, onde durante certo tempo trabalhara na corte local, essa monografia jamais seria integralmente publicada. "A variação universal", uma versão alterada de "La Différence universelle", artigo de 1870 reescrito como capítulo da monografia de 1874, só apareceu em 1895,

11 Afora o título, a principal diferença entre as duas versões é que os itens II, III, VII e VIII da versão de 1895 não constam na de 1893.

na mesma coletânea em que foi publicada a versão completa de *MS*. O ensaio "A ação dos fatos futuros", por sua vez, foi inicialmente publicado em 1901 na *Revue de Métaphysique et de Morale*, mas somente depois de vencida a resistência de Tarde, que relutara em tornar público um artigo escrito havia tanto tempo. Já o ensaio "Os possíveis" é uma publicação póstuma de 1910, quando saiu sob o título de "Les Possibles: fragment d'un ouvrage de jeunesse inédit" nos *Archives d'Anthropologie Criminelle*; esse ensaio seria o penúltimo capítulo da monografia de 1874 e teria como título original "Les Existences conditionnelles ou les possibles non réalisés".[12] Cabe notar, enfim, que, tendo sido publicados de modo esparso e mais ou menos tardiamente, não se sabe ao certo se, e em que medida, os originais dos ensaios reunidos neste volume foram alterados por Tarde ou por seus editores.

Sobre a tradução

Alguns conceitos de Tarde oferecem dificuldades de tradução. A seguir explicitamos algumas opções que fizemos.

POSSESSÃO (*possession*) – Optou-se por traduzir "*possession*" por "possessão", em vez de "posse". Em português, posse desig-

12 Sobre o intrincado enredo de elaboração e publicação desses ensaios, ver a nota dos filhos de Tarde à publicação póstuma de "Les Possibles" (Tarde, 1910, 8-9n) e a nota do editor da *Revue de Méthaphisique et de Morale* à publicação de "L'Action des faits futurs" (Tarde, 1901, 119n); ver ainda De Tarde (1909, p.19) e Milet (1970, p.17, 31, 34), além de Vargas (2000, p.168-70).

na prioritariamente o "ato ou efeito de se apossar de alguma coisa", enquanto possessão indica antes "o ato ou efeito de possuir ou de ser possuído" (Houaiss, 2001). O conteúdo semântico do substantivo posse recobre, portanto, relações entre um domínio constituído por sujeitos que possuem e outro domínio constituído por coisas que são possuídas (ou pelo que não seria coisa, mas que coisa se torna em obediência à relação de posse, como no exemplo fornecido por Houaiss: "alguns homens consideram a esposa sua posse"). Já o do substantivo possessão recobre isso e algo mais, pois o possuidor pode, ele também, ser possuído, como o sujeito pode ser sujeitado, ou predicado; nesse caso, o sujeito da (or)ação seria, por assim dizer, mais um quase sujeito, posto que também quase objeto, do que um sujeito pleno, enquanto o predicado da (or)ação seria mais um quase objeto, já que também quase sujeito, do que um objeto acabado. Na possessão, o curso da (or)ação é reverso, enquanto na posse, não. Foi por nos parecer mais conforme ao princípio do psicomorfismo universal proposto por Tarde que optamos por traduzir "*possession*" por possessão.

HAVER [*avoir*] – Optou-se por traduzir "*avoir*" por "haver", em lugar de "ter". Se a tradução do verbo *être* e de seus cognatos não coloca dificuldades maiores no caso dos textos de Tarde, não se pode dizer o mesmo a respeito da tradução do verbo *avoir* e de seus cognatos. Em primeiro lugar porque o verbo *avoir* apresenta, na imagem de pensamento projetada por Tarde, um rendimento muito mais importante do que o do verbo *être*, particularmente caso se leve em conta a substituição da filosofia do *être* pela filosofia do *avoir* proposta por Tarde num dos artigos publicados neste volume. Em segundo lugar porque, tal como o *être*, o *avoir* comporta o emprego de dois termos distintos em português (os quais, além disso, também não são exatamente sinônimos), ter e haver, para exprimir o complexo semântico que se apresenta fundido em outras línguas sob um mesmo verbo (*esti*, *avoir*, *to have*) – complexo cujo amálgama não se desfaz, ou se distingue, mesmo quando desdobrado em perífrases como no francês "*il y a*" ou no alemão "*es gibt*". Como o "*avoir*" francês pode ser vertido para o português quer como "ter", quer como "haver", acompanho aqui a sugestão que Viveiros de Castro publicou na Rede Abaeté de Antropologia Simétrica. Ele propõe "traduzir o *Avoir* tardiano como Haver, não como Ter", e lembra que, a esse respeito, o português encontra-se em posição vantajosa ante o grego – "língua, entre outras, do ser" (Cassin, 1998, p.68), como também língua materna da filosofia – e as línguas "filosóficas" modernas, como o alemão, o francês e o inglês, que não são capazes de exprimir sem maiores circunvoluções o "haver" português. Em português, enquanto o verbo "ter" absorveu todo o sentido possessivo do "*avoir*" francês, a designação do sentido de existência impessoal ficou a cargo do "haver". Como notou Santoro (2004, p.543), "há sempre uma diferença de nuança" entre "ter" e "haver", pois enquanto o "ter" "conserva o aspecto tranquilizante e sólido de uma posse", o "haver" envolve "a ideia de eclosão, de evasão e de flexibilidade", sendo mais adequado para designar não "um objeto que se possua solidamente", mas sua "irrupção" na existência, o que nos remete às considerações anteriormente tecidas a respeito do caráter reverso da possessão *vis-à-vis* a relação reificante da posse. Assim, "em sua acepção existencial, continua Santoro (2004, p.544), 'há' não requer nem sujeito, aparente ou real, nem advérbio de lugar" (como ocorre no francês "*il y a*", por exemplo), mas "apenas o objeto direto do verbo: o que é projetado para a existência"; por isso mesmo, o "há" português "porta uma ideia de presença instantânea no mundo, sem outro suporte além do próprio advento", como na notável expressão: "há o que existe". Se aproximarmos essa expressão daquela outra expressão tardiana não menos notável, "existir é diferir", observaremos então que "haver" é diferença, nada mais, nada menos. Se levarmos em conta, além disso, a propriedade projetiva que em português é capaz de articular "haver" e "a vir" (ou "*l'avenir*", como diriam os franceses), ou seja, de fazer o "haver" suportar ou projetar o porvir, então observaremos que não há "haver" sem ação dos fatos futuros... Se algumas vezes as opções adotadas neste volume soarem estranhas, ainda que corretas, tais estranhezas servem ao menos para destacar o caráter singular da proposta de Tarde, além de servir para tornar mais difícil, espero, a captura esterilizante da filosofia do haver de Tarde como outra funesta variação da ideologia do individualismo possessivo.

As traduções publicadas neste volume foram realizadas a partir das seguintes versões:

TARDE, Gabriel. Monadologie et sociologie. In: *Essais et mélanges sociologiques*. Lyon/Paris: Storck/Masson, 1895, p.309-89.

______. La Variation universelle. In: *Essais et mélanges sociologiques*. Lyon/Paris: Storck/Masson, 1895, p.391-422.

______. L'Action des faits futurs. *Revue de Métaphysique et de Morale*, n.IX, 1901, p.119-37.

______. Les Possibles: fragment d'un ouvrage de jeunesse inédit. *Archives d'Anthropologie Criminelle*, n.XXV, 1910, p.8-41.

______. Lettre autobiographique. *Archives d'Anthropologie Criminelle*, n.XIX, 1904, p.676. (Esta versão reproduz a original publicada na *Revue Universelle*, n.CXII, 1904, p.333).

Agradecimentos

Muito do que tenho feito sobre e com Tarde é favorecido pelos diálogos estabelecidos com Eduardo Viveiros de Castro e com Marcio Goldman há longa data, e com Bruno Latour mais recentemente. Pierre Sanchis e Raul Magalhães têm sido referências constantes. A todos sou grato, como também aos estudantes que têm se arriscado a fazer comigo a disciplina "antropologia infinitesimal"; à Mme. Bergeret, neta de Tarde, e aos Archives d'Histoire Contemporaine, Centre d'Histoire de Sciences Po, por terem autorizado a reprodução das imagens; a Dominique Parcollet, dos Archives, por ter facilitado a consulta aos manuscritos de Tarde; e à Florencia Ferrari, que apostou neste projeto desde o início. Também sou grato à Capes (Coordenação de Aperfeiçoamento de Pessoal de Nível Superior) e ao Centre de Sociologie de l'Innovation da École des Mines de Paris, que recentemente viabilizaram o aprofundamento de minhas pesquisas sobre Tarde. Esta introdução é uma versão ampliada de Vargas (2004b), o qual desenvolvia Vargas (2004a); ela também retoma pontos trabalhados em Vargas (2006); ela foi, portanto, favorecida pelas críticas e comentários surgidos nos momentos em que esses textos foram apresentados. Como de praxe, nenhum deles é responsável pelos erros remanescentes.

Bibliografia citada

ALLIEZ, Eric. Tarde et le problème de la constitution. In: TARDE, Gabriel. *Monadologie et sociologie*. Paris: Les Empêcheurs de Penser en Rond, 1999, p.9-32.

ALLIEZ, Eric. Différence et répétition de Gabriel Tarde. *Multitudes – Mineure*: Tarde intempestif, n.VII, 2001, p.171-76.

BALANDIER, Georges. Gabriel Tarde, le sociologue retrouvé. *Le Monde (Le monde des livres)*. Paris, 19 fev. 1999.

BESNARD, Philippe. Durkheim critique de Tarde: des *Règles* au *Suicide*. In: BORLANDI, Massimo; MUCCHIELLI, Laurent (Eds.). *La Sociologie et sa méthode – les* Règles *de Durkheim un siècle après*. Paris: L'Harmattan, 1995, p.221-43.

BORLANDI, Massimo. Informations sur la rédaction du *Suicide* et sur l'état du conflit entre Durkheim et Tarde de 1895 à 1897. *Études Durkheimiennes*, n.VI, 1994, p.4-10.

BOUGLÉ, Célestin. Les Lois sociales. *Année Sociologique*, v.II, 1897-1898, p.147-52.

CASSIN, Barbara. Présentation – Quand lire, c'est faire. In: PARMÉNIDE. *Sur la nature ou sur l'étant – la langue de l'être?*. Paris: Seuil, 1998, p.9-68.

CORREA MOTTA, Alfonso. Espagnol – La singularité espagnole: le doublet "ser"/ "estar". In: CASSIN, Barbara (Ed.). *Vocabulaire européen des philosophies*. Paris: Seuil, 2004, p.390-9.

DELEUZE, Gilles. *Diferença e repetição*. Rio de Janeiro: Graal, 1988 [1968].

______. *A dobra*: Leibniz e o barroco. Campinas: Papirus. 2000 [1988].

DELEUZE, Gilles; GUATTARI, Félix. *O que é a filosofia?*. Rio de Janeiro: Editora 34, 1992 [1991].

______. 1933 – Micropolítica e segmentariedade. In: *Mil Platôs – capitalismo e esquizofrenia*, v.3. São Paulo: Editora 34, 1996 [1980], p.83-115.

DE TARDE, Alfred; DE TARDE, Guillaume. Introduction. In: *Gabriel Tarde – introduction et pages choisies par ses fils*. Paris: Louis Michaud, 1909, p.7-70.

DURKHEIM, Émile. L'état actuel des études sociologiques en France. In: KARADY, V. (Ed.). *Émile Durkheim – Textes* 1 *– Éléments d'une théorie sociale*. Paris: Éditions de Minuit, 1975a [1895], p.73-108.

DURKHEIM, Émile. La sociologie. In: KARADY, V. (Ed.). *Émile Durkheim – Textes 1 – Éléments d'une théorie sociale*. Paris: Éditions de Minuit, 1975b [1915], p.109-18.

______. *As regras do método sociológico*. São Paulo: Martins Fontes, 1999a [1895].

______. Prefácio da segunda edição. In: *As regras do método sociológico*. São Paulo: Martins Fontes,1999b [1901].

______. *O suicídio – estudo de sociologia*. São Paulo: Martins Fontes, 2000 [1897].

GOLDMAN, Marcio. A Experiência de Lienhardt: uma teoria etnográfica da religião. *Religião e Sociedade*, n.XIX (2), 1999, p.9-30.

HOUAISS, Antônio. *Dicionário eletrônico Houaiss da língua portuguesa*. 2001.

JOSEPH, Isaac . Gabriel Tarde: le monde comme féerie. *Critique*, n.XL (445-6), 1984, p.548-65.

KARSENTI, Bruno. Présentation. In: TARDE, Gabriel. *Les Lois de l'imitation*. Paris: Éditions Kimé, 1993, p.VII-XXVI.

______. L'Imitation – retour sur le débat entre Tarde et Durkheim. In: CHAUVIRÉ, Christiane; OGIEN, Albert (Eds.). *Raisons Pratiques – La Régularité – habitude, disposition et savoir-faire dans l'explication de l'action*. Paris: Éditions de l'EHESS, 2002, p.183-205.

LATOUR, Bruno. Gabriel Tarde and the End of the Social. In: JOYCE, Patrick (Org.). *The Social and Its Problems – New Bearings in the History and the Social Sciences*. Londres: Routledge, 2002, p.117-32.

______. *Reassembling the Social – An Introduction to Actor-Network-Theory*. Oxford: Oxford University Press, 2005.

LAZZARATO, Maurizio. Gabriel Tarde: un vitalisme politique. In: TARDE, Gabriel. *Monadologie et sociologie*. Paris: Les Empêcheurs de Penser en Rond, 1999, p.103-50.

______. *Puissances de l'invention – la psychologie économique de Gabriel Tarde contre l'économie politique*. Paris: Les Empêcheurs de Penser en Rond, 2002.

MAUSS, Marcel. Relações reais e práticas entre a psicologia e a sociologia. In: *Sociologia e antropologia*. São Paulo: Cosac Naify, 2003 [1924], p.315-44.

MILET, Jean. *Gabriel Tarde et la Philosophie de l'Histoire*. Paris: Vrin, 1970.

MUCCHIELLI, Laurent. Tardomanie? Réflexions sur les usages contemporains de Tarde. In: BORLANDI, Massimo et al. (Orgs.). *Gabriel Tarde et la criminologie au tournant du siècle*. Paris: Presses Universitaires du Septentrion, 2000, p.161-84.

SANTORO, Fernando. Há, haver. In: CASSIN, Barbara (Ed.). *Vocabulaire européen des philosophies*. Paris: Seuil, 2004, p.543-45.

SCHIMID, Hans Bernhard. Evolution by Imitation: Gabriel Tarde and the Limits of Memetics. In: STÄHELI, Urs; BORCH, Christian (Orgs.). *Distinktion – Scandinavian Journal of Social Theory – Special Issue on Gabriel Tarde*, n.IX, 2004, p.103-18.

SIMMIAND, François. La Psychologie économique. *Année Sociologique*, n.VI, 1901-1902, p.459-61.

TARDE, Gabriel. A ação dos fatos futuros [AFF]. In: *Monadologia e sociologia e outros ensaios*. São Paulo: Editora Unesp, 2018 [1901].

______. La Croyance et le désir [CD]. In: *Essais et mélanges sociologiques*. Elibron Classics, p.235-308, 2006 [1880].

______. *La Logique sociale* [LGS]. Paris: Les Empêcheurs de Penser en Rond, 1999 [1895], 603p.

______. *Les Lois de l'imitation – étude sociologique* [LI]. Paris: Les Empêcheurs de Penser en Rond, 2001 [1890].

______. *Les Lois sociales – esquisse d'une sociologie* [LS]. Paris: Les Empêcheurs de Penser en Rond, 1999 [1898].

______. Monadologia e sociologia [MS]. In: *Monadologia e sociologia e outros ensaios*. São Paulo: Editora Unesp, 2018 [1895].

______. *L'Opposition Universelle – essai d'une théorie des contraires* [OU]. Paris: Les Empêcheurs de Penser en Rond, 1999 [1897], 408p.

______. Os possíveis [POS]. In: *Monadologia e sociologia e outros ensaios*. São Paulo: Editora Unesp, 2018 [1910].

______. A variação universal [VU]. In: *Monadologia e sociologia e outros ensaios*. São Paulo: Editora Unesp, 2018 [1895].

VARGAS, Eduardo Viana. A microssociologia de Gabriel Tarde. *Revista Brasileira de Ciências Sociais*, n.X (27), 1995, p.93-110.

______. *Antes Tarde do que nunca*: Gabriel Tarde e a emergência das Ciências Sociais. Rio de Janeiro: Contra Capa, 2000.

______. Multiplicando os agentes do mundo: Gabriel Tarde e a sociologia infinitesimal. *Revista Brasileira de Ciências Sociais*, n.XIX (55), 2004a, p.172-76.

______. Fragmentos de antropologia infinitesimal: homenagem a Gabriel Tarde no centenário de sua morte. Trabalho apresentado na Mesa Redonda "A favor da diferença, ou, para que servem os autores menores". Caxambu, XXVIII Encontro Anual da Anpocs, 2004b, 12p.

______. La polémique Tarde versus Durkheim: considérations actuelles sur une ancienne controverse. Paris: Documents du CSI, 2006, 98p.

VIVEIROS DE CASTRO, Eduardo. A propriedade do conceito. Paper apresentado no ST "Uma notável reviravolta: antropologia (brasileira) e filosofia (indígena)". Caxambu: XXV Encontro Anual da Anpocs, 2001, 54p.

______. Perspectivismo e multinaturalismo na América indígena. In: *A inconstância da alma selvagem*. São Paulo: Cosac Naify, 2002, p.345-99.

______. And. *Manchester Papers in Social Anthropology*, 7, 2003.

ZOURABICHVILI, François. Deleuze, une philosophie de l'evénement. In: ZOURABICHVILI, François et al. *La Philosophie de Deleuze*. Paris: PUF, 2004 [1994], p.1-116.

[1895] *Monadologia e sociologia*

Hypotheses fingo

I

As mônadas, filhas de Leibniz, seguiram caminho desde seu pai. Por diversas vias independentes, elas se insinuam no coração da ciência contemporânea, sem o conhecimento dos próprios cientistas. É significativo que todas as hipóteses secundárias implicadas no que essa grande hipótese tem de essencial, ou mesmo de leibniziana, estão sendo estabelecidas cientificamente. Com efeito, ela implica, em primeiro lugar, a redução a uma só destas duas entidades, a matéria e o espírito, confundidas na segunda, e ao mesmo tempo a multiplicação prodigiosa dos agentes integralmente espirituais do mundo. Em outras palavras, ela supõe a descontinuidade dos elementos e a homogeneidade de seu ser. Aliás, é somente sob essa dupla condição que o universo é translúcido até seu fundamento ao olhar da inteligência. Ora, por um lado, após ter sido mil vezes sondado e julgado insondável, o abismo que separa o movimento e a consciência, o objeto e o sujeito, a mecânica e a lógica acabou sendo posto em dúvida, reputado aparente, e finalmente negado pelos mais ousados, que encontraram eco em toda parte. Por outro lado, os progressos da química nos conduzem à afirmação do átomo, à negação da continuidade material que o caráter contínuo das manifestações físicas e vivas da matéria, a extensão, o movimento, o crescimento, parecia superficialmente revelar. Nada mais surpreendente, no fundo, que a combinação das substâncias químicas em proporções definidas com exclusão das proporções intermediárias. Aqui, nenhuma evolução, nenhuma transição, tudo é nítido, brusco, bem marcado; e, no entanto, tudo o que há de ondulante, de harmoniosamente graduado nos fenômenos vem daí, mais ou menos como a continuidade dos matizes seria impossível sem a descontinuidade das cores. Mas não é somente a química que, ao progredir, parece nos encaminhar para as mônadas. É também a física, são as ciências naturais, é a história, é a própria matemática.

> De grande importância [diz Lange] foi a hipótese de Newton de que a gravitação de um corpo celeste não é senão a soma da gravitação de todas as massas das quais se compõe. Disso resultava imediatamente que as massas terrestres gravitam mutuamente umas em direção às outras e, mais ainda, que o mesmo acontece com suas menores moléculas.

Com essa ideia, bem mais original do que pode nos parecer, Newton rompia, pulverizava a individualidade do corpo celeste, considerado até então como uma unidade superior cujas relações internas em nada se assemelhavam a suas relações com os corpos estrangeiros. Era preciso um grande vigor de espírito para resolver essa unidade aparente em uma multiplicidade de elementos distintos, ligados entre si do mesmo modo que com os elementos de outros agregados. Os progressos da física e da astronomia datam do momento em que essa maneira de ver substituiu o preconceito contrário.

Nisso, os fundadores da teoria celular se mostraram os continuadores de Newton. Eles romperam do mesmo modo a unidade do corpo vivo, decompuseram-no em um número prodigioso de organismos elementares, isoladamente egoístas e ávidos de se desenvolver às expensas do exterior, entendendo por exterior tanto as células vizinhas e fraternas quanto as partículas inorgânicas do ar, da água ou de qualquer outra substância. Não menos fecunda que a visão de Newton foi a de Schwann sobre esse ponto. Sabemos, graças à sua teoria celular, que

> [...] uma força vital, enquanto princípio distinto da matéria, não existe nem no conjunto do organismo, nem em cada célula. *Todos os fenômenos da vida vegetal ou animal devem ser explicados pelas propriedades dos átomos* (entenda-se dos elementos últimos de que se compõem os átomos), quer sejam forças conhecidas da natureza inerte *ou forças desconhecidas até este momento.*

Seguramente, nada mais positivista, nada mais conforme à ciência sadia e séria do que essa negação radical do princípio vital, negação contra a qual o espiritualismo vulgar costuma protestar. Percebe-se, porém, aonde nos conduz essa tendência levada ao extremo: às mônadas que realizam a promessa mais ousada do espiritualismo leibniziano. Assim como o princípio vital, também a doença, outra entidade, tratada como uma pessoa pelos antigos médicos, pulveriza-se em desordens infinitesimais de elementos histológicos; além disso, graças, sobretudo, às descobertas de Pasteur, a teoria parasitária das doenças, que explica essas desordens por conflitos internos de organismos minúsculos, generaliza-se cada vez mais, e mesmo com um excesso que deve provocar uma reação. Mas os parasitas têm também seus parasitas. E assim por diante. Ainda o infinitesimal!

As novas teorias químicas formaram-se de um modo análogo.

> Eis aí o ponto essencial e novo [diz Wurtz]. *Transferem-se aos próprios elementos as propriedades dos radicais.* Antes estes eram considerados em bloco, atribuía-se ao radical considerado como um todo o poder de combinar-se ou de substituir-se a corpos simples. Esse era o ponto de vista fundamental da teoria dos tipos, de Gerhardt. Hoje se vai mais longe. Para descobrir e definir as propriedades dos radicais remonta-se aos átomos de que são compostos. (*Théorie atomique*, p.194)

O pensamento do eminente químico vai mais longe que as palavras precedentes. Dos exemplos por ele citados resulta que, entre os átomos de um radical, há um em especial cuja atomicidade, cuja avidez própria ainda não satisfeita, sobrevivente à saturação dos outros, é a última razão de ser da combinação operada.

Assim como os astros, os indivíduos vivos, as doenças e os radicais químicos, também as nações não são mais do que entidades há muito vistas como seres verdadeiros nas teorias ambiciosas e estéreis dos historiadores ditos filósofos. Já não se repetiu bastante, por exemplo, que é uma mesquinharia buscar a causa de uma revolução política ou social na influência marcada de escritores, homens de Estado, inventores de todo tipo, e que ela brota espontaneamente do gênio da raça, das entranhas do povo, ator anônimo e sobre-humano? Mas esse ponto de vista cômodo, que consiste em ver falsamente a criação de um ser novo no fenômeno, este sim realmente novo e imprevisto, que o encontro dos verdadeiros seres suscitou, só é bom a título provisório. Uma vez esgotado, e rapidamente, pelos abusos literários cometidos, ele conduz a um retorno sério a explicações mais claras e mais positivas, que deem conta de um acontecimento histórico qualquer por ações individuais apenas, e especialmente por ações de homens inventivos, que serviram de modelo aos outros e se reproduziram em milhares de exemplares, espécies de células-mãe do corpo social.

Isso não é tudo: esses elementos últimos aos quais chega toda ciência, o indivíduo social, a célula viva, o átomo químico, só são últimos da perspectiva de sua ciência particular. Eles próprios são compostos, sabemos, sem excetuar nem mesmo o átomo, que, segundo a hipótese dos *átomos-turbilhões* de Thompson, a mais plausível ou a menos inadmissível das conjeturas ousadas a esse respeito, seria um amontoado rodopiante de elementos mais simples. As pesquisas do sr. Lockyer sobre o espectro do sol e das estrelas levaram-no a supor, com verossimilhança, que algumas *linhas fracas* por ele observadas devem-se aos elementos componentes das substâncias que em nosso planeta consideramos indecomponíveis.

Os cientistas que vivem em contato íntimo com esses supostos elementos não duvidam de sua complexidade. Enquanto Wurtz mostra-se favorável à hipótese de Thompson, o sr. Berthelot diz por sua parte:

> O estudo aprofundado das massas elementares que constituem nossos corpos simples atuais tende cada vez mais a assimilá-los não a átomos indivisíveis, homogêneos e suscetíveis de experimentar apenas movimentos de conjunto, mas a edifícios *muito complexos*, dotados de uma arquitetura específica e animados de *movimentos intestinos muito variados*.

Por sua vez, os fisiologistas não poderiam acreditar na homogeneidade do protoplasma e, na célula viva, julgam ativa e verdadeiramente viva somente a parte sólida. A parte solúvel é, quase em sua totalidade, somente uma provisão de combustíveis e alimentos (ou um amontoado de excrementos). Mesmo na parte sólida, se a conhecêssemos melhor, quase tudo certamente poderia ser eliminado. E, de eliminação em eliminação, aonde chegaríamos senão ao ponto geométrico, ou seja, ao puro nada, a menos que esse ponto não seja um centro, como será explicado mais adiante? De fato, no elemento histológico verdadeiro (que a palavra célula designa bastante mal), o que há de essencial a considerar não é seu limite, seu invólucro, mas sim esse núcleo central de onde parece que ele aspira a se irradiar indefinidamente, até o momento em que a cruel experiência dos obstáculos exteriores o obriga a fechar-se para proteger-se; mas aqui antecipamos.

Não há meio algum de se deter nessa inclinação para o infinitesimal, que se torna, de modo sem dúvida muito inesperado, a chave do universo inteiro. Daí talvez a importância crescente do cálculo infinitesimal; daí também, pela mesma razão, o espantoso sucesso momentâneo da doutrina da evolução. Nessa teoria, um tipo específico, diria um geômetra, é a integral de inumeráveis diferenciais chamadas variações individuais, devidas elas próprias a variações celulares, no fundo das quais aparecem miríades de mudanças elementares. A fonte, a razão de ser, a razão do finito, do definido, está no infinitamente pequeno, no imperceptível: tal é a convicção profunda que inspirou Leibniz e também nossos transformistas.

Mas por que uma transformação, incompreensível quando apresentada como uma soma de diferenças nítidas, definidas, é facilmente compreendida se a consideramos como uma soma de diferenças infinitamente pequenas? Mostremos em primeiro lugar que esse contraste é bastante real. Suponha-se que, por milagre, um corpo desapareça, se aniquile no lugar A onde estava, para depois reaparecer, *voltar a ser* no lugar Z, a um metro de distância do primeiro, *sem ter atravessado as posições intermediárias*: esse tipo de *deslocamento* não encontra abrigo em nosso espírito, ao passo que não nos surpreendemos de ver esse corpo passar de A a Z seguindo uma linha de posições justapostas. Assinalemos também que nosso primeiro espanto *em nada* teria diminuído se tivéssemos visto o desaparecimento e o reaparecimento bruscos efetuarem-se a uma distância de meio metro, de trinta, de vinte, de dez, de dois centímetros ou qualquer fração perceptível de milímetro. Nossa razão, ou mesmo nossa imaginação, ficaria tão chocada com o último caso quanto com o primeiro. Do mesmo modo, se nos apresentarem duas espécies vivas distintas, muito distantes ou muito próximas, não importa, digamos um fungo e uma labiada, ou duas labiadas de um mesmo gênero, nunca chegaremos a compreender, não mais aqui do que lá, que uma tenha podido subitamente e sem transição transformar-se na outra. Mas, se nos disserem que, em virtude de um cruzamento, o óvulo fecundado de uma sofreu um desvio, extremamente pequeno de início, mas depois gradativamente maior, de seu itinerário habitual, não teremos nenhuma dificuldade de admiti-lo. Dirão que o inconcebível da primeira hipótese deve-se a um preconceito formado em nós por associação de ideias. O que é muito verdadeiro e prova, justamente, que a realidade, fonte da experiência na qual nasceu esse preconceito, está em conformidade com a explicação do finito pelo infinitesimal. Pois a razão pura, a razão *nua*, aliás, jamais o teria adivinhado; ela seria antes levada a ver no grande a fonte do pequeno do que no pequeno a fonte do grande, e estaria disposta a acreditar em tipos divinos inteiramente prontos *ab initio*, que repentinamente envolveriam e penetrariam um torrão de terra do exterior ao interior. Ela diria mesmo de bom grado, com Agassiz, que de início as árvores foram florestas, as abelhas colmeias, os homens nações. Esse ponto de vista só pôde ser proscrito da ciência pela revolta dos fatos contrários. Para falar apenas dos mais vulgares, verifica-se que uma imensa esfera de luz expandida no espaço deve-se à vibração única, multiplicada e contagiosa, de um átomo central de éter – que toda a população de uma espécie deve-se à multiplicação prodigiosa de uma primeira e única célula ovular, espécie de irradiação geradora –, que a presença da verdadeira teoria astronômica em milhões de cérebros humanos deve-se à repetição multiplicada de uma ideia surgida, certo dia, em uma célula do cérebro de Newton. Mas o que resulta disso, perguntamos mais uma vez? *Se o infinitesimal diferisse do finito apenas por grau*, se tanto no fundo das coisas como em sua superfície apreensível houvesse apenas posições, distâncias, deslocamentos, por que um deslocamento, inconcebível como finito, mudaria de natureza ao tornar-se infinitesimal? Logo, o infinitesimal difere qualitativamente do finito; o movimento tem uma causa diferente dele mesmo; o fenômeno não é todo o ser. Tudo parte do infinitesimal e tudo a ele retorna; nada, coisa surpreendente que não surpreende ninguém, nada aparece subitamente na esfera do finito, do complexo, nem nela se extingue. Que concluir daí, senão que o infinitamente pequeno, ou seja, o elemento, é a fonte e a meta, a substância e a razão de tudo? — Enquanto o progresso da física leva os físicos a *quantificar* a natureza para compreendê-la, é significativo que o progresso da matemática conduza os matemáticos, para compreender a quantidade, a decompô-la em elementos que não têm absolutamente nada de quantitativo.

Essa importância crescente atribuída pelo aumento dos conhecimentos ao infinitesimal é tanto mais estranha quanto, em sua forma ordinária (afastada a hipótese das mônadas), ele é um simples amontoado de contradições. Deixo ao sr. Renouvier o cuidado de apontá-las. Por qual virtude o absurdo daria ao espírito humano a chave do mundo? Não seria porque, através dessa noção inteiramente negativa, visamos sem alcançá-la, miramos sem vê-la, uma noção muito positiva que talvez nos faça falta, mas que ainda assim deve constar *como memória* no inventário de nosso ativo intelectual? Esse absurdo poderia ser apenas o invólucro de uma realidade alheia a tudo o que conhecemos, exterior a tudo, ao espaço e ao tempo, à matéria e ao espírito... Ao espírito? Se assim fosse, a hipótese das mônadas deveria ser rejeitada... mas isso requer exame. Seja como for, os verdadeiros *agentes* seriam então esses pequenos seres que dizemos serem infinitesimais, as verdadeiras *ações* seriam essas pequenas variações que dizemos serem infinitesimais.

Do que precede, parece mesmo resultar que esses agentes são autônomos, que essas variações se chocam e se obstruem tanto quanto cooperam. Se tudo parte do infinitesimal é porque um elemento, um elemento único, tem a iniciativa de uma mudança qualquer, movimento, evolução vital, transformação mental ou social. Se todas essas mudanças são graduais, e aparentemente contínuas, isso mostra que a iniciativa do elemento empreendedor, embora secundada, encontrou resistências. Suponhamos que todos os cidadãos de um Estado, sem exceção, adiram plenamente a um programa de reorganização política nascido no cérebro de um deles e, mais especialmente, em um ponto desse cérebro. A reforma inteira do Estado segundo esse plano, em vez de ser sucessiva e fragmentária, será brusca e total, seja qual for o radicalismo do projeto. É somente a contrariedade de outros planos de reforma ou de outros tipos de Estado ideal que cada membro de uma nação possui, conscientemente ou não, que explica a lentidão das modificações sociais. Do mesmo modo, se a matéria fosse tão passiva, tão inerte quanto se supõe, não vejo por que o movimento, isto é, o deslocamento gradual, existiria; não vejo por que a formação de um organismo seria obrigada à travessia de suas fases embrionárias, obstáculo oposto à realização imediata de seu estado adulto não obstante visado desde o início pelo impulso do germe.

A ideia de linha reta, cabe observar, não é exclusivamente própria à geometria. Há uma retilinearidade biológica, há também uma retilinearidade lógica. Com efeito, assim como, para passar de um ponto a outro, a abreviação, a diminuição do número de pontos interpostos, não poderia ser indefinida e detém-se no limite chamado linha reta, assim também, na passagem de uma forma específica a uma outra forma específica, de um estado individual a um outro estado individual, há uma interposição *mínima*, irredutível, de formas e de estados a percorrer, a única talvez a explicar a repetição abreviada, pelo embrião, de uma parte dos tipos sucessivos dos quais procede. Do mesmo modo, na exposição de um corpo de ciências, não há uma maneira de *ir diretamente* de uma tese a outra tese, de um teorema a outro teorema, e não consiste ela em ligá-los por uma cadeia de *posições lógicas* necessariamente intermediárias? Necessidade realmente surpreendente. Essa ordem racional e retilínea de exposições, à qual nos apegamos e na qual nos detemos nos livros elementares que resumem em poucas páginas o labor de alguns séculos, coincide com frequência, mas não sempre, em muitos pontos, mas não em todos, com a ordem histórica de aparecimento das descobertas sucessivas das quais toda ciência é a síntese. É talvez o que ocorre com a famosa recapitulação da *filogênese* pela *ontogênese*,[1] que seria a retificação, e não apenas a aceleração prodigiosa, do caminho mais ou menos tortuoso segundo o qual as formas de antepassados, as *invenções biológicas* acumuladas e legadas em massa ao óvulo, sucederam-se nas idades anteriores.

O real apoio que a doutrina da evolução fornece às hipóteses monadológicas se mostraria bem mais evidente ainda se considerássemos esse grande sistema sob as novas formas que ele está em vias de adquirir e que já começam a se esboçar. Pois o próprio evolucionismo evolui. Evolui não por uma série ou

1 Em *Monadologie et sociologie* (1895, p.319) está grafado *phytogenèse* (fitogênese ou gênese dos vegetais) e *autogenèse* (autogênese ou geração espontânea); já em *Les Monades et la science sociale* (1893, p.164) está grafado *phylogenèse* (filogênese ou gênese das espécies) e *ontogenèse* (ontogênese ou gênese dos indivíduos). Optamos pela tradução dos termos utilizados no ensaio de 1893. (N.O.)

um concurso de tateios cegos, de adaptações fortuitas e involuntárias aos fatos observados, em conformidade com procedimentos de transformação que em geral ele comete o erro de atribuir à natureza viva, mas sim pelos esforços acumulados de cientistas e teóricos perfeitamente atentos, consciente e voluntariamente ocupados em modificar a teoria fundamental para ajustá-la da melhor maneira possível aos dados da ciência que lhes são conhecidos, e também às ideias preconcebidas que lhes são caras. Essa teoria é para eles um *tipo genérico* que cada um, à sua maneira, procura *especificar*. Mas, entre os produtos variados da fermentação inédita suscitada por Darwin, há apenas dois que acrescentam ou substituem à ideia própria do mestre uma novidade verdadeira e realmente fecunda. Refiro-me, em primeiro lugar, à *evolução por associação* de organismos elementares em organismos mais complexos formulada pelo sr. Edmond Perrier, e, em segundo lugar, à *evolução por saltos*, por crises, que, indicada e predita há muitos anos nos escritos clarividentes de Cournot, voltou a germinar espontaneamente aqui e acolá no espírito de muitos cientistas contemporâneos. De acordo com um deles, a transformação específica de um tipo preexistente em vista de uma adaptação nova deve ter-se operado *em um momento dado e de uma forma de certo modo imediata* (isto é, penso eu, muito curta relativamente à prodigiosa duração das espécies uma vez formadas, mas talvez muito longa em comparação com a brevidade de nossa vida) e, ele acrescenta, por um *processo regular* e não por tateio. Do mesmo modo, para um outro transformista, a espécie, de sua formação relativamente rápida à sua decomposição também relativamente rápida, permanece realmente fixa dentro de certos limites, por estar essencialmente em estado de equilíbrio orgânico estável. Gravemente perturbado em sua constituição por uma mudança excessiva de seu meio (ou por alguma revolução interna em virtude da rebelião contagiosa de algum elemento), o organismo só sai de sua espécie para rolar, de certo modo, na encosta de outra espécie, também em equilíbrio estável, e então ali permanece por um tempo, que para nós seria uma eternidade.

Não me cabe, evidentemente, discutir essas conjeturas. Apenas observo que elas estão crescendo, ou melhor, esgueirando-se sorrateiramente, ainda humildes, porém invasoras, ao mesmo tempo que a seleção natural perde terreno a cada dia, mostrando-se mais apta a depurar os tipos do que a aperfeiçoá-los, e a aperfeiçoá-los do que a transformá-los profundamente por si mesma. Acrescento que, seja por um ou por outro dos dois caminhos indicados, somos necessariamente conduzidos a povoar, a encher os corpos vivos de átomos espirituais ou quase espirituais. Com efeito, o que é a *necessidade de sociedade* atribuída como alma pelo sr. Perrier ao mundo orgânico, senão um feito de pequenas *pessoas*? E o que pode ser a transformação *direta*, *regular*, rápida, imaginada por outros, senão a obra de operários ocultos que colaboram para a realização de algum *plano de reorganização específico* concebido e desejado primeiramente por um deles?

II

Eis o suficiente para provar, creio eu, que a ciência tende a pulverizar o universo, a multiplicar indefinidamente os seres. Mas, como eu dizia anteriormente, ela não tende menos claramente a unificar a dualidade cartesiana da matéria e do espírito. Com isso ela se lança não digo em um antropomorfismo, mas em um *psicomorfismo* inevitável. Não se pode efetivamente conceber o *monismo* (isso foi dito muitas vezes, eu sei) senão de três maneiras: ou se considera o movimento e a consciência – a vibração de uma célula cerebral, por exemplo, e o estado de espírito correspondente – duas *faces* de um mesmo fato, e se auto-engana por essa reminiscência do Jano Antigo; ou se faz decorrer a matéria e o espírito, cuja natureza heterogênea não é negada, de uma fonte comum, de um espírito oculto e incognoscível, e ganha-se assim apenas uma trindade em vez de uma dualidade; ou, enfim, se afirma decididamente que a matéria é espírito, nada mais. Essa última tese é a única que se compreende e que oferece realmente a redução exigida. Mas há duas maneiras de entendê-la. Com os idealistas, pode-se dizer que o universo material, inclusive os outros eus, é *meu*, exclusivamente meu; ele se compõe de meus estados de espírito ou de sua possibilidade na medida em que esta é afirmada por mim, ou seja, na medida em que ela própria é um de meus estados de espírito. Se essa interpretação for rejeitada, não resta senão admitir, com os monadologistas, que todo o universo exterior é composto de outras almas que não a minha, mas no fundo semelhantes à minha. Aceitando-se esse último ponto de vista, retira-se do precedente seus melhores fundamentos. Reconhecer que se ignora o que é o *ser em si* de uma pedra, de um vegetal, e ao mesmo tempo obstinar-se em dizer que ele *é*, é logicamente insustentável; a ideia que se tem dele, é fácil demonstrá-la, tem como conteúdo total nossos estados de espírito, e, como nada resta se forem abstraídos nossos estados de espírito, ou bem se afirma apenas a existência deles ao afirmar esse x substancial e incognoscível, ou se é forçado a admitir que, ao afirmar outra coisa, nada se afirma. Mas se o ser em si é, no fundo, semelhante ao nosso ser, não sendo mais incognoscível, ele se torna afirmável.

Por consequência, o monismo nos encaminha ao psicomorfismo universal. Mas está o monismo em vias de demonstrar-se tanto quanto de afirmar-se? Não. É verdade que quando vemos físicos como Tyndall, naturalistas como Haeckel, filósofos historiadores e artistas como Taine, teóricos de todas as escolas suspeitarem ou se convencerem de que o hiato entre o dentro e o fora, a sensação e a vibração é ilusório, por mais que seus argumentos não se sustentem, a concordância de suas convicções e de seus pressentimentos tem sua importância. Mas, se eles empreendem nos convencer consistentemente da identidade que alegam, essa presunção perde todo o seu valor diante da discordância evidente dos termos justapostos que se trata de identificar; refiro-me ao *movimento* e à *sensação*.

É que, de fato, pelo menos um desses termos está mal escolhido. Entre as variações puramente quantitativas do movimento, cujos desvios são eles próprios mensuráveis, e as variações puramente qualitativas da sensação, quer se trate de cores, de odores, de sabores ou de sons, o contraste é demasiado chocante para nosso espírito. No entanto, se entre nossos estados internos, por hipótese diferentes da sensação, houvesse alguns quantitativamente variáveis, como procurei mostrar alhures,[2] esse caráter singular permitiria talvez tentar por eles a *espiritualização* do universo. A meu ver, os dois estados da alma, ou melhor, as duas forças da alma chamadas crença e

2 Tarde provavelmente se refere aos ensaios "Les Possibles" (*infra*, p.191) e "La Croyance et le désir" (1880), bem como ao primeiro item do quinto capítulo de *Les Lois de l'imitation* (1890). (N.O.)

desejo, de onde derivam a *afirmação* e a *vontade*, apresentam esse caráter eminente e distintivo. Pela universalidade de sua presença em todo fenômeno psicológico do homem ou do animal, pela homogeneidade de sua natureza de um extremo a outro de sua imensa escala, desde a menor inclinação a crer e a desejar até a certeza e a paixão, enfim, por sua mútua penetração e por outros traços de similitude não menos impressionantes, a crença e o desejo desempenham no eu, com relação às sensações, precisamente o papel exterior do espaço e do tempo com relação aos elementos materiais. Caberia examinar se essa analogia não encobriria uma identidade, se, em vez de serem simplesmente formas de nossa sensibilidade, como afirmou seu mais profundo analista, o espaço e o tempo não seriam eventualmente noções primitivas ou quase sensações contínuas e originais pelas quais se traduziriam a nós, graças às nossas duas faculdades de crer e de desejar, fonte comum de todo julgamento e, portanto, de toda noção, os graus e os modos de crença, os graus e os modos de desejo dos agentes psíquicos diferentes de nós. Nessa hipótese, os movimentos dos corpos seriam apenas espécies de julgamentos ou desígnios formados pelas mônadas.[3]

Percebe-se que, se fosse assim, a transparência do universo seria perfeita, e o conflito manifesto de duas correntes opostas da ciência contemporânea estaria resolvido. Pois se esta, por um lado, nos leva à psicologia vegetal, à "psicologia celular", em breve à psicologia atômica, em suma, a uma interpretação totalmente espiritual do mundo mecânico e material, por outro

3 Segundo Lotze, se há no átomo algo de espiritual, deve ser um prazer e uma dor, e não uma noção; afirmo justamente o contrário (Lotze, *Psychologie physiologique*, p.133).

lado sua tendência a explicar tudo mecanicamente, mesmo o pensamento, não é menos evidente. Na "psicologia celular" de Haeckel, é curioso ver alternarem-se de uma linha a outra essas duas maneiras de ver contraditórias. Mas a contradição é suprimida pela hipótese precedente, e só assim pode sê-lo.

Aliás, essa hipótese nada tem de antropomórfica. A crença e o desejo possuem o privilégio único de comportar estados inconscientes. Há com certeza desejos, julgamentos inconscientes. Tais são os desejos implicados em nossos prazeres e em nossas aflições, os julgamentos de localização e outros incorporados a nossas sensações. Ao contrário, sensações inconscientes, não sentidas, são manifestamente impossíveis; e, se são concebidas por alguns espíritos, é porque, sem o saberem, eles as confundem com sensações não afirmadas e não discernidas, ou então porque, compreendendo a necessidade muito real de admitirem estados inconscientes da alma, consideraram erradamente as sensações como suscetíveis de serem tais estados. Os fatos, muito impressionantes de resto, sobre os quais se apoia a hipótese de uma sensibilidade inconsciente, provam em geral bem mais que essa conclusão. Eles mostram que nossa própria consciência, mônadas dirigentes, elementos-chave do cérebro, tem como colaboradoras necessárias, constantes, durante nossa vida ou reinado cerebral, inúmeras outras consciências cujas modificações, exteriores com relação a nós, são para elas estados internos.

> Alguns fisiologistas que se interessam pela psicologia [diz o sr. Ball] provaram que nada se poderia esquecer. Os vestígios das impressões anteriormente recebidas acumulam-se em nossas células cerebrais, onde permanecem indefinidamente latentes, até o

> dia em que uma influência superior as evoca do túmulo onde dormiam enterradas [...]. Quando no meio de uma conversa buscamos lembrar um nome, uma data, um fato, a informação buscada muitas vezes nos escapa, e é somente algumas horas mais tarde, quando pensávamos noutra coisa, que ela vem espontaneamente oferecer-se. Como explicar essa revelação inesperada? É que um *secretário misterioso*, um hábil autômato *trabalhou por nós enquanto a inteligência* (deveria dizer-se *nossa* própria inteligência, mônada dirigente) negligenciava esses delicados detalhes [...].

A necessidade que têm os alienistas de recorrer a essas comparações de *secretário*, de *bibliotecário* íntimo, para explicar os fenômenos da memória, é uma forte suspeita em favor da hipótese das mônadas. A teoria monadológica ainda pode apropriar-se sem nenhuma dificuldade da argumentação dos psicólogos ingleses e alemães a esse respeito. Mas já que afinal parece necessário considerar como inconscientes, em alguns casos, certos estados da alma, observemos que, na verdade, um desejo, um ato de fé não só podem não ser sentidos, mas nem sequer poderiam ser sentidos como tais, do mesmo modo que uma sensação não poderia ser ativa por ela mesma. Ora, por esse caráter marcante, as duas forças internas que nomeei se apresentam a nós como objetiváveis no mais alto grau. Uma vez que se aplicam a quaisquer sensações, por mais radicalmente diferentes que estas possam ser, tanto ao vermelho quanto ao dó ou ao ré, tanto ao perfume da rosa quanto ao frio ou ao calor, por que não se aplicariam igualmente a fenômenos *desconhecidos* e, admito, incognoscíveis, por hipótese, outros, além das sensações, mas nem mais nem menos distintos das sensações do que elas o são umas das outras? Por que a *sensação* não seria considerada uma simples espécie do gênero *qualidade*, e não se admitiria que existem fora de nós *marcas qualificativas de modo nenhum sensacionais* e capazes de servir, como nossas sensações, de ponto de aplicação às forças psíquicas por excelência, a força estática chamada crença e a força dinâmica chamada desejo? É talvez por um sentimento instintivo e confuso dessa verdade que se forjou, sobre o tipo do desejo, a ideia de força, na qual se busca a chave do enigma universal. Schopenhauer retirou a máscara dessa noção, chamando-a quase pelo seu verdadeiro nome, vontade. Mas a vontade é uma combinação da fé e do desejo, e os discípulos do mestre, entre eles Hartmann, tiveram de acrescentar à vontade a ideia. Teriam feito melhor rompendo a vontade e distinguindo nela seus dois elementos. O que é surpreendente é que, no meio de tantas conjeturas filosóficas, ninguém ainda tenha pensado, explicitamente ao menos, em buscar na objetivação da *crença*, e não do desejo, a solução dos problemas da física e da vida. Digo explicitamente, pois, sem que o saibamos, concebemos a matéria, a substância coerente e sólida, satisfeita e repousada, não apenas com o auxílio, mas também à imagem e à semelhança de nossas *convicções*, assim como a força à imagem de nossos esforços. Hegel foi o único a entrever isso, a julgar por sua pretensão de compor o mundo com séries de afirmações e de negações. Daí talvez, apesar das aberrações e das sutilezas estranhas, esse aspecto arquitetônico e de magistral grandeza de sua obra em ruína, e que caracteriza, em geral, a superioridade própria aos sistemas substancialistas de todos os tempos, de Demócrito a Descartes, sobre as doutrinas dinamistas as mais empolgantes. Não se viu em nosso brilhante evolucionismo atual, que leva ao extremo a ideia leibniziana de força, o monismo buscando rejuvenescer a substância de Espinosa? Pois, assim como a vontade dirige-se à certeza, e o movimento dos astros e dos átomos à sua aglomeração definitiva, também a ideia de força leva naturalmente à ideia de substância, na qual, cansado das agitações de um fenomenismo ilusório, percebendo finalmente realidades que se dizem imutáveis, refugia-se um pensamento ora idealista, ora materialista. Mas, dessas duas atribuições feitas aos misteriosos númenos exteriores de nossas duas quantidades interiores, qual é legítima? Por que não arriscar que ambas o são?

Dirão talvez que esse *psicomorfismo* é uma solução muito fácil, mas, sobretudo, ilusória, e que é um equívoco pretender explicar os fenômenos vitais, físicos, químicos, pelos fatos psicológicos, muito mais complexos. Mas, se admito a complexidade das sensações e a perfeita legitimidade de sua explicação por fatos fisiológicos, não posso reconhecer da mesma maneira a do desejo e da crença. Em minha opinião, a análise não penetra essas noções irredutíveis. Há uma contradição não percebida em afirmar, de um lado, que um organismo é um mecanismo formado em virtude de leis puramente mecânicas e, de outro, que todos os fenômenos da vida mental, inclusive os dois acima mencionados, são puros produtos da organização criados por ela e não existentes antes dela. Com efeito, se o ser organizado é apenas uma máquina admirável, ele deve sê-lo tanto dessa máquina como de todas as outras, nas quais não apenas nenhuma força nova, mas também nenhum produto radicalmente novo poderia ser criado pela virtude dos mais maravilhosos agenciamentos de engrenagens. Uma máquina é somente uma distribuição e uma direção especial de forças preexistentes que a atravessam sem se alterar essencialmente. Não é senão uma mudança de forma dada a materiais brutos que ela recebe de fora e cuja essência não se altera. Portanto, se os corpos vivos, uma vez mais, são máquinas, a natureza essencial dos únicos produtos e das únicas forças resultantes de seu funcionamento que nos são conhecidos até o fundo (sensações, pensamentos, volições), nos mostra que seus alimentos (carbono, azoto, oxigênio, hidrogênio etc.) contêm elementos psíquicos ocultos. De maneira especial, entre esses resultados superiores das funções vitais há dois que são forças e que, brotando do cérebro, não puderam ser criados pelo jogo mecânico de vibrações celulares. Pode-se negar que o desejo e a crença sejam forças? Acaso não se percebe que, com suas combinações recíprocas, as paixões e os desígnios, eles são os ventos perpétuos das tempestades da história, as quedas d'água que fazem girar os moinhos da política? O que é que conduz e impele o mundo, senão as crenças religiosas ou outras, as ambições e a cupidez? Esses supostos produtos são de tal modo forças que, por si sós, eles produzem as sociedades, vistas ainda por tantos filósofos atuais como verdadeiros organismos. Assim, os produtos de um organismo inferior seriam os fatores de uma organização superior! E, admitindo o caráter dinâmico desses dois estados da alma, a conclusão, da qual não se escapa, mesmo considerando-os produtos, adquire um grau de rigor maior. Pois sabe-se que as forças empregadas pelas máquinas sempre saem delas bem menos desnaturadas que suas matérias-primas. Consequentemente, se o desejo e a crença são forças, é provável que em sua *saída* do corpo, nas nossas manifestações mentais, não sejam notavelmente diferentes de como eram em sua *entrada*, sob forma de coesões ou de afinidades moleculares. O último fundamento da substância material nos seria assim entreaberto; e vale a pena examinar se, seguindo as consequências desse ponto de vista, permanecemos de acordo com os fatos obtidos pela ciência. Aqui tenho a vantagem de poder apoiar-me nos trabalhos acumulados de Schopenhauer, de Hartmann e de sua escola, que, em minha opinião, conseguiram mostrar o caráter primordial e universal não da vontade, mas do desejo.

Para citar apenas um exemplo, vejamos uma pequena massa de protoplasma, na qual nenhum indício de organização pôde ser descoberto, "geleia límpida como a clara de ovo", diz o sr. Perrier. No entanto, ele acrescenta, essa geleia executa movimentos, *captura animais, os digere* etc. Tem apetite, é evidente, e, portanto, uma percepção mais ou menos clara do que lhe apetece. Se o desejo e a crença são apenas produtos da organização, de onde vêm a percepção e o apetite a essa massa heterogênea, como admito de bom grado, mas ainda não organizada? "Os movimentos dos esporos", diz o sr. Almann, da Sociedade Real de Londres, "parecem com frequência obedecer a uma verdadeira *volição*; se o esporo depara com um obstáculo, ele muda de direção *e recua, invertendo o movimento de seus cílios*." Um construtor de ferrovia não faria melhor. No entanto, esse esporo é apenas uma célula separada de uma planta imóvel e insensível, à qual se recusa toda vontade, toda inteligência. Assim, temos aí a inteligência e a vontade que apareceriam de repente na célula-filha e não existiriam sequer virtualmente na célula-mãe! Melhor dizendo, quando lhe convém, quando é útil a seu propósito, a seu plano cósmico particular do qual procedem todos os seus movimentos, o elemento vital revela e desdobra seus recursos ocultos. Misturado a uma infinidade de outros no amontoado indiviso do protoplasma, ele faz, no momento desejado, cessar sua indivisão, cerca-se e sequestra-se com um grupo compacto de vassalos, eriça-se em uma muralha calcária; ou então estende filamentos, como o faz um barqueiro com os remos, e move-se em direção à presa. Todas as águas contêm miríades desses seres vivos *unicelulares* que "constroem para si um esqueleto [...] esferas concêntricas tão transparentes como o cristal, e de uma simetria e de uma beleza perfeitas". Evidentemente, *a única célula* em questão não realizaria sozinha esses prodígios, e cumpre acreditar que ela foi apenas a alma de um povo de operários. Mas que dispêndio de atos psíquicos supõe tal labor!

Na verdade, é lícito perguntarmo-nos, comparando às invenções celulares, às indústrias celulares, às artes celulares, tais como um dia de primavera as *expõe*, nossas artes, nossas indústrias, nossas pequenas descobertas humanas mostradas em nossas exposições periódicas, se é realmente certo que nossa inteligência e nossa vontade próprias, grandes *eus* dispondo de vastos recursos de um gigantesco estado cerebral, levam a melhor sobre as dos pequenos eus confinados na minúscula cidade de uma célula animal ou mesmo vegetal. Com certeza, se o preconceito de nos acreditarmos sempre superiores a tudo não nos cegasse, a comparação não penderia a nosso favor. É esse preconceito, no fundo, que nos impede de crer nas mônadas. Em seu secular esforço para interpretar mecanicamente tudo o que está fora de nós, mesmo o que mais brilha em traços de gênio acumulados, as obras vivas, nosso espírito sopra, de certo modo, apagando todas as luzes do mundo em benefício de sua solitária fagulha. Certamente o sr. Espinas tem razão ao dizer que basta *pouca inteligência* para explicar os trabalhos sociais das abelhas e das formigas. Mas, se concordamos com esse *pouco* e se o julgamos necessário para explicar esses produtos, de resto muito simples como os de nossas indústrias, há de se convir que para produzir a organização mesma desses insetos, tão infinitamente superior em complexidade, em riqueza, em flexibilidade de adaptação a todas as suas obras, foi preciso *muita* inteligência e muitas *inteligências*. — Consintamos em fazer esta reflexão muito natural: posto que a realização da mais simples função social, da mais banal e uniforme desde muitos séculos, posto, por exemplo, que o movimento conjunto um pouco regular de uma procissão ou de um regimento exige, como sabemos, tantas lições prévias, tantas palavras, tantos esforços, tantas forças mentais despendidas quase em pura perda – o que não é preciso então de energia mental, ou quase mental, distribuída em jorros, para produzir as manobras complicadas de funções vitais simultaneamente efetuadas não por milhares, mas por bilhões de atores diversos, todos – temos razões para pensar assim – essencialmente egoístas, todos tão diferentes entre si quanto os cidadãos de um vasto império!

Certamente essa conclusão teria de ser abandonada se fosse provado, ou se fosse provável, que, para além de certo grau de pequenez corporal, a inteligência (não digo a inteligência sensacional tal como a conhecemos, mas o *psiquismo*, gênero do qual toda inteligência por nós conhecida é apenas uma espécie) é impossível. Dessa impossibilidade demonstrada poder-se-ia deduzir, em seguida, que os fenômenos psíquicos são resultados radicalmente diferentes de suas condições, muito embora todos os seres inteligentes ou em geral psíquicos observados por nós procedam de pais ou de ascendentes igualmente psíquicos, e que a geração espontânea da inteligência é uma hipótese menos aceitável ainda, se isso é possível, que a da geração espontânea da vida. Contudo, quanto mais mergulhamos nas profundezas microscópicas ou mesmo ultramicroscópicas do infinitamente pequeno, lá descobrimos sempre germes vivos e organismos completos, nos quais a observação ou a indução nos levam a reconhecer os caracteres da animalidade ou os da vegetação, já que os dois reinos se confundem *in minimis*.

> Um diâmetro de 1/3000 de milímetros é aproximadamente o menor que um microscópio nos permite ver distintamente. Mas os raios solares [diz o sr. Spottiswoode] e a luz elétrica nos revelam a presença de corpos *infinitamente abaixo* dessas dimensões. O sr. Tyndall teve a ideia de medi-los em função das ondas luminosas [...] observando-os em massa e registrando as cores que difundem [...]. Esses corpos infinitamente pequenos não são apenas moléculas gasosas; compreendem também *organismos completos*, e o ilustre cientista que acabamos de citar fez um estudo aprofundado da influência considerável que esses organismos minúsculos exercem na economia da vida.

Mas, dirão, se não atingimos os limites do psiquismo, o bom senso nos afirma que, em média, os seres muito menores que nós são muito menos inteligentes; e seguindo essa progressão teremos certeza de chegar, no caminho da pequenez crescente, à ininteligência absoluta. — O bom senso! Deixemo-lo de lado. O bom senso diz também que a inteligência é incompatível com um tamanho desmedido, e nisso, cumpre reconhecer, a experiência lhe dá razão. Mas juntemos essas duas afirmações do bom senso e fica claro que ambas emanam, uma gratuita, a outra verossímil, do preconceito antropocêntrico. Na realidade, julgamos os seres tanto menos inteligentes quanto menos os conhecemos, e o erro de acreditar o desconhecido ininteligente pode ir de par com o erro, de que falaremos adiante, de acreditar o desconhecido indistinto, indiferenciado, homogêneo.

Seria preciso evitar ver no que precede uma defesa disfarçada em favor do princípio de finalidade, tão justamente desacreditado em nossos dias sob a forma ordinária. Com efeito, do ponto de vista do método, talvez seja ainda mais preferível recusar à natureza toda finalidade, toda ideia, do que pretender ligar todas as suas finalidades e todas as suas ideias, como se faz, a um pensamento, a uma vontade única. Singular explicação dada a um mundo em que todos os seres se entredevoram, no qual, em cada ser, o acordo das funções é apenas, quando existe, uma transação de interesses e de pretensões contrárias, no qual, no estado normal, no indivíduo melhor equilibrado, se observam funções e órgãos inúteis, como no Estado mais bem governado ocorrem sempre, aqui e ali, dissidências de seitas, particularidades provinciais religiosamente perpetuadas pelos cidadãos e necessariamente respeitadas pelos governantes, ainda que elas quebrem a unidade sonhada! Por mais infinito que se suponha o pensamento, a vontade divina, se quiserem que ele seja *uno*, logo ele se torna insuficiente como explicação das realidades. Entre sua infinidade, que supõe a coexistência das contradições, e sua unidade, que exige o acordo perfeito, é preciso escolher – a menos que se faça proceder, maravilhosamente, uma da outra e, sucessivamente, a primeira da segunda, depois a segunda da primeira... Mas não abordemos esses mistérios. Nenhuma inteligência na matéria ou uma matéria modelada pela inteligência: aqui não há intermediário algum. E, a bem dizer, cientificamente, dá no mesmo. Pois suponhamos, por um instante, que um de nossos Estados humanos, composto não de alguns milhares, mas de alguns *quatrilhões* ou *quintilhões* de homens hermeticamente fechados e inacessíveis individualmente (espécie de China infinitamente mais populosa ainda e mais fechada), nos seja simplesmente conhecido pelos dados de seus estatísticos, cujos números relativos a enormes massas se reproduziriam com uma extrema regularidade. Quando uma revolução política ou social, que nos seria revelada por um aumento ou uma diminuição bruscos de alguns desses números, se produzisse nesse Estado, por mais que tivéssemos certeza de que se trata de um fato causado por ideias e paixões individuais, evitaríamos nos perder em conjeturas supérfluas sobre a natureza dessas únicas causas verdadeiras, apesar de impenetráveis, e o mais sensato nos pareceria explicar, bem ou mal, os números anormais por comparações engenhosas com os números normais habilmente manejados. Atingiríamos assim, pelo menos, resultados claros e verdades simbólicas. Contudo, seria importante nos lembrarmos, de tempos em tempos, do caráter puramente simbólico dessas verdades; e é precisamente o serviço que poderia prestar às ciências a afirmação das mônadas.

III

Acabamos de ver que a ciência, após ter pulverizado o universo, acaba necessariamente por espiritualizar sua poeira. Chegamos, porém, a uma objeção capital. Em um sistema monadológico ou atomístico qualquer, todo fenômeno não é senão uma nebulosa decomponível em ações emanadas de uma infinidade de agentes que são outros tantos pequenos deuses invisíveis e inumeráveis. Esse politeísmo, eu ia dizer esse *miriateísmo*, deixa por explicar o acordo universal dos fenômenos, por mais imperfeito que ele seja. Se os elementos do mundo nasceram separados, independentes e autônomos, não se compreende por que um grande número deles e um grande número de seus agrupamentos (por exemplo, todos os átomos de oxigênio ou de hidrogênio) se assemelham, se não perfeitamente – como se supõe sem razão suficiente –, pelo menos dentro de limites mais ou menos fixos; não se compreende por que um grande número deles, se não todos, parece ser cativo, subjugado, e ter renunciado àquela liberdade absoluta que implica sua eternidade; não se compreende, enfim, por que a ordem, e não a desordem, e sobretudo a condição primeira da ordem, a concentração crescente, e não a dispersão crescente, resultam de seu relacionamento. Assim, parece ser preciso recorrer a novas hipóteses. Como complemento de suas mônadas fechadas, Leibniz faz de cada uma delas uma câmara escura em que o universo inteiro das outras mônadas vem se inscrever em escala reduzida e sob um ângulo especial; além disso, ele teve que imaginar a harmonia preestabelecida, do mesmo modo que, como complemento de seus átomos errantes e cegos, os materialistas devem invocar as leis universais ou a fórmula única que conteria todas essas leis, espécie de mandamento místico ao qual todos os seres obedeceriam e que não emanaria de nenhum ser, espécie de verbo inefável e ininteligível que, sem nunca ter sido pronunciado por ninguém, entretanto seria escutado em toda parte e sempre. Além disso, tanto atomistas como monadologistas concebem igualmente seus elementos primeiros – fontes, dizem eles, de toda realidade – como flutuando em um mesmo espaço e em um mesmo tempo, duas realidades ou pseudorrealidades de um gênero singular, que penetrariam profundamente e de parte a parte as realidades materiais supostamente impenetráveis, e seriam radicalmente distintas destas apesar da intimidade da penetração. Outros tantos caracteres e mistérios que embaraçam singularmente o filósofo. Pode-se esperar resolvê-los concebendo mônadas abertas que se interpenetrariam reciprocamente em vez de serem exteriores umas às outras? Creio que sim, e observo que, ainda por esse lado, os progressos da ciência, não digo contemporânea apenas, mas moderna, favorecem a eclosão de uma monadologia renovada. A descoberta newtoniana da atração, da ação à distância e a qualquer distância dos elementos materiais uns sobre os outros, mostra que se deve reconsiderar sua impenetrabilidade. Cada um deles, outrora visto como um ponto, torna-se uma esfera de ação indefinidamente ampliada (pois a analogia leva a crer que a gravidade, assim como todas as outras forças físicas, propaga-se sucessivamente);[4] e todas essas esferas que se interpenetram são igualmente domínios próprios a cada elemento, talvez igualmente espaços distintos, embora misturados, que tomamos falsamente como um espaço único. O centro de cada uma dessas esferas é um ponto singularizado por suas propriedades, mas, ainda assim, um ponto como outro qualquer; aliás, sendo a atividade a essência mesma de todo elemento, cada um deles está inteiramente lá onde age. O átomo, em consequência do desenvolvimento desse ponto de vista, naturalmente sugerido pela lei de Newton (e que em vão se tenta de vez em quando explicar por impulsões de éter), cessa, a bem dizer, de ser um átomo; ele é um *meio universal* ou que aspira a sê-lo, um universo *para si*, não apenas um *microcosmo*, como queria Leibniz, mas o cosmo inteiro conquistado e absorvido por um único ser. Se, decomposto o espaço de certo

---

4 De acordo com Laplace, o *fluido gravífico*, para empregar sua expressão, propaga-se sucessivamente, mas com uma velocidade que é pelo menos vários milhões de vezes mais rápida que a luz. Em uma passagem ele diz 50 milhões, noutra, 100 milhões de vezes.

modo sobrenatural em espaços reais ou domínios elementares, conseguíssemos decompor do mesmo modo a entidade vazia do Tempo único em realidades múltiplas, em desejos elementares, não restaria mais, como última simplificação, senão explicar as leis naturais, a similitude, a repetição dos fenômenos e a multiplicação dos fenômenos semelhantes (ondas físicas, células vivas, cópias sociais) pelo triunfo de certas mônadas que quiseram essas leis, impuseram esses tipos, estabeleceram seu jugo e ceifaram uma multidão de mônadas uniformizadas e subjugadas, porém todas nascidas livres e originais, todas ávidas, como seus conquistadores, da dominação e da assimilação universais. — Da mesma forma que o espaço e o tempo, as leis, essas outras entidades flutuantes e fantásticas, encontrariam assim, finalmente, seu sítio e seu ponto de aplicação nas realidades reconhecidas. Todas elas teriam começado, como nossas leis civis e políticas, por serem projetos, desígnios individuais. — Desse modo estaria afastada, da forma mais simples, a objeção fundamental que se pode fazer a toda tentativa, atomística ou monadológica, de decompor o contínuo fenomênico em descontinuidade elementar. *Com efeito, o que poremos no descontínuo último senão o contínuo?* Pomos, como novamente será explicado adiante, a totalidade dos outros seres. No fundo de cada coisa, há toda coisa real ou possível.

IV

Mas isso supõe, em primeiro lugar, *que toda coisa é uma sociedade*, que todo fenômeno é um fato social. Ora, é significativo que a ciência tenda, aliás por uma continuidade lógica de suas tendências precedentes, a generalizar estranhamente a noção de sociedade. Ela nos fala de sociedades animais (ver o excelente livro do sr. Espinas a esse respeito), de sociedades celulares, e por que não de sociedades atômicas? Ia-me esquecendo das sociedades de astros, os sistemas solares e estelares. Todas as ciências parecem destinadas a tornarem-se ramos da sociologia. Sei perfeitamente que, por uma falsa compreensão do sentido desse termo corrente, alguns foram levados a ver nas sociedades organismos; mas a verdade é que, desde a teoria celular, os organismos é que se tornaram sociedades de uma natureza à parte, espécies de cidades à Licurgo ou à Rousseau, exclusivas e ferozes ou, melhor ainda, congregações religiosas de uma prodigiosa tenacidade, igual à extravagância majestosa e invariável de suas observâncias, invariabilidade que, de resto, nada prova contra as diversidades individuais e a força inventiva de seus membros.

Que um filósofo como Spencer assimile as sociedades a organismos, nada de surpreendente e, no fundo, nada de muito novo, a não ser o extraordinário dispêndio de erudição imaginativa feito em favor dessa ideia. Mas é realmente notável que um cientista, um naturalista dos mais circunspectos como o sr. Edmond Perrier, tenha podido ver na assimilação dos organismos às sociedades a chave dos mistérios da vida e a derradeira fórmula da evolução. Depois de dizer "que se pode comparar um animal ou um vegetal a uma cidade populosa, onde florescem numerosas corporações, e que os glóbulos sanguíneos são verdadeiros comerciantes que arrastam consigo, no líquido em que flutuam, a complexa bagagem que negociam", ele acrescenta:

> Assim como foram empregadas todas as comparações que os graus de parentesco podem fornecer para exprimir as relações que

> os animais apresentam entre si, antes de supor que fossem unidos por um parentesco real, que fossem efetivamente consanguíneos, assim também não se deixou de comparar, até o presente, os organismos a sociedades ou as sociedades a organismos, sem ver nessas comparações algo mais que simples imagens do espírito. *Ao contrário, chegamos [...] à conclusão de que a associação desempenhou um papel considerável, quando não exclusivo, no desenvolvimento gradual dos organismos etc.*

Mas observemos agora que a ciência assimila também, e cada vez mais, os organismos aos mecanismos, rebaixando entre o mundo vivo e o mundo inorgânico as barreiras de outrora. Por que então a molécula, por exemplo, não seria uma sociedade do mesmo modo que a planta ou o animal? A regularidade e a permanência relativas pelas quais os fenômenos de ordem molecular parecem se opor aos fenômenos de ordem celular ou vital nada possuem que nos deva fazer rejeitar tal conjetura, se, com Cournot, considerarmos também que as sociedades humanas passam, ao se civilizarem, de uma fase bárbara e de certo modo *orgânica* a uma fase *física* e *mecânica*. Durante a primeira, com efeito, todos os fatos gerais de seu engenhoso e instintivo desenvolvimento em poesia, artes, línguas, costumes e leis lembram estranhamente os caracteres e os procedimentos vitais; daí elas passam gradativamente a uma fase administrativa, industrial, erudita, racional, mecânica em suma, que, pelos grandes números disponíveis que o estatístico transforma em montes iguais, dá ensejo ao aparecimento das leis ou das pseudoleis econômicas, semelhantes sob tantos aspectos às leis da física e em particular da estática. Dessa assimilação, que se apoia em uma massa de fatos, e para a qual remeto ao *Traité de l'enchaînement des idées fondamentales*, resulta primeiramente que o abismo não é mais intransponível (contrariamente a um erro do próprio Cournot sobre esse ponto) entre a natureza dos seres inorgânicos e a natureza dos seres vivos, já que vemos uma idêntica evolução, a de nossas sociedades, modificar sucessivamente os traços dos segundos e os traços dos primeiros. Resulta, em segundo lugar, que, se um ser vivo é uma sociedade, com mais forte razão um ser puramente mecânico deve sê-lo também, já que o progresso de nossas sociedades consiste em mecanizar--se. Portanto, uma molécula, comparada a um organismo e a um Estado, não seria senão uma espécie de nação infinitamente mais numerosa e mais avançada, que teria chegado àquele período estacionário que Stuart Mill almeja para todos nós.

Vamos direto à objeção mais especiosa que foi feita a essa assimilação dos organismos e, *a fortiori*, dos seres físicos às sociedades. O contraste mais marcante entre as nações e os corpos vivos é que estes últimos têm contornos definidos e simétricos, enquanto as fronteiras das nações ou os limites das cidades são traçados no solo com uma irregularidade caprichosa, em que a ausência de qualquer plano prévio se faz sentir. O sr. Spencer e o sr. Espinas responderam de maneira diversa a essa dificuldade, mas creio que se pode propor ainda uma outra resposta.

Não é necessário negar o contraste indicado, ele é muito real, mas é suscetível de uma explicação plausível; simplifiquemo-lo para compreendê-lo bem. Deixando de lado o caráter simétrico e definido das formas orgânicas, atenhamo-nos apenas a esta outra característica, ligada à precedente, a saber: que o comprimento, a largura e a altura de um organismo nunca são extremamente desproporcionais entre si. Nas serpentes e nos álamos, a altura ou o comprimento prevalece notavelmente; nos peixes achatados, a espessura é mínima comparada às outras dimensões; mas em nenhum caso a desproporção apresentada pelas formas extremas é comparável à que nos mostra constantemente um agregado social qualquer, por exemplo a China, que tem 3 mil quilômetros de comprimento e de largura, e um ou dois metros apenas de altura média, pois os chineses são de porte pequeno e seus edifícios bastante baixos. Mesmo em um Estado que compreende apenas uma cidade fortificada da Idade Média, estritamente contida dentro de suas muralhas, e onde as casas que se alteiam nas ruas têm vários andares, a espessura é ainda muito pequena relativamente à extensão. Mas este último exemplo não começa a nos colocar no caminho da solução buscada? Pois é para melhor resistir aos ataques do exterior que uma cidade se fortifica, se aglomera, que os andares se sobrepõem; se, nas capitais modernas, onde esse amontoamento não é imposto pela insegurança dos tempos, as casas tendem igualmente a se elevar cada vez mais, é por uma razão que concorre muitas vezes com a precedente, isto é, para satisfazer à necessidade, sentida por um número de homens sempre crescente, de participar das vantagens sociais da maior reunião humana possível no menor espaço possível. Se esse forte instinto de sociabilidade que faz os homens desejarem se aglomerar, seja para melhor se defenderem, seja para se desenvolverem mais plenamente, não encontrasse um limite próximo e intransponível, é provável que víssemos nações compostas de cachos de homens erguidos no ar e apoiando-se no chão sem nele se espalhar. Mas é quase inútil indicar por que isso é impossível. Uma nação tão alta quanto larga ultrapassaria em muito a zona respirável da atmosfera, e a crosta terrestre não forneceria materiais suficientemente sólidos para as construções titânicas exigidas por esse desenvolvimento urbano no sentido vertical. Aliás, para além de uma elevação de alguns metros, os inconvenientes resultantes superam as vantagens, em consequência da organização física do homem, cujos sentidos e órgãos respondem todos às necessidades de uma expansão exclusivamente horizontal. Caminhar e não escalar, ver diante de si e não em direção ao alto ou do alto para baixo etc. é sua natureza. Enfim, os inimigos que ele pode temer não circulam nos ares, mas vagueiam na terra. Desse ponto de vista, seria portanto inútil a uma nação ser *muito alta*. Já o mesmo não acontece para os agregados celulares, animais ou plantas. Eles podem ser atacados inesperadamente tanto do alto quanto pelos lados, e devem ser fortes em todos os sentidos. Além disso, os elementos anatômicos de que se compõem os corpos vivos não são constituídos de maneira a comportar apenas uma coordenação horizontal. Nada se opõe, portanto, à satisfação indefinida do instinto de sociabilidade que lhes atribuímos.

Isso posto, já não observamos que, quanto mais um agregado social cresce em altura, às expensas de suas duas outras dimensões, diminuindo assim a distância sempre considerável de sua forma própria às outras formas orgânicas, mais ele se aproxima também destas pela regularidade, pela simetria crescente de sua conformação exterior e de sua estrutura interna? Um grande estabelecimento público, uma escola do governo, uma caserna, um mosteiro são como pequenos Estados muito centralizados, muito disciplinados, que confirmam essa maneira de ver. Ao contrário, quando um ser organizado como o líquen se apresenta excepcionalmente sob a forma de uma fina camada de células largamente espalhadas, é de notar que seus contornos são mal definidos e assimétricos.

Quanto à significação dessa simetria que as formas vivas geralmente apresentam, ela pode nos ser fornecida por outro tipo de considerações tomadas também de nossas sociedades. Seria inútil tentar explicá-la por simples motivos de utilidade funcional. Pode-se provar quanto se quiser, com o sr. Spencer, que a locomoção exigiu a passagem da simetria radial à simetria bilateral, menor porém mais perfeita, e que lá onde a manutenção da simetria era incompatível com a saúde do indivíduo ou a duração da espécie (por exemplo, nos pleuronectídeos) a simetria foi excepcionalmente perturbada. Mas não se deve esquecer que tudo o que pôde ser mantido da simetria primitiva, provavelmente esférica, isto é, plena e vaga, de onde surgiu a vida, e tudo o que pôde ser obtido da simetria precisa e realmente bela que a vida adquire ao elevar-se, foi salvaguardado ou realizado. De um extremo a outro da vegetação e da animalidade, das diatomáceas às orquídeas, do coral ao homem, a tendência à simetria é evidente. De onde vem essa tendência? Observemos que, em nosso mundo social, tudo o que resulta não de um concurso de desígnios misturados que se bloqueiam, mas de um plano pessoal executado sem restrição, é simétrico e regular. O monumento filosófico de Kant, no qual há uma correspondência rigorosa entre os volumes, entre os capítulos; as instituições administrativas, financeiras e militares de Napoleão I; as cidades construídas na Guiana pelos ingleses, com ruas alinhadas a cordel, cruzando-se em ângulo reto, terminando em uma praça quadrada, cercada de pórticos rebaixados; nossas igrejas, nossas estações ferroviárias etc., tudo o que emana, repito, de um pensamento livre, ambicioso e forte, mestre dele mesmo e mestre de outrem, parece obedecer a uma necessidade interna, exibindo o luxo de uma regularidade e de uma simetria impressionantes. Todo déspota ama a simetria; escritor, são-lhe necessárias as antíteses perpétuas; filósofo, as divisões dicotômicas ou tricotômicas repetidas; rei, o cerimonial, a etiqueta, as revistas militares. Sendo assim, e se, como será mostrado adiante, a possibilidade de fazer executar integralmente, em grande escala, um plano pessoal, é um sinal de progresso social, a consequência forçosa será que o caráter simétrico e regular das obras vivas atesta o alto grau de perfeição atingido pelas sociedades celulares e pelo despotismo esclarecido ao qual estão submetidas. Não devemos perder de vista que, sendo as sociedades celulares mil vezes mais antigas que as sociedades humanas, a inferioridade destas nada teria de muito surpreendente. Além disso, estas são limitadas em seu progresso pelo pequeno número de homens que o planeta pode comportar. O mais vasto império do mundo, a China, tem apenas 300 ou 400 milhões de súditos. Um organismo que contivesse apenas um número igual de elementos anatômicos *últimos* seria necessariamente colocado nos degraus mais baixos da vegetação ou da animalidade.

Estando agora afastada a objeção extraída das formas orgânicas contra a assimilação dos organismos aos grupos sociais, convém dizer uma palavra sobre outra objeção que não é sem importância. Opõe-se à variabilidade das sociedades humanas, mesmo das que variam mais lentamente, a fixidez relativa das espécies orgânicas. Mas se, como poderia ser demonstrado, a causa quase exclusiva da diferenciação interna de um tipo social deve ser buscada nas relações extrassociais de seus membros, isto é, em suas relações ou com a fauna, a flora, o solo, a atmosfera do país, ou com os membros de sociedades estrangeiras, constituídas de outro modo, a diferença assinalada não pode surpreender. Pela natureza mesma de sua disposição inteiramente *superficial*, de modo nenhum *volumosa*, quase sem espessura, e pela dispersão extrema de seus elementos, pela multiplicidade enfim das trocas intelectuais e industriais de povo a povo, o agregado social dos homens comporta uma proporção singularmente pequena de relações *intrassociais*, essencialmente conservadoras, entre seus membros, e os impede de manter entre si as relações de sociedade *omnilaterais*, que a forma globulosa de uma célula ou de um organismo supõe.

Em apoio à ideia precedente, cabe assinalar que as células exteriores, cutâneas, as que têm o monopólio das principais relações extrassociais, são sempre as mais facilmente modificáveis. Nada mais *variável* do que a pele e seus apêndices; nas plantas, a epiderme pode ser tanto lisa quanto pilosa, espinhosa etc. Isso não pode ser explicado simplesmente pela heterogeneidade do meio externo, suposta maior que a do meio interno. Este último ponto está bem estabelecido. Além disso, e consequentemente, são sempre as células externas que dão impulso às variações do resto do organismo. Prova disso é que os órgãos internos das novas espécies, embora também modificados relativamente à espécie de origem, o são sempre menos do que os órgãos periféricos, e parecem deixar-se arrastar como retardatários na via do progresso orgânico.[5]

---

5 Para citar apenas um exemplo, "creio ter provado", diz o sr. C. Vogt (em 1879, no congresso de naturalistas suíços, a propósito do *archaeopteryx macroura*, intermediário entre os répteis e as aves), "que a adaptação ao voo [entre os répteis em vias de tornarem-se aves] vai de fora para dentro, da pele ao esqueleto, e que este último pode estar ainda perfeitamente incólume [...] quando a pele já chegou a desenvolver plumas".

Será necessário indicar que, do mesmo modo, a maior parte das revoluções de um Estado se deve à fermentação interior produzida pela introdução de ideias novas que as populações limítrofes, os marinheiros, os guerreiros vindos de expedições distantes como as Cruzadas, importam diariamente do estrangeiro? Seria pouco equivocado considerar um organismo como uma cidade ciumenta e fechada conforme o sonho dos antigos.

Deixo de lado muitas outras objeções secundárias com as quais a aplicação do ponto de vista sociológico se defronta em seu caminho. Já que, afinal, o fundo das coisas nos é, a rigor, inacessível, e já que a necessidade de fazer hipóteses para penetrá-lo impõe-se a nós, adotemos claramente esta e a levemos até o fim. *Hypotheses fingo* [imagino hipóteses],[6] eu diria ingenuamente. O que há de perigoso nas ciências não são as conjeturas bem construídas, logicamente seguidas até as últimas profundezas ou aos últimos precipícios; são os fantasmas de ideias em estado flutuante no espírito. O ponto de vista sociológico universal parece-me ser um desses espectros que atormentam o cérebro de nossos contemporâneos especulativos. Vejamos desde o início aonde ele deve nos levar. Sejamos exagerados com o risco de passar por extravagantes. Nessa matéria em particular, o temor do ridículo seria o mais antifilosófico dos sentimentos. Assim, todas as explanações a seguir terão por objetivo mostrar a profunda renovação que a interpretação sociológica de todas as coisas deverá ou deveria impor a todos os domínios do conhecimento.

---

6 Referência a uma célebre expressão dos *Principia Mathematica* de Newton: "*Hypotheses non fingo*". (N. E.)

Como preâmbulo, tomemos um exemplo ao acaso. Do nosso ponto de vista, o que significa esta grande verdade de que toda atividade psíquica está ligada ao funcionamento de um aparelho corporal? Ela significa o seguinte: em uma sociedade, nenhum indivíduo pode agir socialmente, nem se revelar de uma maneira qualquer, sem a colaboração de um grande número de outros indivíduos, na maioria das vezes ignorados pelo primeiro. Os trabalhadores obscuros que, pela acumulação de pequenos fatos, preparam o aparecimento de uma grande teoria científica, formulada por um Newton, um Cuvier, um Darwin, compõem como que o organismo do qual esse gênio é a alma; e seus trabalhos são as vibrações cerebrais das quais essa teoria é a consciência. Consciência quer dizer *glória cerebral*, de certo modo, do elemento mais influente e mais poderoso do cérebro. Portanto, entregue a si mesma, uma mônada nada pode. Eis aí o fato capital, e ele serve imediatamente para explicar um outro: *a tendência das mônadas a se reunirem*. Essa tendência exprime, a meu ver, a necessidade de um máximo de crença despendida. Quando esse máximo for atingido pela coesão universal, o desejo consumido se aniquilará, o tempo acabará. Observemos, aliás, que os trabalhadores obscuros aos quais me referi podem ter o mesmo tanto ou mais de mérito, de erudição, de força intelectual que o glorioso beneficiário de seus labores. Isso seja dito de passagem a propósito do preconceito que nos leva a julgar inferiores a nós todas as mônadas exteriores. Se o eu é somente uma mônada dirigente entre miríades de mônadas comensais do mesmo crânio, que razão teremos, no fundo, de acreditar na inferioridade destas? Acaso um monarca é necessariamente mais inteligente que seus ministros ou súditos?

V

Tudo isso pode parecer muito estranho, mas no fundo o é bem menos do que uma maneira de ver correntemente aceita até agora pelos cientistas e os filósofos, e da qual o ponto de vista sociológico universal deve ter por efeito lógico nos livrar. É de fato muito surpreendente ver os homens de ciência, tão dispostos a repetir a todo instante que *nada se cria*, admitirem implicitamente como algo evidente que *as simples relações de diversos seres podem se tornar elas próprias novos seres acrescentados numericamente aos primeiros*. No entanto é o que se admite, sem talvez suspeitar, quando se descarta a hipótese das mônadas e se busca por meio de alguma outra, especialmente pelo jogo dos átomos, explicar estas duas aparições capitais: um novo indivíduo vivo, um novo eu. A menos que se recuse o título de "ser" a essas duas realidades prototípicas de toda noção de ser, é-se forçado a convir que, tendo sido colocados alguns elementos mecânicos, em número determinado, em relações mecânicas de certo tipo, um novo ser vivo que não existia passa de repente a existir e acrescenta-se a seu número. Mais rigorosamente ainda, deve-se admitir que, quando elementos vivos em dada quantidade são aproximados de certo modo no interior de um crânio, algo tão real, ou mesmo mais real que esses elementos, é criado no meio deles pelo simples fato dessa aproximação, como se, pelo baralhamento da disposição de suas unidades, um número pudesse ser aumentado. Embora mascarado sob a noção ordinária da relação das condições ao resultado, noção que as ciências naturais e sociais utilizam de forma abusiva, o absurdo por assim dizer mitológico que indico continua, no fundo, a transparecer. Uma vez nesse caminho, não há razão para se deter; toda *relação* harmoniosa, profunda e íntima entre elementos naturais torna-se *criadora* de um elemento novo e superior, que por sua vez colabora com a criação de outro elemento mais elevado; a cada grau da escala das complicações fenomênicas do átomo ao eu, passando pela molécula cada vez mais complexa, pela célula ou plastídio de Haeckel, pelo órgão e enfim pelo organismo, contam-se tantos novos seres criados quanto novas unidades surgidas, e, até chegar ao eu, segue-se sem obstáculo invencível na rota desse erro, graças à impossibilidade que atualmente temos de conhecer intimamente a verdadeira natureza das relações elementares que se produzem em sistemas de elementos exteriores dos quais não fazemos parte. Mas uma grave dificuldade se apresenta quando se chega às sociedades humanas; aqui estamos em casa, nós é que somos os verdadeiros elementos desses sistemas coerentes de pessoas chamados cidades ou Estados, regimentos ou congregações. Sabemos tudo o que se passa aqui. Ora, por mais íntimo, profundo e harmonioso que seja um grupo social qualquer, nunca vemos brotar *ex-abrupto*, entre os associados surpresos, um *eu coletivo*, real e não simplesmente metafórico, resultado maravilhoso do qual eles seriam as condições. Certamente há sempre um associado que representa e personifica o grupo inteiro, ou então é um pequeno número de associados (os ministros em um Estado), cada qual sob um aspecto particular, que o individualiza não menos inteiramente. Mas esse chefe ou esses chefes continuam sendo membros do grupo, nascidos de pai e mãe e não de seus súditos ou de seus administrados coletivamente. Por que então o acordo de células nervosas inconscientes teria o dom de evocar diariamente do nada uma consciência em um cérebro de embrião, enquanto o acordo de consciências humanas jamais teria tido essa virtude em sociedade alguma?

VI

A extensão do ponto de vista sociológico, nosso ponto de vista luminoso por excelência, à universalidade dos fenômenos está destinada a transformar radicalmente a relação científica das condições ao resultado. Por um outro lado também, ela lhe impõe uma mudança profunda. A principal objeção à doutrina das mônadas é, como eu já disse, que ela coloca ou parece colocar tanto ou mais complicação na base dos fenômenos do que no seu topo. Quem explicará, poderão talvez nos perguntar, a complexidade espiritual dos agentes pelos quais acreditamos tudo explicar? Já respondi negando a complexidade alegada, caso se suponha que a fé e o desejo são todo o ser das mônadas. Mas pode-se supor, e é o que penso, que o conteúdo delas não se reduz a isso. Direi em seguida o que lhes atribuo a mais. Retomando então a objeção assinalada, ataca-la-ei em sua origem mesma, no preconceito tão difundido segundo o qual o resultado é sempre mais complexo que suas condições, a ação mais diferenciada que os agentes, donde se segue que a evolução universal é necessariamente uma marcha do homogêneo ao heterogêneo, uma diferenciação progressiva e constante. O sr. Spencer tem o mérito, especialmente em seu capítulo sobre a instabilidade do homogêneo, de ter formulado magistralmente essa aparência erigida em lei. A verdade é que a diferença vai diferindo, que a mudança vai mudando, e que, ao darem-se assim como metas a si mesmas, a mudança e a diferença atestam seu caráter necessário e absoluto; mas não está nem poderia ser provado que a diferença e a mudança aumentam no mundo ou diminuem. Se olharmos o mundo social, o único que nos é conhecido *de dentro*, vemos os agentes, os homens, muito mais diferenciados, mais caracterizados individualmente, mais ricos em variações contínuas do que o mecanismo governamental, os sistemas de leis ou de crenças, os próprios dicionários e as gramáticas mantidos por eles. Um fato histórico é mais simples e mais claro que qualquer estado de espírito de um de seus atores. Mais ainda, à medida que a população dos grupos sociais aumenta e os cérebros dos societários se enriquecem de ideias e sentimentos novos, o funcionamento de suas administrações, de seus códigos, de seus catecismos, da estrutura mesma de suas línguas regulariza-se e simplifica-se, mais ou menos como as teorias científicas à medida que se preenchem de fatos mais numerosos e diversos. Nossas estações ferroviárias são construídas segundo um modelo mais simples e uniforme que os castelos da Idade Média, embora as primeiras envolvam recursos e trabalhos bem mais variados. Vemos, ao mesmo tempo, que, se a marcha da civilização diversifica sob certos aspectos os indivíduos humanos, é somente com a condição de gradualmente os nivelar sob outras relações, pela uniformidade crescente de suas leis, de seus hábitos, de seus costumes, de suas linguagens. Em geral, a similitude desses traços coletivos favorece a dessemelhança intelectual e moral dos indivíduos cuja esfera de ação ela estende; aliás, se, em consequência do movimento civilizador, as instituições, os costumes, o vestuário, os produtos industriais etc. diferem muito menos *de um ponto a outro* em um território dado, eles diferem muito mais *de um momento a outro* em um tempo dado.

Quanto à fórmula da *instabilidade do homogêneo*, ela supõe que, quanto mais homogênea é uma coisa, mais seu equilíbrio interno é instável, de modo que, na hipótese de sua homogeneidade absoluta, ela não poderia subsistir sem alteração por dois instantes seguidos. É no entanto significativo que o espaço seja o único tipo de homogeneidade absoluta por nós conhecida, admitindo sua realidade *afirmada pelo sr. Spencer*. Como se explica, se a lei é verdadeira, que esse sistema de pontos, de volumes perfeitamente homogêneos, subsista inalterável desde a origem dos tempos? Se for negado o caráter real do espaço, a argumentação não se aplica, mas a pretensa lei é contrariada por milhares de exemplos que nos mostram a homogeneidade relativa nascendo da heterogeneidade, sendo os mais impressionantes fornecidos pela observação de sociedades, sejam humanas ou animais. A agregação dos pólipos, animais em geral muito complicados, forma um polipeiro, espécie de vegetal aquático dos mais rudimentares. A agregação dos homens em tribos ou em nações dá origem a uma língua, espécie de planta inferior da qual os filólogos[7] estudam a *vegetação*, o *crescimento*, a *floração* históricos, para empregar suas próprias expressões.

Eis por que, repito, a infusão de um espírito sociológico nas ciências seria, sobretudo, capaz de curá-las do preconceito que combato. Veríamos então em que sentido se deve entender o grande e belo princípio da diferenciação que o sr. Spencer desenvolveu de maneira tão acertada, sem contudo chegar a conciliá-lo como conviria, penso eu, com o princípio não menos acertado da coordenação universal. A nebulosa primordial, que nos aparece em uma distância brumosa, talvez se deva apenas a termos afastado dela seu aspecto de homoge-

7 Em *Monadologie et sociologie* (1895, p.353) consta *philosophes* (filósofos); em *Les Monades et la science sociale* (1893, p.234) consta *philologues* (filólogos), opção adotada nesta tradução por ser mais adequada ao argumento em questão. (N.O.)

neidade, ponto de partida de todas as teorias cosmogônicas. Acaso sabemos os sacrifícios de diversidades anteriores que a condensação dos elementos em átomos similares, dos átomos em moléculas e em esferas celestes, das moléculas em células, e assim por diante, exigiu em proveito de diversidades posteriores e, como admito, superiores, o que não quer dizer acrescidas? Sabemos um pouco mais, sem conhecer plenamente, o quanto custa aos selvagens livres aglomerarem-se em povoados, e aos povoados imobilizarem-se em cidades que turbilhonam em torno de um eixo de instituições fixas. Mas quando, sob nossos olhos, a diversidade provincial dos usos, dos costumes, das ideias, dos sotaques, dos tipos físicos, é substituída pelo nivelamento moderno, pela unidade de peso e medida, de linguagem, de sotaque, de conversação inclusive, condição necessária do relacionamento, isto é, da ação de todos os espíritos para seu desenvolvimento mais livre e mais caracterizado, as lágrimas dos poetas e dos artistas nos mostram o valor do pitoresco social sacrificado a essas vantagens. Por serem mais vantajosas, pois respondem a uma maior soma de desejos, as diferenças recentemente aparecidas são mais consideráveis que as antigas? Não. Infelizmente, temos uma tendência inexplicável a imaginar homogêneo tudo o que ignoramos. Sendo os antigos estados geológicos do planeta menos conhecidos que o estado atual, consideramos como certo que eles eram menos diferenciados, preconceito contra o qual Lyell protesta com frequência. Antes do telescópio que nos revelou a multiformidade das nebulosas, dos tipos estelares, das estrelas duplas e variáveis, não se imaginava universalmente, para além do céu conhecido, haver céus imutáveis e incorruptíveis? E no infinitamente pequeno, que permaneceu ainda mais inacessível a nossas observações que o infinitamente grande, não se sonha ainda de mil formas com uma pedra filosofal, átomo idêntico dos químicos, protoplasma supostamente homogêneo dos naturalistas? Mas, sempre que o cientista escava o indistinto aparente, ele descobre tesouros de distinções inesperadas. Os animálculos eram tidos como homogêneos. Ehrenberg os observa ao microscópio e, a partir de então, diz o sr. Perrier, "a alma de todos os seus trabalhos é a fé na igual complexidade de todos os animais", desde o infusório até o homem. Sendo os sólidos e os líquidos mais acessíveis a nossos sentidos do que os gases, e estes mais do que a natureza etérea, consideramos os sólidos e os líquidos mais diferentes entre si do que os gases, e dizemos, em física, *o éter*, e não *os éteres* (embora Laplace empregue esse plural), como diríamos *o gás*, e não *os gases*, se estes nos fossem conhecidos apenas por seus efeitos físicos, notavelmente análogos, sem levar em conta suas propriedades químicas. Quando o vapor d'água se cristaliza em uma infinidade de agulhas variadas ou simplesmente se liquefaz em água corrente, seria essa condensação realmente, como somos levados a pensar, um aumento das diferenças inerentes às moléculas da água? Não, não esqueçamos a liberdade que estas, no estado de dispersão gasosa, gozavam antes, seus movimentos em todas as direções, seus choques, suas distâncias infinitamente variadas. Isso significa que houve diminuição de diferenças? Também não, mas simplesmente substituição de diferenças de certo gênero, interiores, por diferenças de outro gênero, exteriores umas às outras.

Existir é diferir; na verdade, a diferença é, em certo sentido, o lado substancial das coisas, o que elas têm ao mesmo tempo de mais próprio e de mais comum. É preciso partir daí e evitar explicar esse fato, ao qual tudo retorna, inclusive a identidade da qual falsamente se parte. Pois a identidade é apenas um *mínimo* e, portanto, apenas uma espécie, e uma espécie infinitamente rara, de diferença, assim como o repouso é apenas um caso do movimento, e o círculo, uma variedade singular da elipse. Partir da identidade primordial é supor na origem uma singularidade prodigiosamente improvável, uma coincidência impossível de seres múltiplos, ao mesmo tempo distintos e semelhantes, ou então o inexplicável mistério de um único ser simples posteriormente dividido não se sabe por quê. Em certo sentido, é imitar os antigos astrônomos que, em suas explicações quiméricas do sistema solar, partiam do círculo, e não da elipse, sob pretexto de que a primeira figura era mais perfeita. A diferença é o alfa e o ômega do universo; por ela tudo começa, nos elementos cuja diversidade inata, que se mostra provável por considerações de diversas ordens, é a única a justificar, em minha opinião, sua multiplicidade; por ela tudo termina, nos fenômenos superiores do pensamento e da história, nos quais, rompendo enfim os círculos estreitos em que ela própria se encerrara, o turbilhão atômico e o turbilhão vital, e apoiando-se sobre seu próprio obstáculo, ela se ultrapassa e se transfigura. Todas as similitudes, todas as repetições fenomênicas não me parecem ser senão intermediários inevitáveis entre as diversidades elementares mais ou menos apagadas e as diversidades transcendentes obtidas por essa parcial imolação.

Ou, melhor dizendo, em toda evolução que se prolonga suficientemente, observamos uma sucessão e um entrecruzamento de camadas fenomênicas alternadamente distintas pela regularidade e o capricho, pela permanência e a fugacidade das relações que elas nos apresentam. O exemplo das sociedades é precisamente muito adequado para fazer perceber esse importante fato e para sugerir ao mesmo tempo sua verdadeira significação, ao mostrar que nessa série em que a identidade e a diferença, o indistinto e o caracterizado empregam-se reciprocamente várias vezes seguidas, o termo inicial e o termo final é a diferença, o caráter, o que há de bizarro e de inexplicável que se agita no fundo de tudo, que sempre reaparece mais nítido e mais vivo após apagamentos sucessivos. Homens que falam, todos com uma diversidade de sotaques, de entonações, de timbres de voz, de gestos: eis aí o elemento social, verdadeiro caos de heterogeneidades discordantes. Mas, com o tempo, dessa Babel confusa se destacam hábitos gerais de linguagem, formuláveis em leis gramaticais. Estas, por sua vez, servem apenas, pelo relacionamento de um maior número de falantes juntos, para realçar a feição própria de suas ideias: outro gênero de discordância. E elas conseguem diversificar tanto mais os espíritos quanto mais elas próprias forem fixas e uniformes. Consideremos, por exemplo, os poetas. Eles se apoderam da língua nascente para submetê-la à sua fantasia desordenada. No entanto, após um período de balbucios, ritmos e leis prosódicas formulam-se e impõem-se; o verso indiano, o verso grego, o verso francês, pouco importa. Novo acesso de uniformidade. Para que serve, em última análise? Para desenvolver ainda mais os recursos imaginativos dos poetas e fazê-los brilhar com luz própria. À medida que o bater rítmico das asas da poesia se regulariza de algum modo, seu voo, fato notável, torna-se mais caprichoso. A prosódia de Victor Hugo em suas regras sutis é ao mesmo tempo mais complicada e mais rigorosa que a de Racine. Se considerássemos os cientistas, e não os poetas, a observação produziria os mesmos resultados. Cada cientista trabalha à parte dos outros, embora utilize seus trabalhos graças a uma língua comum; põe seu temperamento, sua alma nas pesquisas a que se entrega; tudo nele é característico e individual.

Se fosse possível reunir em um mesmo local todos os pesquisadores que elaboram juntos uma mesma ciência em vias de formação (a química orgânica, por exemplo, a meteorologia, a linguística), nenhum pandemônio seria comparável em extravagância a esse cadinho científico. Ora, aí se forma um monumento impessoal, glacial e cinzento, no qual parecerá apagar-se o vestígio mesmo dos estados psicológicos multicoloridos que o edificaram. Mas esperem um pouco. A ciência não poderia ser a última palavra do progresso. Suponhamo-la acabada, completa, reunida em um catecismo definitivo que se alojaria facilmente em um canto de todas as memórias: restaria no cérebro humano imensamente mais energia disponível para outros empregos do que podemos imaginar atualmente. Então ficaria claro que a sistematização consumada e a propagação universal da ortodoxia científica tiveram por última e suprema razão de ser o desenvolvimento extraordinário de hipóteses, de heresias filosóficas, de sistemas pessoais e indefinidamente multiplicados, de fantasias líricas e dramáticas extraordinárias, nas quais se satisfaria plenamente em cada espírito, graças ao saber impessoal, a necessidade profunda de universalizar sua nuança especial, de imprimir no mundo sua marca. A inteligência levada ao extremo acabará por ser apenas um manual prático de imaginação.

E se considerarmos a evolução social em seu aspecto econômico, administrativo, militar? Ainda a mesma lei. De uma fase industrial primitiva em que cada um faz o que bem entende e como bem entende, passa-se em seguida a uma segunda fase em que ofícios e corporações se estabelecem com seus procedimentos fixos e tradicionais de fabricação, aparentemente feitos para sufocar o gênio, tornado agora inútil ou incômodo; contudo, por essa coerção mesma, o gênio das invenções e das artes se fortalece e acaba se tornando incomparavelmente mais fecundo. Da fase comercial primitiva, sem nenhum preço fixo e geral, regateio perpétuo, favorável à sutileza e à astúcia individuais, passa-se à circulação uniforme e regrada de nossos grandes mercados modernos providos de termômetros especiais chamados bolsas; e, no fim das contas, longe de aniquilar a habilidade do indivíduo sob a autoridade do número, essa regularidade, essa fatalidade física, por assim dizer, dos fatos econômicos de conjunto, serve de apoio ao impulso desenfreado da especulação e do espírito de empreendimento que se apodera dos indivíduos e que com eles joga, e nos quais se manifestam, em triunfos ou em catástrofes bruscos, sem fórmula possível, as menores particularidades psicológicas dos jogadores. À incoerência e à bizarrice administrativas de uma nação embrionária sucedem, gradativamente, a unidade, a fixidez das administrações, a centralização dos poderes, tudo para a maior glória dos homens de Estado, maquinistas dessa máquina utilizada para a realização de fatos históricos, todos eles, como seus autores, *sui generis*, maravilhosos acidentes do planeta. Enfim, as hordas indisciplinadas dos bárbaros dão lugar a nossos belos exércitos maquinais em que o indivíduo nada mais significa, simples instrumento, aliás, nas mãos de um grande comandante que o lança em uma batalha diferente de qualquer outra, com seu nome e data, na qual se reproduz, amplificado na escala imensa de um campo de batalha, seu estado psicológico particular durante a ação.

Vê-se então por esses exemplos que a ordem e a simplicidade, estranhamente, mostram-se no composto, embora estrangeiras a seus elementos, para depois desaparecerem novamente nos compostos superiores, e assim por diante. Mas aqui, nas evoluções sociais e nas agregações sociais, das quais fazemos parte e com a vantagem de perceber ao mesmo tempo as duas extremidades da cadeia, a mais baixa e a mais alta pedra do edifício, vemos manifestamente que a ordem e a simplicidade são simples termos médios, alambiques onde se sublima de algum modo a diversidade elementar poderosamente transfigurada. O poeta, o filósofo essencialmente e, secundariamente, o inventor, o artista, o especulador, o político, o estrategista: eis, em suma, as flores terminais de uma árvore nacional qualquer;[8] para fazê-las desabrochar, trabalharam todos os germes abortados de aptidões extrassociais ou antissociais que cada pequeno cidadão trouxe consigo ao vir ao mundo e que a foice niveladora, indispensável, da educação fez perecer para a maioria desde o berço.

Essas aptidões características, ao mesmo tempo que são o primeiro termo da série social, são o último da série vital. Ao tentar remontar esta, atravessaríamos primeiro o tipo específico, harmoniosamente constituído e regularmente repetido há séculos, dos quais aquelas aptidões são as variações; depois o período crítico durante o qual esse tipo foi formado por uma coincidência de causas múltiplas e bizarramente justapostas;

8 Estou longe de colocá-los no mesmo nível. Entre outras diferenças, pode-se esperar ou sonhar uma vida de civilização consumada em que cada um teria sua própria poesia, sua própria filosofia, mas não sua grande descoberta, não seu grande prêmio de loteria, não seu papel político ou militar.

depois os tipos anteriores dos quais deriva e suas formações análogas; depois a célula, e finalmente o protoplasma informe ou proteiforme aos caprichos súbitos e que nenhuma fórmula é capaz de apreender. — Aqui também a diversidade pitoresca é o alfa e o ômega.

Mas o protoplasma, primeiro termo da série vital, não é o último termo da série química? Esta, remontada por sua vez, nos mostra os tipos moleculares cada vez menos complexos da química orgânica, e os tipos moleculares, também cada vez menos complexos, da química inorgânica, todos regularmente edificados e consistindo provavelmente em ciclos harmoniosos de movimentos periódicos e ritmados, mas todos separados uns dos outros pelas crises tumultuosas e desordenadas de suas combinações; e chegamos assim, por conjetura, ao átomo ou aos átomos mais simples dos quais os outros seriam formados. Mas será esse o elemento inicial? Não. Pois o átomo mais simples é um tipo material, um turbilhão, dizem-nos, um ritmo vibratório de certo gênero, algo de infinitamente complicado segundo todas as aparências. Temos mais do que nunca motivos de afirmar essa complexidade desde as pesquisas provocadas pela invenção do radiômetro sobre os gases extremamente rarefeitos, nos quais o átomo gasoso parece deixar-se entrever individualmente. Nesse mundo ultragaseiforme, por exemplo, o raio luminoso nem sempre se move em linha reta; quanto mais nos aproximamos do elemento individual, maior é a variabilidade nos fenômenos observados. Foi estabelecido por Clark Maxwell que as moléculas de um mesmo gás se movem com velocidades muito diferentes, embora sua velocidade média seja igual. "É que em realidade", diz o sr. Spottiswoode, da Sociedade Real de Londres, "a simplicidade da natureza que percebemos no presente é o resultado de uma complexidade infinita, e, *sob uma uniformidade aparente, acha-se uma diversidade da qual não sondamos ainda as profundezas e os segredos.*" O sr. Crooke exprime-se de forma semelhante a propósito da matéria radiante: "Os maiores problemas do futuro encontrarão sua solução nesse domínio inexplorado [do infinitamente pequeno], no qual se acham certamente *as realidades fundamentais, sutis, maravilhosas e profundas*". Será que ele se exprimiria desse modo se concebesse os elementos últimos, à maneira vulgar, como exemplares idênticos de um tipo uniforme? Como toda substância química se traduz a nossos olhos por uma vibração especial imprimida ao éter, tende-se a supor que essa faculdade de vibrar de uma certa maneira é idêntica em todos os átomos similares e que eles não têm outra. É como se dissessem de um bosque de pinheiros ou de álamos ouvidos à distância e reconhecíveis por seu assobio ou seu murmúrio particular, simples e monótono, que as folhas de pinheiro e de álamo consistem em um trinado característico e invariável. Assim, como a sociedade, como a vida, a química parece testemunhar a necessidade da diferença universal, princípio e fim de todas as hierarquias e de todos os desenvolvimentos.

A diversidade, e não a unidade, está no coração das coisas: essa conclusão deduz-se para nós, de resto, de uma observação geral que um simples olhar lançado ao mundo e às ciências nos permite fazer. Em toda parte uma exuberante riqueza de variações e de modulações inusitadas emana destes temas permanentes que chamamos espécies vivas, sistemas estelares, equilíbrios de todo tipo, e acaba por destruí-los e renová-los inteiramente; no entanto, em nenhuma parte as forças ou as leis que estamos habituados a chamar princípios das coisas parecem propor-se a variedade como termo ou como meta. As forças estão a serviço das leis, dizem-nos, e todas as leis aplicam-se aos fenômenos na medida em que estes são repetições perfeitas e não repetições variadas; todas, manifestamente, tendem a assegurar a reprodução exata dos temas e a estabilidade indefinida de todo tipo de equilíbrio, a impedir sua alteração e sua renovação. A grande manivela de nosso sistema solar é feita *para* girar eternamente. As dúvidas que podiam subsistir sobre esse ponto, depois de Laplace, Leverrier as levantou. Toda espécie viva *quer* perpetuar-se sem fim; há algo nela que luta para conservá-la contra tudo o que busca dissolvê-la. Sucede a ela o mesmo que a todo governo, o mesmo que ao mais frágil ministério, cujo papel essencial é sempre dizer-se, acreditar-se, querer-se instalado no poder para sempre. Não há um fóssil vegetal ou animal de uma espécie extinta há séculos que não tenha tido em si uma segurança *legislativa*, uma certeza, aparentemente fundada, de viver tanto quanto o planeta. Tudo isso que pereceu estava destinado a durar sem fim e baseava-se em leis físicas, químicas, vitais, assim como nossos déspotas ou nossos ministros se baseiam em seu código ou em seu exército. O nosso sistema solar seguramente também perecerá, como tantos outros cujos destroços se veem nos céus; e quem sabe mesmo se tipos moleculares não desaparecerão, depois de terem se originado no curso das eras às expensas de moléculas preexistentes?

Mas como é que tudo isso pôde ou poderá perecer? Como, se no universo há apenas leis reputadas imutáveis e onipotentes, visando a equilíbrios estáveis, e uma substância reputada homogênea sobre a qual se exercem essas leis, como a ação dessas leis sobre essa substância pode produzir a magnífica floração de variedades que rejuvenescem a toda hora o universo e a série de revoluções inesperadas que o transfiguram? Como pode mesmo o menor floreio introduzir-se através desses ritmos austeros e enfeitar, por pouco que seja, a eterna salmodia do mundo? Do casamento do monótono e do homogêneo, que pode nascer senão o tédio? Se tudo vem da identidade e se tudo visa e dirige-se a ela, qual a origem desse rio de variedade que nos deslumbra? Estejamos certos, o fundo das coisas não é tão pobre, tão opaco, tão descolorido quanto se supõe. Os tipos são apenas freios, as leis são apenas diques opostos em vão ao transbordamento de diferenças revolucionárias, intestinas, nas quais se elaboram em segredo as leis e os tipos de amanhã, e que, apesar da superposição de seus jugos múltiplos, apesar da disciplina química e vital, apesar da razão, apesar da mecânica celeste, acabam um dia, como os homens de uma nação, por derrubar todas as barreiras e por fazer de seus próprios destroços um instrumento de diversidade superior.

Insistamos nessa verdade capital: chega-se a ela ao observar que, em cada um desses grandes mecanismos regulares, o mecanismo social, o mecanismo vital, o mecanismo estelar, o mecanismo molecular, todas as revoltas internas que acabam por rompê-los são provocadas por uma condição análoga: seus elementos componentes, soldados desses diversos regimentos, encarnação temporária de suas leis, nunca pertencem ao mundo que constituem senão por um lado de seu ser, escapando por outros lados. Esse mundo não existiria sem eles; mas, sem aquele, estes ainda seriam alguma coisa. Os atributos que cada elemento deve à sua incorporação no regimento não formam sua natureza completa; ele tem outras inclinações, outros instintos que procedem de arregimentações diferentes; outros, enfim e por consequência (veremos a necessidade dessa consequência), que lhe vêm de seu âmago, de si mesmo, da substância própria e fundamental na qual pode se apoiar para lutar contra a potência coletiva, mais vasta, porém menos profunda, da qual faz parte e que não é senão um ser artificial, composto de lados e fachadas de seres. — Essa hipótese é fácil de verificar junto aos elementos sociais. Se neles houvesse apenas o social, e especialmente o nacional, pode-se afirmar que as sociedades, que as nações permaneceriam eternamente imutáveis. No entanto, apesar da extensão de nossa dívida para com o meio social e nacional, é certo que não lhe devemos tudo. Ao mesmo tempo que franceses ou ingleses, somos mamíferos, e desse modo correm em nosso sangue não apenas germes de instintos sociais que nos predispõem a imitar nossos semelhantes, a acreditar no que acreditam, a querer o que querem, mas também fermentos de instintos não sociais, entre os quais alguns antissociais. Certamente, se a sociedade nos tivesse feito inteiramente, ela nos teria feito apenas sociáveis. É, portanto, das profundezas da vida orgânica (e mesmo de mais longe, acreditamos) que irrompem em nossas cidades as lavas de discórdia, de ódio e de inveja que às vezes as submergem. Basta contar todos os Estados que o amor sexual derrubou, todos os cultos que ele abalou ou deturpou, todas as línguas que corrompeu, e também todas as colônias que fundou, todas as religiões que suavizou ou melhorou, todos os idiomas bárbaros que civilizou, todas as artes de que foi a seiva! A fonte das rebeliões, com efeito, é ao mesmo tempo a dos rejuvenescimentos. A bem dizer, de propriamente social há somente a *imitação* dos compatriotas e dos antepassados,[9] no sentido mais amplo da palavra.

Se o elemento de uma sociedade tem uma natureza vital, o elemento orgânico de um corpo vivo tem uma natureza química. Um dos erros da antiga fisiologia era pensar que, ao entrar em um organismo, as substâncias químicas abdicavam todas as suas propriedades e deixavam-se penetrar, até em seu foro íntimo e em seu arcano mais secreto, pela influência misteriosa da vida. Nossos novos fisiologistas dissiparam completamente esse erro. Uma molécula organizada, portanto, pertence ao mesmo tempo a dois mundos estranhos ou hostis um ao outro. Ora, pode alguém negar que essa independência da natureza química dos elementos corporais em relação à sua natureza orgânica nos ajuda a compreender as perturbações, os desvios e as modificações bem-sucedidas dos tipos vivos? Mas penso que é preciso ir mais longe e reconhecer que somente essa independência torna inteligível a resistência de certas porções dos órgãos à aceitação do tipo vivo hereditário e a necessidade que às vezes tem a vida, isto é, o conjunto de moléculas que permaneceram dóceis, de enfim transigir, mediante a adoção de um tipo novo, com as moléculas rebeldes. Com efeito, parece haver aí de propriamente vital somente a *geração* (da qual a nutrição ou a regeneração celular é apenas um caso), em conformidade ao tipo hereditário.

---

9 Nas sociedades em progresso, imitam-se cada vez mais os compatriotas e, em geral, todos os contemporâneos, e cada vez menos os antepassados. Foi o inverso que ocorreu nas sociedades estacionárias. Mas, em toda parte e sempre, associar-se quer dizer assimilar-se, isto é, imitar.

Isso é tudo? Possivelmente não; a analogia nos convida a crer que as próprias leis químicas e astronômicas não se apoiam no vazio, que elas se exercem sobre pequenos seres já caracterizados interiormente e dotados de diversidades inatas, de modo nenhum acomodadas às particularidades das máquinas celestes ou químicas. É verdade que não percebemos nos corpos químicos nenhum traço de doenças ou de desvios acidentais que pudessem ser comparados às desordens orgânicas ou às revoluções sociais. Contudo, já que existem atualmente heterogeneidades químicas, sem dúvida nenhuma houve, em uma época muito remota, formações químicas. Essas formações foram simultâneas? Viu-se, na mesma hora, o carbono, o azoto etc. surgirem anteriormente no seio de uma mesma substância amorfa, não química? Se isso for julgado improvável ou, melhor dizendo, impossível, será forçoso admitir que um primeiro tipo atômico transmitido vibratoriamente a partir de um ponto – o do hidrogênio, por exemplo – impôs-se por toda ou quase toda a extensão material, e que, por derivações sucessivas do hidrogênio primordial, operadas a longos intervalos de tempo, todos os outros corpos reputados simples – cujos pesos atômicos, como sabemos, são com frequência múltiplos exatos desse elemento – se formaram. Mas como explicar semelhantes cisões na hipótese de uma perfeita homogeneidade dos elementos primitivamente regidos pela mesma lei, que deveria consolidar, parece-me, pela identidade de sua estrutura, a identidade e a imutabilidade de sua natureza? Acaso dirão que os acidentes das evoluções astronômicas, em que os elementos primitivos estavam engajados, podem ter produzido ou provocado as formações químicas? Por infelicidade, essa hipótese me parece muito claramente desmentida pela descoberta do espectroscópio. Já que, pelo que mostra esse instrumento, todos os corpos chamados simples, ou muitos deles, entram na composição dos planetas e das estrelas mais distantes, cujas evoluções foram independentes umas das outras, o bom senso diz que os corpos simples foram formados antes dos astros, como os tecidos antes das roupas. Consequentemente, o desmembramento sucessivo da substância primitiva admite apenas uma explicação: é que suas partículas eram dessemelhantes e suas cisões foram causadas por essa dessemelhança essencial. Portanto, há motivo para pensar que o hidrogênio, por exemplo, tal como existe hoje após tantas eliminações ou emigrações sucessivas, é notavelmente diferente do hidrogênio antigo, confuso amontoado de átomos discordantes. A mesma observação aplica-se a cada um dos corpos simples sucessivamente engendrados. Ao consumirem-se e ao reduzirem-se, cada um deles adquiriu equilíbrio, fortalecido por suas próprias perdas. Mas, sendo assim, é muito pouco provável, apesar da estabilidade extraordinária adquirida desse modo pelos mais velhos tipos atômicos ou moleculares, que a similitude seja completa entre os elementos que subsistem em cada um deles. Para que a depuração de um tipo chegasse a um termo, bastaria que as diferenças internas de seus elementos tivessem deixado de ser de natureza a tornar a existência comum destes impossível. Esses cidadãos infinitesimais de cidades misteriosas estão tão longe de nós [10] que não devemos nos surpreender que o ruído de suas discórdias interiores

10 Digo longe de nós não apenas pela distância incomensurável entre sua pequenez e nossa imensidão relativa e, em um sentido inverso, entre sua eternidade relativa aparente e nossa pequena duração (contraste bastante estranho e talvez imaginário), mas também pela heterogeneidade profunda de sua natureza íntima e da nossa.

não chegue até nós, e suas diferenças interiores, como acredito que existam, devem ser de uma sutileza não apreciável por nossos instrumentos grosseiros. No entanto, o polimorfismo de certos elementos mostra bem que eles contêm dissidências, e sabemos o bastante para suspeitar perturbações e misturas no fundo das substâncias principais que a vida emprega, em particular no carbono. Como admitir que os átomos de uma mesma substância se agrupam entre si de modo a formar o que Gerhardt chama hidretos de hidrogênio, cloretos de cloro etc., se persistem em erigir como dogma a perfeita similitude dos átomos múltiplos de uma mesma substância? Não supõe tal união uma diferença pelo menos igual à diferença sexual que permite a dois indivíduos de uma mesma espécie unir-se intimamente, e sem a qual poderiam apenas se chocar?

Se observarmos que o carbono, no seio do qual essas uniões de átomo a átomo similar tornaram-se mais claramente prováveis e quase certas, é também o elemento que se mostra a nós, no estado de pureza, sob os aspectos mais variados – diamante, grafite, carvão etc. –, a indução precedente se confirmará. Não será nem um pouco surpreendente que o corpo mais fértil em variedades revele as uniões mais enérgicas e mais manifestas entre seus átomos constituintes... O carbono, eis o elemento diferenciado por excelência.

> A afinidade do carbono pelo carbono [diz Wurtz], tal é a causa da variedade infinita, da multiplicidade imensa das combinações do carbono; é a razão de ser da química orgânica. Nenhum outro elemento possui no mesmo grau essa propriedade soberana do elemento carbono, a faculdade que seus átomos possuem de combinar-se, de encadear-se uns aos outros, de formar esse ar-

cabouço, tão variável em sua forma, em suas dimensões, em sua solidez, e que de certo modo serve de ponto de apoio aos outros materiais.

Depois do carbono, os corpos que apresentam no mais alto grau essa capacidade de saturação parcial ou total de si por si são o oxigênio, o hidrogênio e o azoto; fato notável, são precisamente as substâncias que a vida emprega!

Aliás, um importante fato deve nos fazer refletir: a vida começou um dia neste globo e em um ponto. Por que nesse ponto e não noutra parte, se as mesmas substâncias eram compostas dos mesmos elementos? Admitamos que a vida seja apenas uma combinação química especial e muito complicada. Mas de onde ela pôde surgir, senão de um elemento diferente dos outros?

VII

Nas duas divisões que precedem, mostramos que o ponto de vista sociológico universal prestaria à ciência dois grandes serviços: em primeiro lugar, livrando-a das entidades ocas sugeridas pela relação mal compreendida das condições ao resultado, e que falsamente substituem os agentes reais; em segundo lugar, do preconceito de crer na similitude perfeita desses agentes elementares. Mas essas são duas vantagens puramente negativas; tentarei agora mostrar informações mais positivas que podemos obter pelo mesmo método sobre a natureza íntima dos elementos. Com efeito, não basta dizer que os elementos são diversos, é necessário precisar em que consiste sua diversidade. Isso exige alguns desenvolvimentos.

O que é a sociedade? Poderíamos defini-la de nosso ponto de vista: a possessão recíproca, sob formas extremamente variadas, de todos por cada um. A possessão unilateral do escravo pelo mestre, do filho pelo pai ou da mulher pelo marido no velho direito não é senão um primeiro passo em direção ao liame social. Graças à civilização crescente, o possuído torna-se cada vez mais possuidor, e o possuidor possuído, até que, pela igualdade dos direitos, pela soberania popular, pela troca equitativa dos serviços, a escravidão antiga, mutualizada, universalizada, faça de cada cidadão ao mesmo tempo o mestre e o servidor de todos os outros. Ao mesmo tempo, as maneiras de possuir os concidadãos e de ser possuído por eles são a cada dia mais numerosas. Toda função nova, toda indústria nova que se cria, faz com que os funcionários ou os industriais novos trabalhem em proveito de seus administrados ou de seus consumidores novos, que nesse sentido adquirem um verdadeiro direito sobre eles, um direito que não tinham antes, enquanto eles próprios se tornam inversamente, por essa nova relação de dupla face, a *coisa* desses industriais ou desses funcionários. Direi o mesmo de toda inovação. Quando uma ferrovia recém-inaugurada permite a uma pequena cidade do planalto central abastecer-se de peixe fresco pela primeira vez, o domínio dos habitantes é acrescido dos pescadores do mar que dele agora fazem parte, e aumenta do mesmo modo a clientela destes últimos. Assinante de um jornal, possuo *meus* jornalistas, que possuem *seus* assinantes. Possuo meu governo, minha religião, minha força pública, assim como meu tipo específico humano, meu temperamento, minha saúde; mas sei também que os ministros do meu país, os sacerdotes do meu culto ou os policiais do meu cantão arrolam-me no rebanho do qual têm a guarda, assim como o tipo humano, se fosse personificado em alguma parte, veria em mim apenas uma de *suas* variações particulares.

Toda a filosofia fundou-se até agora no verbo *Ser* [*Être*] cuja definição parecia a pedra filosofal a descobrir. Pode-se afirmar que, se tivesse sido fundada no verbo *Haver* [*Avoir*], muitos debates estéreis, muitos passos do espírito no mesmo lugar teriam sido evitados. — Deste princípio, *eu sou* [*je suis*], é impossível deduzir, mesmo com toda a sutileza do mundo, qualquer outra existência além da minha; daí a negação da realidade exterior. Mas coloque-se em primeiro lugar este postulado, "*Eu hei*" [*J'ai*], como fato fundamental; o *havido* [*eu*] e o *havendo* [*ayant*] são dados ao mesmo tempo como inseparáveis.

Se o haver parece implicar o ser, o ser seguramente implica o haver. Esta abstração vazia, o ser, jamais é concebida senão como a *propriedade* de alguma coisa, de um outro ser, ele próprio composto de *propriedades*, e assim por diante indefinidamente. No fundo, todo o conteúdo da noção de ser é a noção de haver. Mas a recíproca não é verdadeira: o ser não é todo o conteúdo da ideia de propriedade.

A noção concreta, substancial, que descobrimos em nós é, portanto, esta. Em vez do famoso *cogito ergo sum*, eu diria de bom grado: "*Desejo, creio, logo hei*" [*Je désire, je crois, donc j'ai*]. — O verbo *Ser* às vezes significa *haver*, às vezes *igualar*. "Meu braço é/está [*est*] quente": o calor de meu braço é a propriedade de meu braço. Aqui *é* [*est*] quer dizer *há* [*a*]. "Um francês é [*est*] um europeu, o metro é [*est*] uma medida de comprimento." Aqui *é* [*est*] quer dizer *iguala*. Mas essa igualdade mesma não é senão a relação do continente ao conteúdo, do gênero à espécie, ou vice-versa, isto é, um tipo de relação de possessão. Por seus dois sentidos, portanto, o *ser* é redutível ao haver.

Se, custe o que custar, quiserem estender da noção de *Ser* desdobramentos que sua esterilidade essencial não comporta, acaba-se por opor-lhe o não ser e por fazer com que esse termo (no qual se objetiva simplesmente e em vão nossa faculdade de negar, assim como se objetiva no Ser nossa faculdade de afirmar) desempenhe um papel importante e insensato. — Sob esse aspecto, o sistema hegeliano pode ser considerado a última palavra da filosofia do Ser. No mesmo caminho, acabam se forjando também as noções impenetráveis, e no fundo contraditórias, de *devir* e de *desvanecimento*, antiga e estéril pastagem dos ideólogos do Além-Reno. Ao contrário, nada mais claro do que as ideias de *ganho* e de *perda*, de aquisição e de espoliação, que correspondem ao que chamarei a filosofia do Haver, para dar um nome ao que não existe ainda. Entre ser ou não ser, não há meio-termo, ao passo que se pode haver mais ou menos.

O ser e o não ser, o eu e o não eu: oposições infecundas que fazem esquecer os correlatos verdadeiros. O oposto verdadeiro do *eu* não é o não eu, é o *meu*; o oposto verdadeiro do ser, isto é, do *havendo* [*ayant*], não é o não ser, é o *havido* [*eu*].

A divergência profunda, que se acentua a cada dia, entre a corrente da ciência propriamente dita e a da filosofia provém de que a primeira, afortunadamente para ela, tomou por guia o verbo Haver. Tudo se explica, a seu ver, por *propriedades*, não por entidades. Ela desdenhou a relação enganadora da substância ao fenômeno, dois termos vazios nos quais o Ser se desdobrou; ela fez um uso moderado da relação de causa a efeito, em que a possessão se apresenta apenas sob uma de suas duas formas, e a menos importante, a possessão pelo desejo. Mas usou amplamente, e infelizmente abusou, da relação de *proprietário* à *propriedade*. O abuso consistiu, sobretudo, em ter compreendido mal essa relação, não vendo que a verdadeira propriedade de um proprietário qualquer é um conjunto de outros proprietários;

que cada massa, cada molécula do sistema solar, por exemplo, tem como propriedade física e mecânica não palavras tais como a extensão, a motilidade etc., mas todas as outras massas, todas as outras moléculas; que cada átomo de uma molécula tem como propriedade química não atomicidades ou afinidades, mas todos os outros átomos da mesma molécula; que cada célula de um organismo tem como propriedade biológica não a irritabilidade, a contratilidade, a inervação etc., mas todas as outras células do mesmo organismo e especialmente do mesmo órgão. Aqui a possessão é recíproca como em toda relação *intrassocial*; mas ela pode ser unilateral, como nas relações *extrassociais* do mestre e do escravo, do fazendeiro e seu gado. Por exemplo, a retina tem como propriedade não a visão, mas os átomos etéreos vibrando luminosamente, que não a possuem; e o espírito possui mentalmente todos os objetos de seu pensamento, aos quais não pertence de maneira alguma. — Isso quer dizer que esses termos abstratos, motilidade, densidade, peso, afinidade etc., não exprimem nada, não correspondem a nada? Eles significam, penso eu, que para além do domínio real de todo elemento há seu domínio condicionalmente necessário, isto é, certo, embora não real, e que essa antiga distinção do real e do possível em um novo sentido não é quimérica.

Certamente, os elementos são agentes tanto quanto os proprietários; mas eles podem ser proprietários sem serem agentes, e não podem ser agentes sem serem proprietários. Além disso, sua ação revela-se a nós apenas como uma mudança produzida na natureza de sua possessão.

Se examinarmos bem, veremos que toda a superioridade do ponto de vista científico sobre o ponto de vista filosófico tem por causa a acertada escolha da relação fundamental adotada pelos cientistas, e que todas as obscuridades e fraquezas da ciência resultam da incompleta análise dessa relação.

Há milhares de anos vêm sendo catalogadas as diversas maneiras de ser, os diversos graus do ser, mas nunca se teve a ideia de classificar as diversas espécies, os diversos graus da possessão. No entanto, a possessão é o fato universal, e não há termo melhor que o de aquisição para exprimir a formação e o crescimento de um ser qualquer. Os termos *correspondência* e *adaptação*, postos em moda por Darwin e Spencer, são mais vagos, mais equívocos, e só compreendem o fato universal por fora. Será verdade que a asa do pássaro se adapta ao ar, a nadadeira dos peixes à água, o olho à luz? Não, como tampouco a locomotiva se adapta ao carvão, ou a máquina de costura ao fio da costureira. Diremos também que os nervos vasomotores, engenhosos mecanismos pelos quais se mantém o equilíbrio interno da temperatura do corpo apesar das variações da temperatura externa, são adaptados a essas variações? *Adaptar-se a*, singular maneira de *lutar contra*! A locomotiva está adaptada, se quiserem, à locomoção terrestre, e a asa à locomoção aérea, e isso equivale a dizer que a asa utiliza o ar para mover-se, assim como a locomotiva utiliza o carvão, e a nadadeira, a água. Não é esse emprego uma tomada de possessão? Todo ser quer não se apropriar *aos* seres exteriores, mas apropriá-*los* a si. Aderência atômica ou molecular no mundo físico, nutrição no mundo vivo, percepção no mundo intelectual, direito no mundo social, a possessão não cessa de estender-se, sob inúmeras formas, de um ser aos outros seres, por um entrecruzamento de domínios variados cada vez mais sutis.

Variável em suas formas múltiplas, ela o é também em seus graus infinitos. Os astros, por exemplo, possuem-se uns aos outros com uma intensidade que aumenta ou diminui na razão inversa do quadrado de sua distância. A vitalidade dos organismos, isto é, a solidariedade íntima de suas partes, eleva-se ou decai continuamente. Do sono profundo à clareza de espírito mais perfeita, o pensamento percorre uma extensa gama que marca o crescimento de seu império especial sobre o mundo. Quando se restabelece a segurança em um país conturbado, não se sente cada cidadão que volta mais mestre daqueles de seus compatriotas que lhe devem serviços, ou seja, de todos os seus compatriotas, com a ajuda legítima dos quais ele conta mais firmemente do que antes?

Seja qual for a forma da possessão, física, química, vital, mental, social (sem falar das subdivisões que podem ser feitas em cada forma), precisamos distinguir, primeiro, se ela é unilateral ou recíproca e, em segundo lugar, se ela se estabelece entre um elemento e um ou vários outros elementos individualmente considerados, ou entre um elemento e um grupo indistinto de outros elementos. Comecemos por dizer uma palavra a respeito dessa segunda distinção. Quando entro em comunicação verbal com um ou vários de meus semelhantes, nossas mônadas respectivas, segundo meu ponto de vista, apreendem-se reciprocamente; ao menos é certo que essa relação é a relação de um elemento social com elementos sociais tomados como distintos. Ao contrário, quando olho, quando escuto, quando estudo a natureza ambiente, as pedras, as águas, as próprias plantas, cada um dos objetos de meu pensamento é um mundo hermeticamente fechado de elementos que sem dúvida se conhecem ou se apreendem entre si intimamente, da mesma forma que os membros de um grupo social, mas que não se deixam abraçar por mim a não ser em bloco e de fora. Tudo o que o químico pode fazer é conjeturar o átomo, com a certeza de jamais poder agir individualmente sobre ele. A matéria, tal como a compreende, tal como a emprega, é uma poeira compacta de átomos distintos cuja distinção se apaga sob a enormidade de seu número e a continuidade ilusória de seus atos. No mundo vivo, mas inanimado (digo inanimado em aparência), consegue nossa mônada perceber um fantasma menos confuso? Parece que sim. Aqui o elemento já pressente o elemento; a menina que cuida de uma flor a ama com uma ternura que nenhum diamante lhe inspira.

Mas é preciso chegar ao mundo social para ver as mônadas apreenderem-se de maneira nua e sensível pela intensidade de seus caracteres transitórios plenamente desdobrados um diante do outro, um no outro, um pelo outro. Essa é a relação por excelência, a possessão típica da qual o restante não é senão um esboço ou um reflexo. Pela persuasão, pelo amor e pelo ódio, pelo prestígio pessoal, pela comunhão das crenças e das vontades, pela cadeia mútua do contrato, espécie de rede cerrada que não cessa de estender-se, os elementos sociais se ligam e se esticam de mil maneiras, e de sua cooperação nascem as maravilhas da civilização.

As maravilhas da organização e da vida não nascem de uma ação semelhante, de elemento vital a elemento vital, certamente de átomo a átomo? Inclino-me a pensar que sim, por razões que seriam demasiado longas para explicar aqui. Não aconteceria o mesmo com as criações químicas, com as formações astronômicas? A atração newtoniana se exerce seguramente de átomo a átomo, já que as operações químicas mais complicadas não a alteram em nada.

Se fosse assim, a ação possessiva de mônada a mônada, de elemento a elemento, seria a única relação realmente fecunda. Quanto à ação de uma mônada ou de um elemento pelo menos sobre um grupo confuso de mônadas ou de elementos indiscernidos, ou vice-versa, ela não seria senão uma perturbação acidental das belas obras efetuadas pelo duelo ou pela união dos elementos. Enquanto esta última relação é criadora, a outra é destruidora. Mas ambas são necessárias.

A possessão unilateral e a possessão recíproca não são menos necessariamente unidas, mas a segunda é superior à primeira. É ela que explica a formação dos belos mecanismos celestes nos quais, em virtude da atração mútua, cada ponto é centro. É ela que explica a criação dos admiráveis organismos vivos cujas partes são todas solidárias, nos quais tudo é ao mesmo tempo fim e meio. Por ela, enfim, nas cidades livres da Antiguidade e nos Estados modernos, a mutualidade dos serviços ou a igualdade dos direitos operam os prodígios de nossas ciências, de nossas indústrias, de nossas artes. Observemos que, se os seres organizados fossem o resultado da fabricação de um único ser ou da diferenciação regular de uma mesma substância homogênea, a facilidade surpreendente que temos de observar as partes desses seres como feitas para o todo, ou o todo como feito para as partes, não encontraria explicação possível. Os seres, ou melhor, os objetos fabricados deveriam ser, em relação ao ser fabricante, o que são para nós os móveis ou as ferramentas, meios que não poderíamos por nenhum jogo sofístico considerar como fins relativamente a nossos atos. Quanto à substância única julgada criadora dos seres particulares por cisão espontânea dela mesma, não se compreende por que, em primeiro lugar, se não tivesse dentro dela uma meta, teria saído de seu estado primitivo de indiferença; nem, em segundo lugar, por que, antes de qualquer diferenciação, sozinha no mundo, desviou-se para atingir sua meta em vez de ir direto, por que empregou meios em vez de apreender seu fim diretamente e preferiu as vias tortuosas da *evolução* ao caminho curto e fácil da *atuação* imediata. Além disso, caso se ultrapassem essas dificuldades insuperáveis, não se encontra nada que responda a esta última questão: como é que essa substância única, tendo resolvido evoluir, desviar-se para atingir sua meta ou suas metas, pôde querer isto em vez daquilo e ao mesmo tempo aquilo em vez disto, ou seja, como pôde neutralizar suas volições umas pelas outras, o que equivale a não ter vontade nenhuma, e que, portanto, repetimos, torna sua diferenciação incompreensível?

Ao contrário, na hipótese das mônadas tudo flui naturalmente. Cada uma delas absorve o mundo em si, o que é apreender-se melhor a si mesma. Elas bem fazem parte umas das outras, mas podem pertencer-se mais ou menos, e cada uma aspira ao mais alto grau de possessão; daí sua concentração gradual; além disso, elas podem pertencer-se de mil maneiras diferentes, e cada uma aspira a conhecer novas maneiras de apropriar-se de suas semelhantes. Daí suas transformações. É para conquistar que elas se transformam; mas, como jamais se submetem a uma dentre elas a não ser por interesse, o sonho ambicioso de nenhuma delas se realiza inteiramente, e as mônadas vassalas empregam a mônada suserana enquanto esta as utiliza.

O caráter bizarro e disparatado da realidade, visivelmente dilacerada por guerras intestinas seguidas de precárias transações, supõe a multiplicidade dos agentes do mundo. Sua multiplicidade atesta sua diversidade, única capaz de dar-lhes uma razão de ser. Nascidos diversos, eles tendem a se diversificar, é sua natureza que o exige; por outro lado, sua diversidade deve-se a eles serem não unidades, mas totalidades especiais.

Penso também que muitos enigmas indecifráveis seriam explicados imaginando-se que a especialidade de cada um dos elementos, verdadeiro ambiente universal, é ser não apenas uma totalidade, mas uma virtualidade de certo tipo, e encarnar dentro dele uma ideia cósmica sempre chamada, mas raramente destinada, a realizar-se efetivamente. Seria, de certo modo, alojar as ideias de Platão nos átomos de Epicuro ou, melhor, de Empédocles, uma vez que, segundo Zeller, este último filósofo ao que parece professava, como Leibniz, a diversidade elementar. É bom às vezes poder abrigar-se por trás de algum antepassado grego.

Dois pontos são evidentemente defeituosos nas teorias transformistas em curso. Em conflito com a força que tende a conservar os tipos vivos, elas imaginam uma força diversificadora que não sabem onde colocar. Geralmente a dispersam no exterior, nos acidentes de clima, de ambiente, de alimentação, de cruzamento, e recusam reconhecer no seio dos organismos uma causa interna de diversidade. Em segundo lugar, sejam projetadas de dentro, sejam provocadas pelo exterior, as variações específicas, os fatores do sistema darwiniano, são divergências sem finalidade, rebeliões sem programa, fantasias desordenadas. Mas acaso não vemos, sob um governo estabelecido e de tipo claro, a esterilidade essencial, a mútua neutralização das oposições que não inflama nenhum ideal político, nenhum sonho de palingenesia social? Não se concebem nem o triunfo de tais loucuras em um corpo vivo nem seu emprego possível; e suas próprias durações, que se supõem elevadas ao máximo admissível astronomicamente, são insuficientes para tornar minimamente provável o acordo fortuito, em um novo equilíbrio vital, dessas rupturas de equilíbrio, a fabricação de uma ordem nova com essas desordens acumuladas. Em nossa hipótese, ao contrário, a força diversificadora dos tipos, tanto quanto sua força conservadora, tem um apoio compreensível, interior ao organismo, e também um sentido. É preciso ver em toda modificação espontânea, mesmo a mais fugaz, de uma espécie viva a *visada* de uma outra espécie, que ela atingiria com a condição de exagerar-se suficientemente.

Com efeito, convém não confundir, entre as variações, as que se produzem acidentalmente, de fora, por capricho, e as que se devem à luta estabelecida, no interior de cada organismo ou de cada Estado, entre o ideal triunfante que o constitui e os ideais comprimidos, sufocados, aspirando a manifestar-se, que se insurgem sob seu jugo. As primeiras são na maioria das vezes neutralizadas, somente as segundas costumam produzir frutos. Todos os historiadores, conscientemente ou não, fazem essa distinção. Junto aos fatos maiores que costumam relatar por desencargo de consciência, eles destacam com cuidado especial as menores reformas, as menores discussões quase despercebidas pelos contemporâneos, que indicam o aparecimento de novas ideias religiosas ou políticas. Por exemplo, os lentos avanços do poder real sobre o feudalismo, as desavenças dos parlamentos e dos reis, das comunas e dos senhores. Um ato obscuro de Filipe o Belo, no qual se observa uma clara orientação no sentido da longínqua centralização administrativa da França atual, tem mais valor para um historiador que a questão dos templários. Uma constituição social pode ser ruim, mas ela dura até que uma outra seja concebida. Um sistema filosófico reinante pode ser falso, mas ele se mantém apesar das críticas até o dia em que uma nova teoria vem destroná-lo.

VIII

Já que o ser é o haver, segue-se que toda coisa deve ser ávida. Ora, se há um fato que deveria impressionar todos os olhos, é realmente a avidez, a ambição imensa que, de uma ponta a outra do mundo, do átomo vibrante ou do animálculo prolífico ao rei conquistador, preenche e move todos os seres. Toda possibilidade tende a realizar-se, toda realidade tende a universalizar-se. Toda possibilidade tende a realizar-se, a caracterizar-se nitidamente: daí a irrupção de variações por cima e através de todos os temas vivos, físicos e sociais. Toda realidade, todo caráter uma vez formado tende a universalizar-se. Eis por que a luz e o calor se irradiam e a eletricidade se propaga com a velocidade que sabemos, e a menor vibração atômica aspira a preencher sozinha o éter infinito, alvo também cobiçado por todas as outras. Eis por que toda espécie, toda raça viva recém-formada, multiplicando-se em uma progressão geométrica, não tardaria a cobrir o globo inteiro se não deparasse com a fecundidade das concorrentes, não apenas as espécies e as raças, mas também suas menores particularidades discerníveis, as doenças mesmas de cada uma delas, o que exclui a explicação teleológica da fecundidade falsamente considerada como meio destinado à conservação dos tipos. Eis por que, enfim, uma obra social qualquer, com um caráter próprio mais ou menos marcado, um produto industrial, um verso, uma fórmula, uma ideia política ou outra surgida um dia em um ponto de um cérebro, sonha como Alexandre a conquista do mundo, busca projetar-se por milhares e milhões de exemplares por toda parte onde haja homens, e só se detém nesse caminho barrada pelo choque com sua rival não menos ambiciosa. As três principais formas da repetição universal, a ondulação, a geração, a imitação, como eu disse alhures,[11] são espécies de procedimentos de governo e instrumentos de conquista que dão ensejo a três tipos de invasão física, vital, social: a irradiação vibratória, a expansão geradora, o contágio do exemplo.

A criança nasce déspota: outrem para ela, assim como para os reis negros, existe apenas para servi-la. São necessários anos de castigos e compressão escolar para curá-la desse erro. Pode-se dizer que todas as leis e todas as regras, a disciplina química, a disciplina vital, a disciplina social, são outros tantos freios acrescidos e destinados a conter esse apetite onívoro de todo ser. Em geral, nós, homens civilizados, tiranizados desde nossas fraldas, temos pouca consciência disso. Esmagada no ovo, nossa ambição aborta, mas quão profunda ela deve ser para que, à menor fissura de nossos diques habituais, e apesar de tantos séculos de compressão hereditária, ela ainda irrompa aqui e ali na história em ímpetos como os de César ou Napoleão I!

Deparar com seu limite, com sua impotência constatada: que choque terrível para todo homem e, antes de tudo, que surpresa! Nessa pretensão universal do infinitamente pequeno ao infinitamente grande, e no choque universal e eterno resultante, há certamente com que justificar o pessimismo. Para um desenvolvimento único, bilhões de abortos! Nossa noção da

11 Tarde refere-se particularmente a *Les Lois de l'imitation* (1890). (N.O.)

matéria traduz bem esse caráter essencialmente contrariante do mundo que nos cerca. Os psicólogos disseram a verdade, mais verdadeira do que supunham: a realidade exterior não é para nós senão a propriedade que ela tem de nos *resistir*, resistência aliás não apenas tátil, por sua solidez, mas também visual por sua opacidade, voluntária por sua indocilidade a nossos desejos, intelectual por sua impenetrabilidade a nosso pensamento. Quando se diz que a matéria é sólida, é como se se dissesse que ela é indócil; é uma relação *dela a nós* e não *dela a ela*, apesar da ilusão contrária, que especificamos desse modo, tanto pelo primeiro atributo quanto pelo segundo.

Pode-se esperar do futuro um remédio para esse estado de coisas? Não, se acreditarmos nas induções que o exemplo de nossas sociedades nos sugere; a desigualdade aumentará cada vez mais entre os vencedores e os vencidos do mundo. A vitória de uns e a derrota de outros se tornarão a cada dia mais completas. Com efeito, uma das marcas mais certas do progresso da civilização em um povo é que as grandes reputações, os grandes empreendimentos militares ou industriais, as grandes reformas e as reorganizações radicais se tornam possíveis. Dito de outro modo, o progresso da civilização, pela supressão dos dialetos e a difusão de uma única língua, pelo apagamento dos costumes distintos e o estabelecimento de um mesmo código, pela alimentação uniforme dos espíritos por meio dos jornais, mais procurados que os livros, e por uma infinidade de outros traços, consiste em facilitar a realização cada vez mais integral, cada vez menos mutilada, de um plano individual único pela massa inteira da nação. De modo que os milhares de planos diferentes que, em uma fase menos avançada, teriam recebido, concorrentemente com o eleito, um começo de execução, são votados assim a uma extinção fatal. Como disse muito bem Stuart Mill (*Économie politique*),

> À medida que os homens perdem as qualidades do selvagem, eles se tornam mais disciplináveis, mais capazes de executar planos preparados de antemão, e sobre os quais não foram consultados, ou de subordinar seus caprichos individuais a uma determinação preconcebida, e de fazer separadamente a parte que lhes foi atribuída de um trabalho combinado.

A longo prazo, depois de séculos e séculos, percebe-se aonde a sequência de um tal progresso deve conduzir as nações: a um grau de esplendor frio, de pura regularidade que terá algo de mineral e de cristalino, contrastando singularmente com a graça extravagante, com a complexidade viva de seus começos.

Seja como for, e atendo-nos aos fatos positivos, a formação de toda coisa por propagação a partir de um ponto não é duvidosa, e isso nos dá o direito de admitir *elementos-chave*. Objetar-me-ão a dificuldade de descobrir, em meio à população de súditos de um desses Estados estelares ou moleculares, orgânicos ou urbanos que imagino, o mestre real, o fundador, centro e núcleo dessas esferas e dessas irradiações de ações similares harmoniosamente repetidas e reguladas. É que, na realidade, trata-se aqui de centros e de núcleos infinitamente múltiplos, com pontos de vista e graus diferentes. Para nos atermos apenas aos mais eminentes, diríamos que existe ainda, no âmago do sol, o átomo conquistador que, por sua ação individual estendida gradativamente a toda a nebulosa primordial, rompeu o equilíbrio ótimo que esta, dizem-nos, possuía. Aos poucos, a influência atrativa desse átomo produziu uma massa, enquanto ao redor dele, e a seu exemplo, outros átomos, vassalos coroados, agrupavam separadamente algumas frações de seu vasto império e arredondavam os diversos planetas. Desde esse primeiro nascimento dos tempos, esses átomos triunfantes, imitados por seus escravos igualmente atrativos, acaso cessaram um instante de atrair e de vibrar? Por ter-se espalhado contagiosamente no espaço ilimitado, seu poder de condensação teria diminuído? Não, seus imitadores não são apenas rivais, mas colaboradores.

E que prodigiosos conquistadores são também os germes infinitesimais, que conseguem submeter a seu império uma massa milhões de vezes superior à exiguidade deles! Que tesouro de admiráveis invenções, de receitas engenhosas para explorar e conduzir outrem emana dessas microscópicas células, cujo gênio e pequenez igualmente nos confundem!

Mas, quando falo de conquista e de ambição a propósito das sociedades celulares, é antes de propaganda e de dedicação que deveria falar. Certamente, isso tudo é metafórico, mas ainda assim é preciso escolher bem os termos das comparações; e o leitor também não deve esquecer que, se a crença e o desejo, no sentido puro e abstrato em que entendo essas duas grandes forças, essas duas únicas quantidades da alma, têm a universalidade que lhes atribuo, então faço apenas uma metáfora ao chamar *ideia* a aplicação da *força-crença* a *marcas qualitativas* internas, sem nenhuma relação, porém, com nossas sensações e nossas imagens; ao chamar *desígnio* a aplicação da *força-desejo* a uma dessas quase-ideias; ao chamar propaganda a comunicação de elemento a elemento, não verbal, por certo, mas especificamente desconhecida, do *quase desígnio* formado por um elemento iniciador; ao chamar conversão a transformação interna de um elemento no qual entra, no lugar de seu quase desígnio próprio, aquele de outrem etc. Sob o benefício dessa observação, prossigamos.

Quando um império quer estender-se, ele envia a um ponto do globo, e não a um grande número de pontos ao mesmo tempo, distantes uns dos outros, não um único homem, mas um exército numeroso que, após ter conquistado esse ponto, dirige suas incursões a outra parte. Quando o líder de uma religião pensa em difundi-la, ele envia a todos os pontos cardeais, a toda parte aonde possam chegar, missionários isolados, dispersos, encarregados de anunciar a boa-nova e de ganhar as almas através da persuasão. Ora, constato que, nisto, os procedimentos pelos quais se opera a propagação dos seres vivos assemelham-se mais a uma propaganda apostólica do que a uma anexação militar. E, se essa similitude for aproximada de muitas outras, se for observado que cada espécie viva, assim como cada igreja ou comunidade religiosa, é um mundo fechado aos grupos rivais, e no entanto hospitaleiro, ávido de novos recrutas; um mundo enigmático e indecifrável visto de fora, no qual se passam palavras de ordem misteriosas, conhecidas apenas dos fiéis; um mundo conservador onde as pessoas se conformam escrupulosa e indefinidamente, com uma admirável abnegação, aos ritos tradicionais; um mundo muito hierarquizado onde no entanto a desigualdade não parece suscitar revoltas; um mundo ao mesmo tempo muito ativo e muito regrado, muito tenaz e muito flexível, hábil em adaptar-se às circunstâncias novas e perseverante em suas seculares imagens; ver-se-á que não abuso das liberdades da analogia ao assimilar os fenômenos biológicos antes às manifestações religiosas de nossas sociedades do que a seu aspecto guerreiro, industrial, científico ou artístico.

Sob certos aspectos, um exército parece assemelhar-se, tão exatamente quanto um convento, a um organismo. Mesma disciplina, mesma subordinação rigorosa, mesmo poder do espírito de corpo, em um organismo e em um regimento. O modo de *nutrição* (isto é, de recrutamento) é também o mesmo, por *intussuscepção*, por incorporação periódica de recrutas, por preenchimento de quadros até um certo limite não ultrapassável. Mas, sob outros aspectos não menos importantes, a diferença é notável: a arregimentação transforma e regenera menos o conscrito do que a assimilação vital a célula alimentar, ou a conversão religiosa o neófito. A educação militar não penetra de modo algum até o fundo da alma. Daí a menor tenacidade, a menor duração das organizações militares. Suas transformações, mesmo entre os bárbaros, são bastante bruscas e frequentes, a menos que seu estado seja inteiramente rudimentar, e nesse caso sua incoerência impede de compará-las às dos seres vivos, mesmo os mais simples. Enfim, quando um exército aumenta, quando um regimento se reproduz, essa reprodução nunca se opera, como a dos seres vivos, pela emissão de um elemento único em torno do qual elementos estranhos vêm se agrupar. É apenas por cissiparidade que um regimento se reproduz; um único soldado ou oficial, encarregado hipoteticamente de formar um corpo de tropas em um país estrangeiro, seria totalmente incapaz de constituir um pelotão de quatro homens, do qual seria o cabo.

Por esses caracteres diferenciais, a vida apresenta-se-nos, portanto, como uma coisa respeitável e sagrada, como um grande e generoso empreendimento de salvação, de redenção dos elementos encadeados nos laços estreitos da química; é seguramente desconhecer sua natureza considerar sua evolução, com Darwin, como uma série de operações militares em que a destruição é sempre a companheira e a condição da vitória. Esse grande preconceito reinante parece confirmado pelo espetáculo aflitivo dos seres vivos que se entredevoram; ao ver as garras de um gato abaterem-se sobre um ninho de passarinhos, o coração contrai-se e fica a maldizer o egoísmo e a crueldade da vida. No entanto, ela não é egoísta nem cruel, e, antes de acusá-la assim, deveríamos nos perguntar se não é possível interpretar suas ações mais repulsivas de uma maneira própria a conciliar esse horror com a admiração que a beleza de suas obras nos força a sentir. Nada mais fácil do ponto de vista de nossa hipótese. Quando um ser vivo destrói um outro para comê-lo, os elementos que compõem o ser destruidor propõem-se talvez prestar aos elementos do ser destruído o mesmo tipo de serviço que os fiéis de uma religião creem prestar aos adeptos de um outro culto ao destruir seus templos, suas instituições clericais, seus liames religiosos, e ao buscar convertê-los à "verdadeira fé". O que se destrói aqui é o exterior dos seres, dos elementos dotados de fé e de amor, mas estes não são de modo algum imolados. Cumpre reconhecer, em geral, que é a vida superior que absorve e assimila a vida inferior, assim como são as grandes e elevadas religiões – cristianismo, islamismo, budismo – que convertem os fetichistas, e não o contrário.

Assim concebida a vida, tenho necessidade de dizer de que maneira se pode conceber a consciência e a morte? Chamo consciência, alma, espírito, o triunfo passageiro de um elemento eterno, que sai, por um favor excepcional, do infinitesimal obscuro para dominar um povo de irmãos transformados em seus súditos, submetendo-os por algum tempo à sua lei transmitida pelos predecessores e ligeiramente modificada por ele, ou marcada com seu selo real; e chamo morte o destronamento gradual ou súbito, a abdicação voluntária ou forçada desse conquistador espiritual que, despojado de todos os seus Estados, como Dario depois de Arbela e Napoleão depois de Waterloo, ou como Carlos V em Saint-Just e Diocleciano em Tessalônica, porém ainda mais completamente nu, retorna ao infinitesimal de onde partiu, ao infinitesimal natal, saudoso talvez, com certeza não invariável e, quem sabe?, não inconsciente.

Portanto, não digamos nem a *outra vida* nem o *nada*; digamos a *não vida*, sem nada prejulgar. A não vida, como o não eu, não é necessariamente o não ser; e os argumentos de alguns filósofos contra a possibilidade da existência depois da morte não pesam mais que os dos céticos idealistas contra a realidade do mundo exterior. — Que a vida seja preferível à não vida, não há nada, também, de menos demonstrado. Talvez a vida seja apenas um tempo de provas, de exercícios escolares e penosos impostos às mônadas que, ao saírem dessa dura e mística escola, veem-se purgadas de sua necessidade anterior de dominação universal. Estou convencido de que poucas delas, tendo caído do trono cerebral, aspirem a retomá-lo. Devolvidas à sua originalidade própria, à sua independência absoluta, elas renunciam sem dificuldade e sem retorno ao poder corporal, e, durante a eternidade, saboreiam o estado divino no qual o último instante da vida as mergulhou, a isenção de todos os males e de todos os desejos, não digo de todos os amores, e a certeza de possuir um bem oculto, eternamente durável.

Assim se explicaria a morte; assim se justificaria a vida, pela purgação do desejo... Mas já são muitas hipóteses. Perdoar-me-á essa licença metafísica, amigo leitor?

[1895]
A variação universal

I

Pelas considerações a seguir, procuro justificar, na medida do possível, uma hipótese que com muita frequência me serviu de guia, mas não sempre, e que consiste em identificar a essência e o fim de todo ser com sua diferença característica, isto é, em dar a diferença como objetivo a ela mesma.

A atividade do eu exprime-se por uma dupla reação contra as impressões do exterior. Longe de ser o resultado de uma simples justaposição, a ligação das imagens e das sensações em nós efetua-se em virtude de um duplo amálgama: a crença e o desejo. Pela crença o eu se distingue e distingue; pelo desejo ele se modifica e modifica. Ora, assim como o objeto da fé é sempre um caráter diferencial apreendido por ela e acrescentado aos que ela já apreendeu, o objeto do desejo – ou seu efeito, a ação – é sempre uma mudança; não uma mudança qualquer, mas uma mudança sempre nova, variável e renovadora, determinada pelas mudanças anteriores e posteriores do ser que age e pelas mudanças exteriores dos outros seres, pois é certo que nossos desejos mais precisos comportam uma parte de indeterminação na qual se mostra a necessidade que eles têm de ser completados pelos desejos de outrem. Ao mesmo tempo que desejamos, o que é bastante raro, a continuação pura e simples de nossa felicidade atual, consideramos seus instantes futuros como individualmente sentidos, isto é, distintos, caracterizados pelas mudanças sucessivas que se efetuarão em torno de nós. Mas, muito comumente, o desejo mal tocou seu termo e já expira, às vezes antes. A natureza tem sua maneira peculiar de apaziguar os desejos de nossos corações, subtraindo-os e substituindo--os. Nada se iguala ao espanto do amor ingênuo que, pela primeira vez, a surpreende, por assim dizer, em flagrante delito de uma tal subtração. Contudo, mesmo o coração mais insensível se espanta a todo instante de sobreviver.

Não me deterei em demonstrar que o desejo ou a necessidade da conservação de si não é o verdadeiro âmago da natureza do ser; ele está subordinado ao desejo e à necessidade de desenvolvimento ou de complemento de si. Durar é mudar: a duração, o tempo, só existe por e para os acontecimentos; e o eu, a duração da pessoa, só existe por e para a série de seus estados interiores.

Dirão talvez, então, que não é o desejo da mudança que nos é essencial, mas sim o desejo da felicidade. É o que parece, com efeito, se consideramos apenas o desejo em seu estado adulto e na média dos atos humanos, que aparentemente se propõem a felicidade futura ou presente como único fim confesso ou inconfesso. É um lugar comum entre os materialistas que somente a felicidade pode ser desejada, e que ela o é sempre. Mas, em primeiro lugar, o desejo precede com frequência a experiência do prazer; o recém-nascido apreende o seio antes de conhecer o sabor do leite, o jovem cão persegue a caça antes de tê-la saboreado. Por que o ingênuo suspira perto do que ele ama? E nós, a bem dizer, sabemos melhor? Ademais, a felicidade está tão longe de ser o objeto exclusivo do desejo que ela jamais pode ser seu objeto propriamente dito. Querem que ela seja a *desejabilidade* de certas ações ou de certas impressões. Concordo, mas, se é evidente que se deseja unicamente o que é desejável, ou o que se considera como tal, é ininteligível que se deseje essa desejabilidade. É a natureza mesma da ação ou da impressão, e não o prazer que lhe está associado, que se busca e se persegue. A proposição que combato seria mais verdadeira aplicada à vontade propriamente dita do que aplicada ao desejo. Ainda assim deve-se observar que, entre todos os prazeres, entre todos os *bens* pensados em um dado momento, a vontade escolhe como meta o prazer, o *bem* julgado superior aos outros, julgamento fundado sobre a natureza intrínseca das ações que produzem esse bem ou esse prazer, e também sobre a apercepção mais ou menos confusa da doutrina particular, da fé inata e involuntária do ser que quer. Uma imagem de mulher (encontro fortuito de traços) penetra e fermenta no coração; uma ideia (encontro fortuito de lembranças) entra e se agita no espírito; conquistar essa mulher e amá-la na solidão, demonstrar essa ideia e desenvolvê-la a sós, eis o objetivo de uma vida. Escolhe-se isso como o mais agradável? Existe aí cálculo e egoísmo refinado? Vejo apenas uma necessidade profunda de geração e descoberta, de desenvolvimento transcendente do ser em outros seres, e do espírito em outros espíritos.[1]

---

1 Darwin, com sua costumeira liberdade de espírito, separou-se nesse ponto da escola materialista na qual erradamente gostariam de

No fundo, a felicidade, lago onde se recolhe um rio, mas onde ele não se detém, não é senão uma harmonia passageira, uma transição ascendente entre a variedade da qual se origina e a atividade renovadora que ela revigora. E veremos que isso acontece com todas as outras harmonias ou adaptações do universo.

II

Falo de outras harmonias, mas existem outras? Não, devem dizer os adversários que combati. Se o desejo de felicidade é único e necessário, a necessidade da felicidade é igualmente única e necessária, e perde-se o direito de distinguir, nem que seja para a comodidade do discurso, entre o desejo e a necessidade. Segue-se daí que as grandes oposições da beleza e da feiura, do progresso e da decadência, da saúde e da doença, reduzem-se à do prazer e da dor e não se compreendem sem ela. Por conseguinte, os seres insensíveis, como as plantas, não poderiam ter objetivo; para elas, não é nem um bem nem um mal morrer ou abortar; quando dizemos que a água ou o sol

---

incluí-lo: "É provável, em muitos casos", diz ele (*La Descendance de l'homme*, trad. Moulinié, p.83), "que os instintos se perpetuem pela simples força da hereditariedade, sem o estimulante do prazer ou do sofrimento. O esquilo em sua gaiola, buscando enterrar avelãs que não pode comer, dificilmente pode ser considerado como impelido a esse ato por sofrimento ou prazer. Assim, a opinião comum de que o homem deve ser incitado a toda ação pela influência de um prazer ou de um sofrimento pode ser errônea." Já é muito que ele duvide disso. Conhecemos a natureza desse espírito, que costuma ser menos afirmativo exatamente onde é mais concludente.

lhes fazem falta, na realidade nada lhes falta; seu estado normal e suas anomalias são mal nomeados; seus graus de perfeição, fundados, diga-se de passagem, sobre a complicação de sua estrutura, desde as algas até as sinanteráceas, são ideias que fazemos; elas não desejam nada, portanto não têm necessidade de nada, portanto não agem em vista de nada; confessemos, enfim, que elas nada são em si mesmas: não sentidas, não vistas, não cheiradas, são mais ou menos o que pode ser, independentemente da boca que a pronuncia, uma frase de nossas línguas, na qual se distinguem no entanto harmonias maravilhosas, uma construção e órgãos, qualidades e defeitos, mas tudo relativo a nós. — Isso é perfeitamente lógico; e reencontramos aqui um dilema análogo ao que propõem os idealistas que negam o mundo exterior: os elementos materiais, dizem eles, são *eus* ou são nada. Dizem-nos, ou deveriam nos dizer, agora: toda a criação tem a felicidade por objetivo ou ela não tem objetivo algum; e, se quiserem que a criação insensível tenha um objetivo, é preciso violentar o senso comum e dizer que ela é sensível, que ela sofre e padece. É o que fez Hartmann. — Mas a solidariedade das duas maneiras de ver que aproximo já seria suficiente para nos abrir os olhos; pois se percebe que negar a finalidade dos seres insensíveis é ao mesmo tempo negar sua realidade. Ao contrário, se acreditamos que eles *são*, é preciso acreditar que eles *tendem*.

Eles tendem, mas a quê? Lancemos um olhar sobre o mundo. Perguntemo-nos se essa harmonia, visível em toda parte, apresenta-se como uma pausa ou como um termo; se as discordâncias que lhe são rebeldes, e que ela deve subjugar um dia, estão aí apenas para glorificar seu triunfo final, ou se, simples agente de transformação como o é a harmonia de nossas máquinas, ela não seria, porventura, a operadora da diferença universal, de modo que o Progresso existiria para a mudança, e não a mudança para o Progresso.

III

É certo que a diferença produz a harmonia e que, por sua vez, a harmonia engendra a diferença; e assim por diante. A harmonia do corpo humano tem por causa a diversidade de seus órgãos, e por efeito sua diferenciação cada vez maior e a distinção sempre mais marcada da espécie humana e das outras espécies vizinhas, e dos indivíduos humanos entre si. A oponibilidade do polegar aos outros dedos constitui uma adaptação e das mais importantes. Foi ao diferenciar-se dos outros dedos que o polegar teve seu ser adaptado, assim como os braços do homem formam com suas pernas uma adaptação não menos notável, esta completando aquela, porque esses órgãos diferenciam-se mais entre si do que os órgãos correspondentes entre os quadrúmanos. Daí a complexidade imensamente superior das ações humanas. A mais desejável das harmonias, um feliz casamento, nasce da diferença dos caracteres e dos sexos, e é geralmente fecunda em variações individuais, sejam as dos filhos, sejam as dos próprios esposos, cuja atividade é redobrada. A adaptação industrial de nossos produtos a uma de nossas necessidades, por exemplo à de alimentar-se ou à de abrigar-se, supõe sempre certa complexidade no produto, pedras diante de uma gruta, madeira, ferro, proporções mais ou menos regulares, certa variedade de alimentos; e quanto mais perfeita é essa adaptação, em via de progresso, mais a necessidade correspondente se desenvolve e exige, para ser novamente satisfeita, novas complicações. E como, além disso, a satisfação de uma necessidade faz nascer outra ou várias outras, o resultado mais claro dos aperfeiçoamentos sucessivos de nossa indústria é não apenas a exigência crescente, mas também a multiplicação de nossas necessidades. Necessidade, mãe da indústria, é dito proverbialmente; poder-se-ia bem dizer também *filha*. É pela diversidade das partes de uma obra de arte que se manifesta a beleza, o acordo estético entre essa obra e nosso gosto; e desse acordo longamente repetido nasce o sutil refinamento do gosto crítico, tanto mais difícil quanto mais foi satisfeito. O gosto penetra e analisa a obra de arte, e não é menos desenvolvido, aberto e analisado por ela.

Mas, se a diferença e a harmonia se engendram reciprocamente, qual desses dois termos se apresenta a nós como subordinado ao outro? Evidentemente aquele que fornece apenas uma explicação parcial dos fenômenos, enquanto o outro nos explica a razão de tudo.

Ora, a ideia de progresso supõe a comparação entre dois estados, dos quais um é julgado superior ao outro, em virtude de uma *medida comum* que lhes é aplicável; a ideia de harmonia supõe a relação das partes de um todo harmonioso com um *objetivo comum* que a colaboração delas realiza. A medida comum dos estados progressivos é justamente esse objetivo comum: *superioridade* quer dizer *utilidade maior* relativamente a esse objetivo. Trata-se, pois, de saber se a natureza é essencialmente utilitária. Ela o é se todas as suas obras se reduzem a um fim supremo e universal (outro, por hipótese, que não a própria mudança). Mas, se a luz projetada sobre os fenômenos pela ideia de finalidade se dispersa em inúmeros brilhos intensos e curtos, e jamais vem do alto; se o objetivo comum de que falamos é sempre múltiplo, limitado, variável, e não mais se mostra a uma certa altura das realidades ascendentes; se dos acordos parciais do mundo sai perpetuamente um luxo de discordâncias, se as diversas utilidades são inúteis ou prejudiciais umas às outras, se as relações das diversas harmonias são naturalmente inarmônicas, heterogêneas, não comparáveis, não mensuráveis, ou só podem combinar-se e harmonizar-se por sua vez parcialmente e mediante o sacrifício da maior parte dessas harmonias, então teremos motivos de pensar que o Universo põe sua razão a serviço de sua imaginação, suas leis e seus organismos a serviço de suas fantasias, e que a Harmonia não explica tudo, já que não explica seu próprio efeito.

IV

Aqui entramos em considerações de uma gravidade que deve nos consolar de sua tristeza. Quando o cientista se limita ao estudo de um organismo individual, isoladamente considerado, ou de uma função especial comum a várias espécies, a do voo, por exemplo, ou a da visão, as ideias de finalidade e progresso são um excelente guia que o ilumina no labirinto da vida. Salvo alguns órgãos rudimentares (o pavilhão exterior da orelha ou as mamas rudimentares do homem, em nossa espécie), os órgãos de nossos corpos têm por propriedade incontestável serem úteis uns aos outros, em vista do fim que cada um de nós traz em si ou cria para si. Comparemos sob uma relação determinada dois indivíduos *de duas espécies diferentes*, por exemplo uma águia e um pardal sob o aspecto da altura do voo, ou um molusco e uma ave sob o aspecto da visão; a asa e o olho da águia nos parecerão superiores à asa do pardal ou ao olho do molusco. É isso razão para pensar que a águia é superior ao pardal quanto ao conjunto de sua organização? Não, pois seus destinos diferem, e se quiséssemos comparar seus dois destinos como comparamos suas asas, o objetivo comum nos faria falta para julgar a preeminência de um sobre o outro. Não que não exista certa solidariedade entre um bom número de seres vivos; o carvalho é útil ao líquen que o reveste, a roseira à vespa que vem hibernar em uma excrescência de sua casca. Mas ainda que solidariedades desse tipo ligassem todos os seres organizados, elas não estabeleceriam entre eles uma hierarquia, uma harmonia, pela razão de que os indivíduos assim ligados prestam-se simplesmente serviços, mas não se servem para atingir um fim comum. Eles se utilizam reciprocamente sem colaborar em nada. A forma de um dente revela a conformação geral do indivíduo ao qual pertence esse dente; a conformação desse indivíduo inteiro não nos instrui de modo algum sobre a natureza dos outros indivíduos que compõem a fauna de sua região. Todos os esforços para traçar uma escala de perfeição orgânica foram vãos, a menos, convém assinalar, que tenham se resignado a fundá-la sobre a simples consideração da complexidade de estrutura. Quanto à hipótese de um plano divino, ela é quimérica, entendida no sentido de uma sinfonia geral da qual todas as espécies vivas ou extintas comporiam as partituras. Mas ela se torna a mais alta e a mais verossímil expressão dos fatos, a mais conforme à nossa maneira de ver, se se entende por isso uma tendência de quatro ou cinco tipos ou *temas* chamados ramificações a esgotar toda a riqueza de modulações específicas ou individuais que contêm virtualmente – algumas em acordo, a maioria em luta, seja entre si, seja com as diversidades inumeráveis do meio exterior e terrestre –, as quais devem ser igualmente consideradas como as variações planetárias desse tema celeste chamado sistema solar. Aconteceu (acontece ainda) de algumas dessas modulações ou variações emanadas dessas duas fontes diferentes se combinarem. Elas devem a esse encontro, e à faculdade de poderem melhor se reproduzir e se diversificar que é a consequência disso, o privilégio de terem se tornado temas, por sua vez, e de terem sobrevivido a suas irmãs efêmeras. Foram eleitas, como o é a rainha das abelhas, por serem as mais fecundas. Mas das outras, das variações estéreis e mal adequadas a sua época e a seu meio, não diremos nada? Não tiveram elas também sua razão de ser? E, porque o direito à duração e à *repetição* lhes foi recusado, lhes recusaremos o direito à existência? Elas certamente o usurparam, se devemos acreditar no sistema da harmonia necessária e universal; e, nesse sistema, o melhor é negar que tenham aparecido. Mas como negá-lo? Elas obstruem nossos caminhos; não são de modo algum o jorro acidental, mas o transbordamento habitual do rio do Ser e da Vida; elas nascem de todas as nossas harmonias, naturais ou sociais, como as folhas nascem das árvores, para recobri-las. Quantas vidas natimortas! Quantos germes impedidos de nascer, quantas monstruosidades, dizem, mas ainda assim quantas realidades que, embora impróprias à vida terrestre, fazem parte do plano divino! E, se olharmos nossas sociedades, quantas paixões, quantos instintos incompatíveis com a ordem social a registrar entre os nascimentos de cada ano! Quantas individualidades pelo menos inúteis à manutenção e ao aperfeiçoamento progressivo da máquina social! Para uma aptidão conforme às circunstâncias nas quais se produz, quantos talentos vãos, vocações deslocadas, ambições frustradas e superioridades inoportunas! E tantos outros desacordos irremediáveis que mencionarei daqui a pouco! Tudo isso serviria apenas para ser varrido, devolvido por defeito de fabricação, pela natureza e pela sociedade! Ou dirão que a única utilidade disso tudo foi permitir a eclosão de um eleito aqui e ali em meio a um mar de postulantes? Mas essa escória do destino, não esqueçamos, somos todos nós, ou quase todos, que sentimos energicamente, e não saberíamos deixar de sentir, a legitimidade de nosso nascimento. Nossa natureza humana própria, nossa diferença característica, é nossa, somente nossa, e existe apenas para nós; e, se defendo assim nossa causa, não é de modo algum para estimular a inveja, mas, ao contrário, para combatê-la por seu verdadeiro antídoto, pelo orgulho, do qual minha maneira de ver é a justificação e a retificação. O que eu dizia de dois animais, de duas espécies diferentes, pode-se dizer de dois homens comparados entre si, atingindo as diferenças individuais entre nós a profundidade das diferenças específicas. Sob determinado aspecto, em vista de determinado objetivo social, cada um de nós pode ser julgado inferior a um de seus semelhantes; sob outro aspecto, inferior a um outro; mas ainda que fosse inferior a todos sob todos os aspectos, afirmo que não se teria o direito de julgá-lo, em seu ser *absoluto* (aliás insondável, e talvez rico de virtualidades latentes), inferior a nenhum de seus semelhantes; restar-lhe-ia ainda a singularidade da combinação de todas as suas inferioridades combinadas. Mas esse é um caso totalmente imaginário e que jamais se viu; o mais humilde revela-se por algum aspecto, visível ou despercebido, pouco importa. Ele tem sua originalidade, sua marca, seu caráter *único* e, como tal, incalculável, diamante infinitamente raro e de um valor realmente infinito, que, lapidado ou não, jamais nos mostra senão uma de suas faces.

A humanidade seria mais tranquila se cada um de seus membros soubesse contentar-se com isso, apreciar esse tesouro oculto que ele traz em si mesmo, e refugiar-se contra as injúrias do destino nesse inviolável asilo. Desse ponto de vista, a inveja e o desprezo pareceriam irracionais; e estaríamos a salvo das revoluções que a falsa opinião da inferioridade real dos inferiores aparentes provoca no alto, e que a ilusão mais humilhante – revelada e dissimulada sob proposições igualitárias – da superioridade nativa dos privilegiados suscita na base. Conceber-se-ia a igualdade verdadeira, que não se funda sobre o nivelamento das condições e o apagamento dos caracteres, mas – como no mundo dos artistas, onde não há *hierarquias*, mas *sítios* diversos – sobre a heterogeneidade das aptidões.

Examinada mais de perto, a comparação de dois animais mesmo de uma espécie idêntica daria ensejo a observações análogas. Quanto mais observamos os animais, segundo Darwin, mais percebemos os traços, pouco aparentes, de sua individualidade distinta, e chegamos a nos convencer de que eles próprios são, a rigor, *incomparáveis*. Falando de maneira geral, se percebemos no indivíduo apenas os aspectos sob os quais pode-se dizê-lo legitimamente superior ou inferior a seus semelhantes, mais ou menos útil à comunidade (pois as necessidades desta são numerosas e veremos que elas tampouco têm entre si medida comum), deixaremos escapar a maior parte de seus caracteres e os mais importantes. Isso talvez seja verdade, por extensão, para os pequenos indivíduos que compõem as associações chamadas nossos corpos.

No fundo, a única verdadeira realização da harmonia não é nem a sociedade, nem mesmo o indivíduo que tem igualmente necessidades múltiplas e fins heterogêneos, nem sempre agrupados e conciliados; é o órgão, é o aparelho adaptado a uma necessidade determinada. Isso vale tanto para um ser vivo quanto para uma ciência, como a física, que é e será sempre a reunião mais ou menos mal coordenada de teorias isoladamente muito belas e muito bem amarradas, como a ótica e a acústica, ou a teoria do orvalho em meteorologia. Assim, dois órgãos que respondem à mesma necessidade, apesar das barreiras específicas ou genéricas que os separam, serão sempre mensuráveis, porque o grau de sua adaptação o é sempre, e porque esta compõe todo o ser deles; ao passo que dois indivíduos, mesmo irmãos, jamais o são.

O indivíduo, ao nascer, desdobra um luxo de necessidades diversas, de objetivos múltiplos que, não tendo a princípio objetivo comum, não têm medida comum, de modo que é teoricamente impossível decidir qual é o melhor que deve prevalecer. Eles se combatem e se mutilam mutuamente dentro do indivíduo, como as espécies e os indivíduos entre si no campo fechado da concorrência vital. Assim se explica que os órgãos que lhes correspondem (ou que correspondem a alguns deles, pois nem todos têm representantes) se envolvam de membranas protetoras, se guarneçam às vezes de cílios ou outros meios de defesa, e se protejam contra as incursões dos vizinhos com o mesmo zelo que arma as espécies umas contra as outras. Com o tempo, uma ordem se estabelece não entre os desejos e as necessidades, mas graças à destruição do maior número e à escravidão da maior parte dos sobreviventes. Esse *objetivo comum de nossos objetivos*, acabamos por encontrá-lo; mas se trata apenas de um deles, que devasta e triunfa. Pode-se dizer que a forma atual de nossos corpos, a ponderação mútua de nossos órgãos é, de certo modo, o traçado de uma fronteira após uma guerra, o resultado momentâneo de um tratado de paz. Hoje predomina a necessidade de conhecer, e o volume do cérebro aumenta dia a dia, se acreditarmos em alguns antropólogos. Está certo, essa é a mais complexa de nossas necessidades, e sua dominação justifica-se a meu ver. Pela subordinação dos outros desejos que ela submete, ela cria uma harmonia muito bela e muito ampla; mas nem todos os livres instintos da natureza primitiva estão compreendidos nela, assim como nem todas as formas animais ou vegetais figuram, longe disso, na fauna e na flora de animais domésticos e plantas cultivadas que o homem violentamente coordenou em um sistema harmonioso, porém artificial, do qual é o centro.

Que nos expliquem a razão, se a harmonia é tudo, dos banidos dessa harmonia que bateram à sua porta e que ela rechaçou ou aniquilou! De nosso ponto de vista, nada mais fácil de explicar que seu aparecimento, pois eles eram diferenças; nada mais inteligível e racional que sua destruição, pois esta era a condição de uma novidade. Mas por que ninguém se digna a ocupar-se deles? Também eles tiveram seu lugar ao sol.

Por mais belo que seja o mundo, ele não é senão, em última análise, a mutilação, a amputação necessária do caos; por mais bela que seja a estátua, ela não é senão um fragmento do bloco de mármore; e trata-se de explicar as lascas do mármore assim como a estátua. Aliás, não insistamos nessa comparação perigosa para as ideias que desenvolvo aqui. O órgão, como eu disse, é quase a única encarnação da harmonia. Ora, o órgão é apenas um servidor do indivíduo, o qual não é essencialmente senão uma variação. Poderíamos já concluir, mas convém marcar com o que precede analogias significativas em outros domínios do pensamento.

V

Se a ideia de finalidade e de *otimismo* nos ilumina por um momento, para depois se extinguir, no estudo dos seres vivos, ela não serve melhor para sempre nos guiar na conduta da vida social, e para nos fazer decidir entre dois caminhos em nossas inumeráveis encruzilhadas políticas, morais e econômicas. Na ordem econômica em especial (tomo essa aproximação de Cournot, que não saberia tocar nenhuma questão sem aprofundá-la), adotamos legitimamente determinado modo de locomoção, de cultura do trigo, de exploração do ferro, de tecelagem do algodão ou de fabricação do pão de preferência a um outro, porque de fato é o mais adaptado à sua destinação. Mas, se abordamos a solução de um problema superior, de um sonho caro aos utopistas, aos organizadores do trabalho e mesmo aos partidários do *laissez-faire*, a busca da melhor e mais produtiva, da mais útil organização industrial (possível humana e artificialmente segundo alguns, certa providencial e naturalmente segundo outros), vemo-nos, contrariamente a uns e outros, na impossibilidade de julgar, pelo menos em um grande número de casos, se tal decisão tomada nos afasta ou nos aproxima desse estado ideal. O que para nós significa que esse ideal é ilusório. Por quê? Porque

> conseguimos comparar entre si espécies e produtos diversamente úteis, que atendem a necessidades e a gostos diversos, em razão da complexidade da organização do homem, da variedade na constituição das sociedades humanas, da diversidade dos temperamentos, das raças, das classes, dos costumes, dos hábitos, dos tempos e dos lugares; e o fio condutor (de finalidade e de otimismo)

> nos escapa mais uma vez; pois gostaríamos de comparar coisas heterogêneas que não são efetivamente comparáveis, e portanto não se prestam a uma determinação de *máximo* e de *ótimo*. A tendência de nosso espírito nos leva, porém, a buscar uma medida comum; e, como o funcionamento das instituições de comércio nos familiarizou com a ideia de valor venal, somos inclinados a acreditar que o *máximo* de valor venal corresponde exatamente à ideia de otimismo econômico; mas é uma suposição gratuita e que não resiste a uma crítica imparcial. (Cournot, *Principes de la théorie des richesses*, 1863, p.425)[2]

Pela mesma razão, a ideia de uma justiça distributiva perfeita, absoluta, harmonia sonhada pelos corações corretos, é inaplicável ao mundo; ela não combina com a natureza das coisas, que a repudia. Quem proporcionará equitativamente a remuneração do trabalho de Michelangelo ao salário de um pedreiro? Mesmo que essa proporção e todas as outras que adivinhamos fossem descobertas e realizadas no futuro, o que seria um progresso, não restaria a iniquidade indelével das vantagens naturais, e a iniquidade ainda mais inapagável e fundamental que constitui o progresso, o destino mais feliz dos homens de

---

2 É verdade que, em nosso estudo sobre a crença e o desejo ["La Croyance et le désir", 1880], refutamos, do ponto de vista da prática social, a ideia de Cournot e mostramos que, graças ao caráter quantitativo das crenças e dos desejos, os bens mais heterogêneos podem ser comparados enquanto desejáveis, para permitir à vontade sacrificar uns aos outros com uma razão social suficiente. Mas ainda assim é verdade que, enquanto sentidos, enquanto experimentados no foro interior, esses bens são incomparáveis, sendo injustificável a preferência dada a uns sobre os outros...

amanhã comparado ao dos de hoje? Não nos contentemos com palavras vãs, a Terra é inabitável para a justiça. O progresso a persegue e o progresso a nega. Essas duas ideias se destroem mutuamente. Existem apenas justiças relativas e morais opostas que se combatem, e a mais forte prevalece, quero dizer a mais própria a favorecer a manifestação da diferença humana. Existem também códigos, morais escritas que servem para medir ficticiamente a equidade das ações, assim como o valor venal mede o mérito dos serviços.[3]

Um chefe de Estado, uma assembleia podem estar indecisos na escolha entre duas medidas, uma das quais é favorável à grande cultura, com um produto líquido superior e um menor produto bruto, e a outra à pequena cultura, que, com mais encargos e esforço, alimenta um maior número de vidas; ou então se tratará de saber se, com um orçamento restrito e que não permite atender a todos os desejos, convém dotar mais liberalmente as academias, as organizações científicas, ou aumentar os vencimentos dos professores do campo, estender democraticamente ou elevar aristocraticamente o nível de instrução; ou enfim – o que tem a ver, em grande parte, com a questão do livre-comércio – será o caso de se perguntar se é bom ou ruim tomar uma decisão que deve certamente aumentar a quantidade e o barateamento dos produtos à custa de sua qualidade, ou vice-versa. Há problemas como esses, diários em política, assim como o que se impõe no momento de uma guerra iminente

---

3 Mesmo em matéria de arte, em que a incomparabilidade das obras é evidente, tão evidente quanto a de dois perfumes ou de dois sabores, acaso não se imaginou um paliativo do mesmo gênero: as regras aristotélicas e as artes poéticas que as seguiram?

e que se poderia evitar mediante uma satisfação, por exemplo uma pequena cessão territorial. A questão é então a seguinte: a vida, interesse maior e supremo, a vida dos 50 mil ou 100 mil homens que provavelmente perecerão nessa guerra, terá mais ou menos valor que a vantagem para 30 milhões ou 40 milhões de homens de não se sentirem humilhados pela arrogante pretensão do estrangeiro? Evidentemente, esses dois interesses são incomparáveis e, embora me custe, declaro esse problema tão insolúvel para minha razão quanto o da quadratura do círculo. A vida e a honra não têm medida comum. Em casos semelhantes, porém, o homem de Estado hesita pouco; conforme os tempos, conforme as correntes de opinião – esses ventos dos quais as políticas são os moinhos –, a solução democrática ou aristocrática, pacífica ou belicosa, prevalece. O acordo se faz pelo meio que conhecemos, assim como foi feito o acordo do homem com os animais ou as plantas que ele subjuga. Um interesse, momentaneamente mais forte e mais rico em energias modificadoras, submete o interesse rival, para ser por sua vez abatido após desempenhar seu papel.

As ferramentas, as máquinas, esses órgãos adicionais, esses membros facultativos e intercambiáveis do homem, são os únicos indefinida e realmente perfectíveis; seu resultado ao menos parcial, a civilização, não comporta senão um progresso temporário, com frequência duvidoso e sempre exclusivo. Um mecanismo aperfeiçoado acrescenta a suas vantagens as do antigo, muitas vezes sem nada perder delas; mas o gênero humano, que muda a cada século a aparência de sua civilização, não avança sem ter perdido muitas joias em seu caminho, presa irrecuperável da morte; ele se assemelha àquele rico peregrino da Idade Média que deixava cair a cada passo, sem nunca juntá-los, seus mantos de veludo e de ouro. A organização laboriosa e sangrenta de nossas sociedades, da qual somos testemunhas, talvez nos instrua sobre os esforços, as proscrições e as imolações igualmente necessárias que devem ter exigido a formação dos organismos vivos, à qual não assistimos. Seja como for, é certamente estranho e triste que, em um século em que as fábricas funcionam cada vez melhor, em que todas as máquinas se aperfeiçoam, inclusive a grande máquina administrativa, em que os efeitos do atrito das roldanas e rodas dentadas se atenuam dia a dia graças a engenheiros mais inteligentes, se ouça o clamor cada vez mais alto das engrenagens humanas do mecanismo social, as classes ferindo-se, como os Estados, à medida que mais se aproximam, em uma rivalidade de interesses amiúde realmente antagônicos embora solidários, inimigos embora associados, cuja harmonia preestabelecida é cantada por Bastiat em um eco de Leibniz!

De resto, mesmo que se trate de uma necessidade determinada a satisfazer, como a necessidade de transporte, sem as antinomias precedentes, a dificuldade de escolher nem sempre é menor. Quando uma comissão dos principais interessados se reúne para escolher entre os vários traçados projetados de uma ferrovia, a deliberação é sempre muito penosa porque, independentemente das motivações secretas e não confessadas dos comissários, cada traçado, mesmo o pior, apresenta vantagens especiais que não se verificam nos outros, mesmo no melhor, e porque sempre se acaba por comparar coisas parcialmente e, em certo sentido, não comparáveis.

A heterogeneidade: eis a eterna pedra no caminho da utilidade, da finalidade, da harmonia! A finalidade jamais é obstáculo à heterogeneidade, pelo contrário. Mas chega um momento em que esta barra o caminho à harmonia da qual procede, como para dizer-lhe que ela completou sua obra.

VI

É apenas nessa verdade grave e dolorosa que se deve buscar a causa do enfraquecimento ou do obscurecimento intermitente da ideia do dever. Há momentos em que a paixão fala tão forte ao coração do homem e lhe mostra adiante uma felicidade tão grande no Éden proibido que, tendo que infringir leis para alcançá-lo, lhe é impossível considerar o bem individual ou social (paz doméstica, educação dos filhos, alegrias da consciência) protegido por essas leis como preferível a esse bem de outra natureza, a essa felicidade pungente que o obseda. Com que direito se exige que ele sacrifique um desses interesses a outro, um breve e poderoso a outro pacífico e durável? A consciência perturba-se nesse ponto; é bom que a honra, a religião e a vontade a socorram a tempo e a arranquem da beirada escorregadia dessas reflexões.

Assim, o próprio dever acaba por encalhar no escolho universal! No entanto, ele foi concebido precisamente, ao menos em parte, para cortar esses nós górdios nascidos do conflito dos interesses! Às vezes ele é bem-sucedido, mas nem sempre; veremos quando e como.

A natureza e o nascimento desse nobre princípio e do sentimento profundo que o envolve, as causas de seu poder e os limites de seu domínio, mereceriam uma maior reflexão. Mas temos que nos restringir. Cego ou consciente, ele repousa sempre sobre um julgamento de superioridade indiscutível, para não dizer absoluta: a do mestre que ordenou, no primeiro caso; a do objetivo percebido ou mostrado, no segundo. Assim ele participa da evidência ou da arbitrariedade alternativa desse julgamento. Seu caráter estranhamente engenhoso consiste, ao exigir o sacrifício do interesse ou da vida individual à utilidade geral, julgada superior, em imprimir a ideia do mais alto valor possível no ato mesmo pelo qual o indivíduo que se imola exprime seu próprio não valor. Eco do passado, legado das gerações extintas e de nossos primeiros anos, ele se formou sob a influência de ilusões salutares e necessárias que nos faziam crer na infalibilidade, na onipotência, na autoridade sem limites de nossos pais ou de nossos mestres. Na verdade, é estranho que o único ser vivo que vê a seu redor apenas inferiores seja o único a conceber superioridades. Junte-se a esse respeito supersticioso, a essa cegueira voluntária da razão subjugada, o germe inato da simpatia; junte-se à necessidade de crer em alguém mais que em nós mesmos a necessidade de amar alguém ou alguma coisa mais que a vida. O que o dever acrescenta à fé é o amor.

Como tantos outros sentimentos, o do dever sobrevive às crenças que o fizeram nascer. Ele as substitui. A civilização, longe de enfraquecê-lo, como é dito, despojando-o de seus prestígios, firma seus fundamentos pela precisão e a importância singular dos objetivos que lhe propõe, e pela desproporção crescente que estabelece entre o interesse estacionário do indivíduo e o interesse geral cada vez mais prestigiado. Nossa idade adulta, que o recebe com uma parte de sua natureza e de sua força primordial, confere-lhe uma natureza e uma energia novas, tiradas ora da noção mais precisa da utilidade comum ou da beleza interior a realizar, ora da experiência da incerteza dos acontecimentos e desta frequente dificuldade: a necessidade de agir oposta à impossibilidade de decidir-se racionalmente. A obediência ao dever oferece duas grandes vantagens: na maioria das vezes ela dispensa de prever e sempre de ser bem-sucedido.

O dever se mostra toda vez que o fim de um de nossos atos, embora presente no fundo de nosso espírito, não se afirma de modo algum, de modo que não se diz: "É preciso fazer *isto* por *aquilo*", mas apenas: "é preciso fazer *isto*", seja porque a ideia de *aquilo* atua sem se mostrar, por sua preeminência incontestada, e aumenta na medida em que se subtrai (como a ideia da salvação eterna para os verdadeiros crentes); seja pelo efeito de um simples cálculo utilitário bastante sutil, que poderia se exprimir assim: é útil, em certos casos, não pensar na utilidade da ação. Por exemplo, para seu próprio bem e para o bem do exército, é reconhecido que o soldado deve se deixar conduzir, sem se perguntar se o conduzem à vitória ou à derrota, à vida ou à morte. O princípio do dever procede, dizem, da ideia do útil, mas, como esta, deriva do sentimento do prazer que ela imola ou domina e da energia do desejo que ela emprega ou submete. Exemplos notáveis de *alteração* progressiva, de metamorfose transfiguradora. Pode-se mostrar as fases graduais e contínuas dessa derivação sem nada provar contra a irredutibilidade desses conceitos. A continuidade das nuanças supõe a descontinuidade das cores. O dever não é senão nossos desejos *superiorizados* de certo modo, mais ou menos como a realidade exterior não é senão nossas crenças e nossos sentimentos *exteriorizados*. Não se percebe nenhuma razão de negá-lo mais do que ela. O mesmo impulso transcendente que, para além e através de nossas sensações, nos força a afirmar o ser independente das coisas, para além e através de nossas fruições, nos força também a afirmar os direitos de outrem e, para além e através de nossos desejos, os nossos deveres. Nesse sentido, o dever está para o útil assim como o real para o possível. O útil nos diz: "se quer aquilo, faça isto", necessidade puramente lógica e condicional. O dever nos diz: "queira aquilo".

Mas, por importante e verdadeiro que seja o dever, os filósofos que invocaram seu testemunho em favor de um equilíbrio final e de uma harmonia universal se equivocaram.

Ele atesta formalmente o contrário, por suas lutas internas e seus combates contra si mesmo, pelas antinomias novas que cria e por aquelas mesmas que decide ou resolve. Ele nunca é mais claro e mais forte do que em tempo de guerra. Por quê? Porque o objetivo a atingir, a vitória ou a salvação, é então de uma simplicidade inabitual. Ora, o dever só é tão poderoso em um campo de batalha porque se suicida. Na verdade, ele livra os soldados da preocupação de se perguntarem o que precisam fazer, o que devem escolher; mas a que preço essa dificuldade insolúvel da escolha utilitária é assim resolvida? Ao preço de um conflito muito mais misterioso de deveres que se chocam, quando dois exércitos igualmente valentes, igualmente disciplinados, obedecendo à mesma voz julgada divina, se destroem mutuamente! Que dizer depois disso? Não parece que o princípio do dever organiza nossas ações da mesma maneira que o princípio da vida organiza nossos corpos, dividindo-os e armando-os uns contra os outros?

Aqui, e também na inextinguível discordância, no cisma secular da política e da moral, a incapacidade da harmonia do mundo de suprimir certos *hiatos*, a não ser substituindo-os, é manifesta!

Aliás, se o cuidado da deliberação é poupado ao soldado, ele é apenas lançado e acumulado sobre o chefe. A guerra, em seu coração, pode estar em guerra com a civilização; o amor à pátria, com o amor à verdade, à ciência e à arte. Qual deles cederá? Aqui também, onde se mostrará a medida comum? O incêndio da biblioteca de Estrasburgo pelos prussianos, em 1870, foi evidentemente um ato de vandalismo, porque não era a rigor necessário à tomada da cidade; mas, admitindo que tivesse sido indispensável, e que o comandante dos sitiantes, homem que cultuava as ciências, estivesse ciente de que a perda de velhos manuscritos contidos naquele monumento abriria lacunas irreparáveis em nossos conhecimentos históricos. O que ele deveria ter feito? Omar não teria hesitado, nem eu tampouco; e creio perfeitamente que a humanidade me daria razão. Mas a insolubilidade racional do problema persiste.

Outras vezes, é verdade, o problema é mais simples. Um capitão não hesitará em sacrificar 10 mil homens para salvar outros 100 mil. Aqui os interesses são da mesma natureza. Mas têm eles uma medida comum? Não, já que eles não formam uma quantidade. Para cada soldado, a vida é tudo. De que maneira vários *todos* reunidos poderiam formar um todo maior que cada um dos *todos* elementares? A menos que se entenda a ideia de totalidade em dois sentidos diferentes, sem relação entre si, heterogêneas; e, nesse caso, a insolubilidade reaparece. As vidas humanas adicionadas formam apenas um número aparente, uma quantidade aparente. No entanto, essa aparência é tão necessária e aceita que se encontraram razões, na prática, para obter dela uma das premissas do silogismo moral.

VII

Nestas duas proposições vulgares, de que o indivíduo vivo tende a multiplicar-se e de que a natureza se preocupa com a espécie e não com o indivíduo, descubro, ao combiná-las, a verdade que desenvolvo – a harmonia para a diferença – implicitamente contida. O que é então essa *espécie* à qual o indivíduo é sacrificado? Um grupo desordenado de seres dispersos, uma série irregular de gerações, de modificações naturais, ou de acontecimentos históricos, no caso de uma espécie sociável. Existe aí algo comparável ao grupo harmonioso das células que constituem o organismo individual, ao desenrolar cadenciado das fases de sua existência, e mesmo à sequência sempre mais ou menos racional de suas ações dirigidas a um objetivo? Se a harmonia fosse o termo e o porto das forças do mundo, estas certamente se deteriam no indivíduo vivo[4] e não iriam mais longe; proibiriam que ele se multiplicasse, ao reproduzir-se; pouco se preocupariam em fazer servir o instinto gerador do indivíduo à formação de um ser incoerente, disseminado, informe, que se nomeia *espécie* no mundo animal e *sociedade* na esfera humana.

Não bastava, portanto, ter um belo casal em alguma parte da Terra, um homem e uma mulher amando-se e colhendo frutos! Era preciso haver tribos, nações, multidões e massas de fatos, chamadas história, que essas multidões acumulam ao se desenvolverem! Por que isso, se o universo ama a ordem acima de tudo? Por que a harmonia individual é imolada à desordem social? E de onde nos vem esse invencível erro, tão contrário a nosso interesse, de nos considerarmos, a nós, com nossos órgãos equilibrados, nosso corpo maravilhoso, nossos sentidos admiráveis, como inferiores a essa reunião grosseira de engre-

4 Comparado ao órgão, o indivíduo é um desacordo; comparado à espécie ou à sociedade, é uma harmonia relativa.

nagens administrativas, financeiras, judiciárias, de instituições isoladamente bastante mal construídas e ainda mais mal ajustadas no conjunto? De onde nos vem – se não, talvez, da tendência universal que se exprime em nossos gostos –, de onde nos vem essa inclinação que nos leva a contemplar primeiro o que esta Terra tem de mais extravagante e de mais desordenado, a beleza pitoresca de suas paisagens, e a ela voltar com frequência no intervalo de nossos estudos, e a repousar enfim nossos olhos nessa extravagância deliciosa, após ter passado algumas horas ou alguns dias de nossa vida a considerar a natureza sob seus aspectos regulares e harmoniosos, em suas leis, em seus elementos, em suas plantas e suas formas animadas? Aquele que poderia passar a olhar a mais bela flor ou o mais belo corpo, ou a estudar a mais bela teoria, por que passa o tempo a ver, quando passeia, sentado ou deitado na grama, as copas das árvores balançando-se, um rio correndo, um horizonte a ondular? Por toda parte mostra-se essa predileção de nosso gosto pelo pitoresco, menos impressionante e mais cativante que o orgânico. Homero nos encanta pela semiexatidão de suas imagens, por seus episódios, pela incompleta ordenação de seu plano; preferimos essa livre atitude à simetria de obras mais perfeitas, isto é, melhor arranjadas. Preferimos a leitura da história ao estudo das instituições sociais; os próprios relatos dos tempos merovíngios, ainda que bárbaros e confusos, nos encantam mais, ou nos cansam menos rapidamente, que a explicação de nosso código civil, mesmo em suas partes mais acabadas, ou o detalhe das máquinas e dos funcionários que compõem o sistema de iluminação de uma cidade (apesar do interesse que alguns escritores souberam dar a questões desse gênero). Seguramente não há nada mais coordenado que as instituições parisienses; tudo nelas é obra-prima, desde as ramificações dos esgotos até a organização interna do banco da França; é algo interessante de analisar por um momento, de compreender; mas, uma vez compreendido, não se pensa mais nisso, as pessoas se envergonhariam de confessar que *contemplaram* essas coisas. Contempla-se um tumulto de rua, e quem contempla julga-se filósofo. Ele o é, de fato, mas com a condição de inscrever no cabeçalho de sua filosofia *Diferença* e não Harmonia. Caso contrário estaria em contradição consigo mesmo. Efetivamente, não cometemos um erro por sermos mais ávidos de conhecer os acontecimentos acidentais e únicos da história do que os mecanismos sociais. Estes existem realmente para aqueles; as instituições sociais (administração, justiça, clero, gramática e dicionário do idioma nacional, edilidade etc.) estão subordinadas ao que é sua confluência, sua luz e seu termo: *o estado social* em um momento dado, *a situação histórica*. E temos razão de gostar mais de ver desenrolarem-se essas situações, em nossas crônicas e nossas histórias, que de estudar nossos códigos – assim como temos razão de preferir a visão do mar e das falésias acidentadas ao exame de uma concha recolhida na areia, embora a concha seja bem mais regularmente desenhada que as falésias e o mar.

Portanto, assim como o indivíduo, por mais maravilhosamente organizado que seja, está subordinado a esse caos que chamamos uma sociedade e uma história, assim também, na sociedade considerada abstratamente, vemos as partes mais bem dispostas, as mais regulares, servirem simplesmente ao que há de mais estranho, mas também de mais variado: a *novidade social incessante*. Acrescentemos enfim que, no próprio indivíduo tomado à parte, deveríamos ficar impressionados com uma subordinação análoga. Não comanda nosso cérebro todos os nossos órgãos? Abramos esse cérebro: que vemos aí? Que caos! Se nossos sentidos são isoladamente admiráveis, há algo de mais incoerente que seu resultado e seu objetivo, nosso espírito, nosso estado de espírito em um instante dado? E nossa memória, que confusão! Se alguma ordem tenta colocar-se entre nossas ideias, sob a forma de teoria ou de sistema, não é evidente que esse sistema aspira antes de tudo a ser *pensado*, que ele é nada se não é *pensado*, que nada há de real nele senão o que é *pensado*, isto é, senão o que vem tomar lugar entre as impressões, volições, desejos, imagens e ideias de toda procedência que compõem o estado do leitor no momento em que pensa esse sistema, ou melhor, cada uma das partes ou faces sucessivas desse sistema, jamais todas ao mesmo tempo? Um sistema desempenha em um espírito o papel de um animal em uma paisagem. O pintor pôs o animal em vista da paisagem, e não a paisagem em vista do animal. O animal serve apenas para diversificar a paisagem; o sistema serve apenas para renovar o espírito. Um sistema! Mas ele não *existe*, a título de *realidade*; em um momento dado, nunca há senão fragmentos e aspectos dispersos de sistema, pensados por um ou vários espíritos, do mesmo modo que a paisagem do pintor nos apresenta não o animal, mas um de seus aspectos, uma de suas atitudes. — E é a esse *pitoresco mental* – análogo ao pitoresco natural ou ao pitoresco social – que vão levar as funções combinadas de nossos maravilhosos órgãos, os batimentos cadenciados do coração, o ritmo da respiração, as contrações dos músculos, as vibrações da admirável rede nervosa!

A melhor prova de que a harmonia e a perfeição não são de modo algum a finalidade das coisas é que, tão logo uma coisa chega a seu estado mais perfeito, ela já está geralmente próxima de seu termo e a ponto de ser substituída. A flor de cortesia e de conversação deliciosas que a monarquia francesa cultivara durante dois séculos chegava a seu mais belo desabrochar, a julgar pelos memorialistas da época, no momento em que o arado da Revolução de 1789 passou sobre ela e lançou uma nova semente sobre seus destroços. — A pedra polida, ao que parece, era talhada com uma arte maravilhosa no momento em que a invenção do bronze jogou no lixo esse tipo de indústria esteticamente tão bela, mas inferior à metalurgia do ponto de vista prático. Assim que o cristianismo recebeu sua formulação mais completa no monumento teológico de São Tomás de Aquino, ele começa a ser atacado pela série de grandes livres-pensadores que prossegue até Lutero para acabar em Voltaire e no positivismo atual! — Os animais e as plantas, em sua maior parte, não tardam a perecer após seu apogeu; com frequência seu acasalamento precede imediatamente sua morte. Se a harmonia fosse realmente desejada pelo princípio interior das coisas, os seres deveriam repousar longamente nela, conservá-la, retê-la, em vez de atravessá-la rapidamente como um desfiladeiro terrível, mas inevitável.

A verdade que exprimo é proclamada pelo firmamento. A mais bela encarnação da harmonia não é um sistema solar individualmente considerado? A mais bela encarnação da diferença não é o grupo desordenado desses universos? O céu estrelado é uma bela desordem produzida pela formação das ordens diferentes que a compõem. O nome que os antigos davam aos astros, *signa*, isto é, pontos de referência, distinções aparentes, é talvez o mais justo, no fundo, que se lhes podem dar. Por eles, o espaço imenso diferencia-se; um espaço distingue-se de um outro; o indefinido torna-se discernível, inteligível, *existente*; e, graças aos raios de luz que esses astros enviam e que preenchem seu intervalo vivificado, cada ponto da extensão individualiza--se, de certo modo, ao tornar-se o ponto singular de interseção de certos raios luminosos sob um certo ângulo. Comparemos esse estado do espaço ao que resultava da difusão uniforme da substância primordial da qual os mundos provavelmente surgiram. Mas esse é apenas o aspecto superficial da questão; não há motivos de pensar também que a multiplicidade inarmônica dos mundos favorece o desabrochar exuberante de todas as variedades imagináveis da matéria, da vida e da inteligência? O que eu dizia das espécies animais e das sociedades humanas, posso dizê-lo dos amontoados de estrelas. Não bastava que houvesse em alguma parte, em um canto do céu, um mundo perfeito, um maravilhoso sistema solar formado de toda a matéria cósmica! Era preciso que houvesse inumeráveis mundos, um vasto campo aberto às combinações infinitas. Era preciso que a ligação dessas harmonias siderais fosse frouxa ou nula, suas relações fortuitas e acidentais, e que, no entanto, a maior beleza do universo brotasse daí, e que o céu, isto é, o caos fixo e luminoso, fosse julgado, em todos os povos e em todas as línguas, superior à Terra, isto é, à regularidade, à harmonia relativa.

VIII

Mas detenhamo-nos; basta de provas ou de induções determinantes. Não abordamos sequer o campo da estética, onde a crítica há muito renunciou a avaliar as obras de arte e restringiu-se a caracterizá-las, resignação que a ampliou, transfigurou e aprofundou. É certo que, quanto mais dois quadros são harmoniosamente concebidos, e pela subordinação dos detalhes ao conjunto, do acessório ao essencial, elaboram seu encanto distinto, tanto mais difícil é classificá-los e subordiná-los um ao outro. Concluamos, pois: buscamos por toda parte o fim supremo, o termo absoluto e verdadeiramente *para si* do qual depende este mundo. Pedimo-lo à ideia da vida, à ideia da felicidade, à ideia do útil, à ideia do dever, à ideia do belo. Por toda parte vimos a natureza das coisas, essencialmente heterogênea, resistir a essas harmonias diversas, igualmente heterogêneas, que a dominam por um momento para chegar a heterogeneidades novas e mais radicais que elas não explicam. Por toda parte a ausência de uma medida comum, exceto o máximo de diferença e de mudança, nos revelou a ausência de qualquer outro termo final. Todas as adaptações sucessivamente produzidas, a saúde, a felicidade, a ordem social e moral, o acordo do produto industrial com a necessidade correspondente, e da obra de arte com o gosto, ou do indivíduo com seu meio, nos pareceram ser, como esse indivíduo mesmo, organismo ou eu, apenas pontos de interseção, diferenças ora convergentes, ora divergentes, focos nos quais banalidades combinadas formam um ser original, nos quais qualidades, separadamente suscetíveis de graus e medidas, compõem uma realidade *sui generis*, radiante de novidades imprevistas e maravilhosas.

Portanto nos é lícito afirmar que a diferença é a causa e o objetivo; e a harmonia, o meio e o efeito; que o progresso é, de certo modo, a crisálida através da qual a mudança, aparentemente detida, renuncia a rastejar para aprender a voar. Por que nos surpreendermos com isso? O progresso, em suma, não é senão uma parte da mudança, uma espécie de mudança, a superioridade não é senão uma espécie de diferença, a ordem não é senão uma espécie de liberdade, como o prazer não é senão uma espécie de sensação. Ora, do mesmo modo que o prazer é essencialmente um estimulante da atividade moral, o progresso é essencialmente renovador, toda harmonia é perturbadora ou ao menos agitadora, toda ordem é liberadora, e toda superioridade, beleza ou gênio não é senão fecundidade. "O gênio", dizia Goethe a Eckermann, "é a fecundidade."

Por paradoxal que possa parecer à primeira vista, esse resultado o é bem menos que um resultado análogo, porém mais restrito, parece-me, que se produziu neste século das descobertas da ciência. A teoria da transformação das forças e da conservação imutável da força se reduz, no fundo, a esta explicação universal: *o movimento para o movimento*. Por que não a mudança para a mudança? Tenho pelo menos o cuidado de acrescentar: "e *na* mudança", o que estabelece entre as duas doutrinas um profundo intervalo, e nos salva do abismo da substância idêntica e monótona na qual o sr. Herbert Spencer nos mergulha e nos precipita.

[1901]
A ação dos fatos futuros

I

Se refletirmos sobre o caráter essencial da ideia de lei, veremos sem dificuldade que é impossível explicar completamente o mundo tal como ele é, a coexistência e a série dos fenômenos reais, por leis apenas e, com mais forte razão, por uma única lei. Há no menor fato, nessa nuvem que passa, nessa imagem confusa que atravessa meu espírito, algo de inteiramente inexplicável, seja por uma lei, seja pela combinação de quantas leis quisermos. Isso se deve à capacidade infinita das leis, cuja essência é aplicar-se tanto à imensidade do possível quanto à estreiteza do real e confundir as duas, abarcando-as indistintamente. Por possível entendo não o incerto, o duvidoso, mas o certo sob condição. "O fenômeno *a* está ligado ao fenômeno *b*", a isto se reduz toda lei. O que quer dizer: "Se o fenômeno *a* se repete, o fenômeno *b* se repetirá". O primeiro fenômeno se repetirá? A lei nada diz a respeito e nada pode dizer. Talvez ele seja demasiado complexo (como uma pessoa humana) para repetir-se alguma vez. Não importa; a lei que lhe corresponde (pois a toda ligação de causa a efeito corresponde uma lei particular, que geralmente não nos damos o trabalho de formular) afirma não apenas a necessidade de suas repetições *condicionais*, mas também sua tendência, impotente na maioria das vezes, a se repetir. De fato, toda realidade, molécula em vibração, célula fecunda, sensação multiplicada em lembrança etc. tende a se reproduzir. Mas não nos enganemos. Conceber um fato, em resumo, é considerar a realidade sob seu aspecto positivo, *indicativo*; conceber uma lei é considerá-la sob seu aspecto necessário, *condicional* ou imperativo. Mil outros universos além do nosso poderiam se conformar às leis de nosso universo; e sua certeza condicional, sua verdade, é afirmada por essas leis. A lei da atração newtoniana não se aplica nem mais nem menos a nosso sistema solar do que se aplicaria a qualquer outro sistema de astros diferentes, animados de outras velocidades, situados a outras distâncias, girando em uma direção inversa no vazio imenso de nosso éter. Cada gravitação efetiva dos astros atuais conforma-se a essa lei. Que seja; mas por que esses astros e não outros? Por que tais fases astronômicas sucessivas e não períodos diferentes? Newton não se ocupou disso. Acreditarão talvez responder formulando o que se chamará uma lei da evolução universal; por exemplo, Spencer dirá: "A evolução é uma integração de matéria acompanhada de uma dissipação de movimento... etc.". Admito; mas, a partir do momento em que é a expressão verbal de uma lei e não apenas o enunciado de um fato, essa proposição não se aplica mais especialmente à nossa evolução cósmica ou vital particular do que se aplicaria a todas as evoluções diferentes imagináveis em conformidade com essa lei. Essa fórmula pretende-se derivada do princípio ou lei da conservação da Energia; não discutamos por ora essa derivação; mas por que tal quantidade de energia conservada e não uma quantidade menor ou maior? Admitamos que a mudança contínua das coisas se reduza à solução contínua de uma infinidade de problemas de mecânica, encerrados implicitamente no axioma ou teorema em questão ou em algum outro, mas não esqueçamos que todo problema supõe *dados* inteiramente independentes do teorema por meio do qual se pode resolvê-lo. Aqui, infelizmente, os dados são as incógnitas para nós, a saber: os fatos ignorados cuja *eleição* inexplicável entre tantos outros possíveis ocasionou a natureza característica e a série particular dos outros fatos, e dirigiu em tal sentido determinado as vias constantemente legais do universo. Ora, quando buscamos apoiar assim os fatos sobre os fatos, é significativo que peçamos sempre ao fato anterior seu apoio para o fato posterior, e nunca o contrário. Qual é a causa dessa tendência quase inevitável? Ela é legítima ou não? Tais são as duas questões que vou examinar neste artigo.

Stuart Mill, em sua *Lógica*, opõe fortemente à regularidade da ação das causas o arbitrário manifesto do que ele chama a *colocação primitiva* das causas, expressão justa, mas incompleta e exclusiva. É justa no sentido de que reconhece a necessidade de recorrer a um fato para completar a explicação insuficiente dos fatos fornecidos pelas leis. É incompleta e exclusiva porque desconhece a possibilidade de encontrar o fato ou os fatos *explicativos* em questão tanto no futuro quanto no passado, e localiza no passado exclusivamente, no mais remoto passado imaginável, inacessível, a bem dizer, e sumindo no infinito, em um tempo hipotético e absolutamente indeterminável, a razão das coisas. Ao contrário dessa vã miragem do pensamento, desse preconceito enganador que atribui a um momento imaginário do tempo, seguindo uma só das duas direções do tempo, o monopólio explicativo das realidades, sou de opinião que não há motivos de pedir mais ao passado do que ao futuro a chave do enigma oferecido ao espírito pela estranheza do real, e que é o caso de completar um pelo outro estes dois extremos, a colocação primitiva das causas e a destinação das coisas. Isso é tudo o que me proponho mostrar. Em outros termos, a ação do futuro, *que ainda não existe*, sobre o presente, não me parece nem mais nem menos concebível do que a ação do passado, *que não existe mais.*

Talvez qualificarão esse argumento de sofisma; objetarão que o passado só se tornou passado depois de ter agido, que ele existia ao agir e que, após o desaparecimento dos seres e dos fatos passados, não são mais eles que agem, mas sua marca realmente subsistente nos seres e nos fatos presentes. Mas levemos essa objeção até o fim: se ela tem fundamento, se, em outros termos, somente o presente age sobre o presente, a passagem do presente ao futuro, a mudança, em suma, é incompreensível; toda ação deve ser instantânea; a realidade verdadeira só pode ser atual, ou, se é preciso admitir necessariamente um lapso de tempo, ela pode apenas durar sem nunca mudar. Em consequência, tudo o que muda aparentemente no mundo deve ser considerado não real; a substância é tudo, os fenômenos são ilusórios. Mas, nesse caso, de que serve distinguir presente, passado, futuro? E por que atribuir ao nada passado, em relação ao nada presente, uma ação, ela também nada, que se recusa ao nada futuro? Os fenômenos não se explicam entre si; é sua origem comum, a substância, que os explica. Mas a substância é, por hipótese, imutável!

Portanto, das duas, uma: ou se admitem apenas fenômenos sem substância – e, como acabo de mostrar, não se poderia motivar a preferência concedida ao passado em relação ao futuro para a explicação do presente a não ser negando o fato mesmo da mudança, isto é, os fenômenos –; ou se atribui às realidades passageiras, e portanto ilusórias, uma origem permanente, idêntica, eterna, que explica inteiramente os fenômenos e só se exprime por eles; e, nessa hipótese, seria contraditório explicar os fatos e os seres atuais pelos fatos e os seres anteriores, pois uma outra explicação já foi fornecida. E essa outra explicação, qual é, no fundo? A ideia de substância está longe de excluir a ideia de finalidade, tanto que ela consiste essencialmente na combinação das duas ideias de fim e de causa. Com efeito, ela é concebida como uma força que dirige e não é dirigida, como uma fonte que guia ela própria suas águas e não é em nada modificada por seu modo de escoamento. Ora, ela seria modificada, haveria mudança nela, ela deixaria de ser ela, se decidisse a direção das águas sucessivas à medida que escoam e fizesse depender cada nova decisão do resultado adquirido das decisões precedentes. A razão de ser dos fenômenos, tirada da ideia de substância, deve, portanto, participar da imutabilidade, da eternidade desta última. Mas o que é uma tal concepção, se tentamos torná-la inteligível? O que é, senão a ideia de um *plano* sucessivamente revelado, mas de modo nenhum transformado (como deveria ser para legitimar o preconceito que combato) durante o curso de suas revelações?

Assim, não importa o sistema que se admita, a ideia de uma predestinação, de uma *ação à distância* através do tempo, análoga à atração newtoniana, e não menos difícil de fazer penetrar nos espíritos, se impõe necessariamente.

O determinismo, evidentemente, implica a finalidade. No entanto, por que essas duas doutrinas se chocam em toda parte nas polêmicas da ciência? Uma bola de bilhar tocada continua a mover-se após o choque; um óvulo fecundado desenvolve-se e conservará perpetuamente a marca do fato rápido da fecundação, encontro igualmente fortuito; a imagem mental de uma sensação vive por muito tempo e age em nós depois desta. Isto não nos surpreende, parece-nos muito natural; não temos dificuldade alguma de explicar o movimento da bola pelo choque, dos caracteres do indivíduo vivo pelo ato da fecundação, da persistência da lembrança pela impressão primitiva. Por que tantos espíritos, ao contrário, recusam-se a explicar, pelo menos em parte, os movimentos da nebulosa pela gravitação dos planetas à qual era preciso chegar, o planeta pela vida que era preciso fazer eclodir, a folha pela flor, a criança pelo adulto, o inferior pelo superior? — É que o preconceito do Livre-arbítrio continua a existir no espírito dos deterministas mais ardorosos. Todos estão convencidos de que nada pode impedir o que foi de ter sido; mas ninguém é levado a admitir com igual convicção que nada poderia impedir de ser no futuro o que deve ser. "O mundo", diz o sr. Littré (*La Science au point de vue philosophique*), "o mundo, por menos que o conheçamos, nos oferece todas as coisas dispostas primeiramente pela e para a matéria inorgânica, e secundariamente, *se for o caso*, para a vida." Se for o caso! O sr. Littré, esse determinista, admite assim o contingente, o capricho, a possibilidade, para a vida, de ser ou de não ser, ao sabor do "jogo" da matéria! Não é contraditório?

O que digo do determinismo é verdadeiro, sobretudo, para o evolucionismo. Ou este último sistema é nada, ou ele acrescenta alguma coisa ao determinismo ordinário, e trata-se justamente, queira-se ou não, da ideia de finalidade despojada de todo verniz teológico, isto é, reduzida à ação dos fatos futuros.

À finalidade ordinária, à harmonia *preestabelecida*, compreendo que se oponha a doutrina da evolução, se por esta entende-se a harmonia *coestabelecida* e não *pós-estabelecida*. Mas, se por evolução entende-se mecanismo puro, negação de uma orientação do Universo, não é evolução que se deve dizer, é expansão e tateio em todos os sentidos. Evolução significa expressamente direção em um sentido determinado. Evolução afirma que, além da ligação causal simples, unilateral (*lei*) que existe entre as *condições* e o *resultado* (possíveis ou reais, não importa), há uma ligação de causalidade recíproca entre os fenômenos reais sucessivos. — Aliás, não precisamos nos perguntar aqui qual é a relação dessas duas espécies de relações, e se convém ver nas leis simples instrumentos da evolução, ou na evolução um simples corolário das leis. Em outros termos, é o possível (o certo condicionalmente) simplesmente a irradiação do real, sem o qual ele seria um puro nada; ou é o real apenas a concentração e o relacionamento das diversas ordens de possíveis, sua luta fecunda e sua mútua mutilação? Questão metafísica, que convém deixar de lado. — De resto, se a evolução é definida como uma diferenciação e uma adaptação gradual dos fatos sucessivos, observarei duas coisas. Em primeiro lugar, a necessidade para um fenômeno de diferir dos outros, tanto dos seguintes quanto dos precedentes, implica sua determinação tanto por aqueles quanto por estes; em segundo lugar, a adaptação é a relação não de dois seres um ao outro, mas de dois seres à sua ação comum ulterior. Não é ao carvão que a locomotiva é adaptada, mas ambos o são à locomoção; não é à luz que o olho se adapta (nem mesmo que ele corresponde, pois há mil outras maneiras diferentes, além da formação do olho, de corresponder à luz), mas a luz e o olho se adaptam juntos à visão. Não é ao óvulo que o espermatozoide é adaptado, mas ambos se adaptam ao desenvolvimento embrionário.

Mas prossigamos. Os *futuros contingentes* não são mais admissíveis do que o seriam os *passados contingentes*, se alguém imaginasse concebê-los. Vou mais longe: não é menos ininteligível situar a razão das coisas somente no passado, do que o seria situá-la no espaço à direita de preferência à esquerda, ao norte de preferência ao sul. Um homem que anda não pensa em explicar o que encontra a cada passo em seu caminho pelo que está atrás dele, de preferência ao que está diante dele. Mas ele não deixaria de fazê-lo se, em vez de ser capaz de ver sucessivamente e igualmente bem o que está diante e o que está atrás, nunca pudesse ver senão o que está atrás. Assim, é porque nossas *previsões* são quase sempre incertas e confusas, e nossas *lembranças* relativamente claras e precisas, que outorgamos aos nadas anteriores, de preferência aos nadas futuros, o privilégio de explicar o real, o presente. Induzimos o futuro do passado, *que é conhecido por nós*; nunca o passado do futuro, que é o enigma. O passado nos faz conhecer o futuro, daí a ilusão de pensar que ele o faz ser; e como toda indução se apresenta a nós sob a forma de uma derivação, e desperta a imagem de rio, de água corrente, de voo ou de marcha rápida, tendemos necessariamente a aplicá-la à passagem do passado ao presente e ao futuro, isto é, ao tempo. Daí nossa concepção do tempo: representamo-lo como um *movimento*, como um deslocamento; mas daí também as insolúveis dificuldades que essa ideia, assim compreendida, levanta. Como poderia deslocar-se o que preenche todo o espaço? O tempo não pode, portanto, ser um movimento. Mas por que dizer, então, que o passado *vai* em direção ao futuro? Por que não dizer igualmente que o futuro *vem* em direção ao passado? Ilusão de nosso entendimento, que nos faz considerar o passado como *determinante* (pois para nós ele *ilumina*) e o futuro como *determinado* (pois para nós ele é *iluminado*). O ser não é o conhecer, e é pouco filosófico ver no passado a fonte do ser porque a lembrança é a fonte do conhecimento. — Há ainda outra explicação desse preconceito, derivada da precedente. Se a ação do passado sobre o presente nos parece muito natural, enquanto a do futuro sobre o presente é difícil de penetrar em nosso espírito, é porque, habituados a pensar no passado *ao mesmo tempo que* em sua ação, somos inevitavelmente levados a julgá-lo real no momento em que seu efeito, no entanto, já ocorreu. A ação do passado deve parecer-nos a de uma realidade, embora não seja mais, enquanto o futuro parece-nos o que ele efetivamente é, um puro nada. — Aquele que, após o fim do Universo, contemplasse mentalmente o desenrolar completo de suas fases, veria certamente que pouco importa, para explicar o aparecimento de um anel da cadeia, invocar os fatos anteriores ou posteriores, recorrer a *alfa* ou a *ômega*. Mas nós, compreendidos na evolução deste mundo que deve acabar, nós só formamos a ideia de uma corrida rumo a um fim misterioso seguindo o rasto de sombras fugazes, chamadas lembranças, que as realidades desaparecidas deixam para trás em nossos espíritos. Assim o mundo é, para nós, precisamente como um livro que só podemos ler em um sentido, e cujos caracteres se tornam ininteligíveis, insignificantes, se os olhamos virados de ponta-cabeça, embora eles não tenham mudado.

Poderão, é verdade, fazer-me observar que há partes, quando não direções do espaço, mais bem conhecidas do que outras, e que, em consequência do meu raciocínio, esses lugares deveriam monopolizar para nós a razão das coisas. Mas isso é precisamente o que se produziu há muito tempo, o que se produz ainda; como conhecemos apenas o globo terrestre na imensidão dos céus, os povos iletrados, e mesmo os filósofos, desde Aristóteles até Hegel inclusive, são levados a fazer da Terra, e de uma pequena parte da Terra, de sua pátria, de sua cidade natal, o centro do Universo. Aqui o arbitrário de uma localização da razão das coisas salta aos olhos. Mas sua localização em uma parte ou em uma direção do tempo não é mais racional.

Acredita-se, muito sem razão, que a ideia de finalidade como uma Inteligência previdente deva ser proscrita. Respondo que, se a ação do futuro sobre o presente supõe uma Previdência, a ação do passado sobre o presente supõe do mesmo modo uma Memória. Mas que Memória explicaria fatos tais como o atavismo e a transmissão hereditária das menores particularidades físicas e morais? Que Previdência explicaria a predestinação de um germe a seu tipo? — Constatemos os fatos, não nos preocupemos aqui com suas causas insondáveis.

II

Resulta, do que precede, que a ordem de aparecimento não é indiferente. Importa (por quê? não sabemos) que o fato destinado a ser anterior venha antes, que o fato destinado a ser posterior venha depois. A determinação recíproca dos fenômenos tem por efeito diferenciar a duração, assim como a mútua atração dos astros diferencia a extensão, dando a cada um de seus pontos virtudes particulares. Seria assim um grave erro invocar, em apoio da causalidade exclusiva do passado, a impossibilidade que temos de inverter mentalmente a série das fases de uma evolução dos acontecimentos de uma história.

Examinemos por um momento essa hipótese; imaginemos, por exemplo, a passagem do homem civilizado ao estado selvagem, retrocedendo através das fases históricas; suponhamos que a cadeia rigorosa dos fatos desenrolados desde a fabricação de um obus até sua explosão final ocorra em sentido contrário, começando pela explosão e terminando pela extração do minério de ferro; tentemos contar a vida de um romano que nasceria em sua urna funerária, depois se tornaria cinzas mornas, quentes, ardentes, depois um cadáver semiconsumido, depois cadáver intacto, depois velho, depois homem maduro, depois adolescente despojado de sua toga pretexta, depois embrião, depois óvulo, e finalmente nada. — Isto é inteligível? Não. Por quê? A resposta não é tão fácil, nem tão ociosa quanto possa parecer; e o estudo aprofundado de tais hipóteses, aparentemente absurdas, poderia perfeitamente nos fazer tocar com o dedo a realidade de uma orientação do Universo, bem mais do que o fazem declamações de moralistas. — Se examinarmos em detalhe as séries imaginárias que indico, se não nos contentarmos em lançar sobre essa marcha retrógrada um olhar superficial, veremos que sua suposição está fundada em ideias contraditórias. Fala-se do fogo e diz-se que ele *desqueima* ao invés de queimar; substâncias químicas são nomeadas e atribuem-se a elas combinações e decomposições contrárias a suas afinidades constitutivas; fala-se de indústria, de ciência, de administração, mas de uma organização que consiste em desorganizar, de uma ciência que leva à ignorância, de uma indústria que não produz, mas destrói... etc. — É algo inadmissível. Mas o que isto significa, senão que um ser e sua ação são inseparáveis? Se fosse de outro modo, se o ser fosse independente de sua ação, se ele não fosse determinado por ela (e, por conseguinte, se não determinasse, em troca, os seres dos quais emana), se, em outros termos, *o que ele será ou o que ele fará* não entrasse necessariamente no que ele é, que dificuldade haveria de unir mentalmente a ideia de um ser com a ideia de uma ação diametralmente contrária à que lhe é *inerente*, e não simplesmente *aderente*?

O que marca o rigoroso encadeamento dos fatos é a independência, em um sentido real, dos seres, manifestada pela divergência de seus desenvolvimentos, por sua luta, seus choques, seu destino de bruscos entraves ou de socorros inesperados. Distingue-se, com razão, entre o desenvolvimento natural de um ser e os chamados *acidentes* de sua vida. Admite-se facilmente ver finalidade na série das fases que constituem sua evolução dita normal, recusa-se reconhecê-la na série dos acasos do destino. Mas o que se esquece é que o Universo, que se desenvolve de maneira distinta da nossa, compõe-se precisamente de nossos abortos individuais. Não é o desenvolvimento do Universo a mudança que muda sem cessar, a diferença que se diferencia eternamente e que se encarna em cada um de nós por nossas singularidades e nossas dores?[1] Nossas mutilações,

1 Observe-se que a noção de diferença ou de diferenciação (mudança) tem o privilégio único de poder voltar-se contra si mesma, enfrentar-se, dar-se por finalidade ela mesma. Não se pode dizer um movimento movido, a menos que se entenda por isso um movimento variável, diferenciado. Ao contrário, nada mais claro e mais natural do que as expressões "diferenciação diferenciada" e "diferença diferente". A nosso ver, não há melhor definição da evolução universal; está aí o núcleo (com algo mais) daquilo que a fórmula demasiado complexa de evolução, dada por Spencer, contém de mais verdadeiro. — Tentou-se dizer uma sensação sentida por oposição às sensações ditas inconscientes, mas nada é mais conjetural nem parece mais con-

nossas feridas são nossos sinais de identificação; e, na sucessão de aventuras que caracterizam cada momento de nossa vida, não posso ver senão a continuação da aventura primeira, do casamento único, singular, ao qual devemos o fato de termos aparecido, de termos sido individualizados um dia. Nascidos de um encontro, que nos fez diferentes de todo o resto do Universo, vamos nos esbarrando e nos alterando até a morte; e tudo isso é justamente chamado fortuito, pois os seres que assim se cruzam não se buscavam, mas nem por isso seu cruzamento foi menos necessário e fatal. Nossa infelicidade vem de que, chamados à existência para dar testemunho à lei da mudança, nascemos com uma lei própria e contrária, com aptidões ilimitadas e inúteis, certas, porém irrealizáveis e impotentes, que se afirmam ao se confessarem vencidas. Mas essa oposição é uma diferença ainda; e nossos protestos mesmos atestam a lei que nos cria.

---

traditório que a hipótese destas últimas. — Observarei, no entanto (observação importante, talvez, para a explicação da ideia de dever), que há desejos desejados. O objeto de um desejo que se deseja sentir mas que não se sente, por exemplo o desejo da salvação de um inimigo em perigo, é julgado desejável, é o bem; o desejo desejado e não sentido não está longe de ser o dever, do mesmo modo que a mudança mutável não está longe de ser a vida. Mas está claro que o desejo objeto de desejo só é um desejo de nome, ao passo que a mudança atributo da mudança é uma mudança real, por exemplo, as perturbações de uma curva ou os desvios de um tipo específico, ou, em outro sentido, a passagem por graus da diferença de graus à diferença de natureza, o que se produz quando uma curva ou um tipo específico, à força de variar de uma certa maneira, acabam por se transformar em outra curva ou em outro tipo.

III

O que caracteriza os cientistas simplesmente deterministas é considerar a evolução particular que estudam sem levar em conta qualquer outra. Podemos distinguir quatro evoluções, de certo modo concêntricas, indo do centro à periferia: a evolução individual (que deu a ideia das outras e na qual o traço da ideia de finalidade é bem marcado), a evolução específica, a evolução geológica (ou planetária) e a evolução astronômica. As mudanças da espécie viva são tão lentas que ela deve parecer imutável aos olhos do fisiologista absorvido no estudo do corpo vivo individual. As transformações geológicas são tão lentas que o naturalista mergulhado no estudo de uma fauna ou de uma flora particular pode se permitir, sem inconveniente, e mesmo com vantagem, para maior simplicidade, considerar a era geológica atual como durando para sempre. A mesma razão dá ao geólogo o direito de não levar em conta, em seus cálculos, o término para o qual se encaminha tão lentamente o mundo solar. Imita-se assim o exemplo dos astrônomos que consideram como infinita, embora estejam certos de que é finita, a distância das estrelas muito afastadas que lhes servem de pontos de referência.

Partindo daí, deve-se naturalmente ignorar a ação dos fatos futuros no seio mesmo da evolução particular que se estuda. A razão disso é a seguinte: se o universo se compusesse de um só indivíduo vivo, se toda evolução cósmica se reduzisse a essa única evolução individual, minha maneira de ver não admitiria dificuldade alguma. Com efeito, nada barraria ou pareceria barrar o curso dessa evolução única, e ela atingiria seguramente seu fim. O mesmo já não acontece se vários indivíduos são chamados a evoluir juntos e lado a lado. Considerando cada um deles separadamente – por exemplo, uma ovelha tomada à parte, sem levar em conta seu vizinho lobo –, concebemos para ela uma evolução dita *normal* que se realizará ou não se realizará conforme venha a morrer naturalmente ou ser devorada pelo lobo. Admitamos que ela seja devorada; nesse caso, recusar-se-á geralmente admitir que esse acontecimento final, que esse desfecho fatal da evolução da ovelha estivesse contido de algum modo na maneira como se realizou o acontecimento inicial, a saber, a fecundação do ovo de onde saiu o embrião da ovelha. Não nos ocorre a ideia de que esse encontro de duas evoluções individuais, do qual resultou o fim supostamente antecipado de uma delas, poderia ser perfeitamente um dos inúmeros fatos constitutivos de uma evolução superior, a da espécie-lobo ou da espécie-ovelha. Por mais evolucionistas que sejamos ou acreditemos ser, não nos ocorre a ideia de conjeturar que essa violência e todos os outros acontecimentos da mesma natureza encontram sua explicação nos destinos futuros do tipo ao qual pertencem os indivíduos imolados ou mutilados, ou, mais completamente, na necessidade da diferença, seja específica, seja individual, única justificação do mal na Terra... Não parece que é como se absolutamente nada houvesse em comum entre as diversas evoluções? Não se dirá que se esquece de sua origem comum? — Do mesmo modo, quando a evolução individual se acha em conflito com a evolução geológica (por exemplo, os mamutes surpreendidos pelo período glacial, ou, mais simplesmente, um vinhedo coberto de gelo, uma escassez de alimentos etc.), esses fatos são explicados por suas circunstâncias anteriores. O vinhedo, dizem, não teria congelado se tivesse florescido mais tarde; logo, é porque floresceu muito cedo que foi congelado. Mas será que não se pode dizer também que, se ele não devesse ficar congelado, não teria florescido tão cedo, de modo que floresceu muito cedo porque devia ficar congelado?

O que engana nessas questões é a noção útil, porém errônea, do desenvolvimento chamado normal. Chama-se *normal* uma evolução que se julga dever ser a mesma, repetir-se identicamente, em todos os indivíduos que começaram da mesma maneira. O normal assim entendido está a contrapelo do curso das coisas; ele nega a grande lei da Diferença, isto é, da imolação e do sacrifício necessário. Se toda vida tivesse evoluído normalmente desde a origem da vida, a fauna inteira se reduziria aos animálculos primitivos. Transportada ao mundo social e moral, onde adquire o nome usurpado de justiça, essa falsa noção produz efeitos que nos fazem avaliar sua causa: a inveja, o ódio, a rebelião, a frouxa autocomiseração ao ouvir relatar ou ao ver felicidades que não se teve, e que são dadas pelo romancista, pelo dramaturgo ou pelo demagogo como a parte legítima e a condição *normal* de uma alma humana. Como se nada pudesse nos ser mais essencial, a nós, seres acidentais, que os acidentes mesmos de nossa existência! Aliás, não confundamos o ideal com o normal; eles são inimigos. O ideal nos chama e nos arrasta para fora dos limites de nossa natureza; o normal nos retém neles. O ideal é ao mesmo tempo o privilégio e a injustiça; é a beleza, é o gênio, é a grandeza que são anomalias.

IV

Ninguém se surpreenderá se continuo a insistir em um problema tão importante. Assimilar a ação dos fatos futuros à dos fatos passados não é explicar uma e outra ação, esclarecer a causalidade e a finalidade uma pela outra? Não é isto, também, mostrar que há um sentido na marcha das coisas, que o Universo não produz ordem com desordem, harmonia com combinações não viáveis sucessivamente tentadas? O interesse da questão é evidente.

Mas entendamo-nos bem, em primeiro lugar. A ação dos fatos futuros não supõe a determinação mútua de tudo por tudo indiferentemente. Está de acordo com o grande propósito da Diferença que a ação de um fenômeno sobre os outros e reciprocamente, como a atração recíproca dos corpos celestes, se exerça segundo graus inumeráveis de intensidade diversa e de mil maneiras diferentes. Determinada influência é tão preponderante que se pode atribuir-lhe o título exclusivo de causa; já outra é, por assim dizer, igual a zero. Há séries de fenômenos mais intimamente ligados entre si, os fenômenos vivos; e, nessa série, há *pontos salientes*, por exemplo tal caráter orgânico transmitido por atavismo, ou tal estado orgânico futuro para o qual os estados anteriores se dirigem mais ostensivamente do que para outro qualquer: podemos considerar os tipos que Agassiz chama *proféticos* como correspondentes simétricos aos fenômenos de retorno. Em ambos os casos, trata-se de fatos salientes, aqui passados, ali futuros, que agem fortemente sobre uma cadeia de fatos orgânicos, aqui posterior, ali anterior. — Em igualdade de condições, aliás, um fenômeno age tanto menos sobre um outro quanto mais considerável for o tempo que o separa deste. Consequentemente, o determinismo científico está autorizado, na prática, a considerar, entre os fatores de um fenômeno, apenas as circunstâncias concomitantes, e a afirmar que, se essas circunstâncias concomitantes vierem a se repetir, o fenômeno se repetirá. Todavia, isto só deve ser entendido com certas restrições importantes, nas quais a verdade teórica se manifesta. Ainda que dois germes vivos da mesma espécie, supostos semelhantes, sejam colocados em condições idênticas, as particularidades características dos ascendentes intervirão, por uma influência hereditária inexplicável, para dar a cada um dos seres originados desses germes uma natureza ou uma fisionomia distintas, um caráter especial. Os fatos históricos estudados por um espírito superior também oferecem às vezes a prova experimental dessa *ação à distância* dos fatos futuros.

A vida, eu dizia, não é senão um modo de ação mais íntimo dos fatos futuros, um encadeamento particularmente vigoroso de influências; e, entre os próprios fatos vitais, os fatos intelectuais se distinguem por uma conexão ainda mais estreita. Coisa impressionante: ao mesmo tempo que a ação dos fatos passados (*hábito, hereditariedade*) é mais manifesta aqui do que em qualquer outra parte, a ação dos fatos futuros, isto é, a finalidade, mostra-se de uma evidência singular. Essa dupla ação parece crescer paralelamente; seria fácil, acredito, mostrar que os organismos nos quais a influência modificadora do hábito e da hereditariedade é menos marcada, são aqueles em que a harmonia das funções e dos órgãos, e sua orientação para um fim comum, menos impressionam os olhos do espírito. É assim, aliás, que esse modo supremo da vida, chamado a inteligência, apresenta uma solidariedade idêntica entre o desenvolvimento da previdência e o da lembrança. É tal a ligação dos dois princípios da hereditariedade e da finalidade que o darwinismo, querendo apoiar-se no primeiro, não pôde deixar de recorrer ao segundo, sob o nome de princípio de correlação dos órgãos. Observar-se-á que é impossível conceber ou mesmo imaginar de que maneira, sem essa solidariedade ou finalidade orgânica, a seleção natural e sexual poderia construir um tipo novo sobre as ruínas de um tipo antigo abalado e demolido por ela. Uma modificação se produz e se acumula em alguma parte no organismo: compete apenas ao princípio de correlação colocar o resto do organismo nesse novo tom, elevar sobre essa nova base um novo edifício. Por que então ter relegado à sombra esse cooperador indispensável, que mereceria o primeiro lugar?

A contraprova da verdade precedente nos é dada pela natureza inorgânica. O passado distante não age – a não ser de uma maneira geral e do ponto de vista da evolução cósmica – sobre os fenômenos físico-químicos. O hábito não tem ação nenhuma sobre eles; as circunstâncias concomitantes determinam, por si sós, seu aparecimento. Do mesmo modo, constatamos que o futuro tampouco age sobre esses fenômenos – a não ser em um sentido muito elevado e distante, de modo nenhum especial para esse tipo de fatos. É o inverso dos fatos da vida. Estes últimos, aliás, estão submetidos igualmente à ação geral de que falo, e à qual os próprios fenômenos inorgânicos não podem se furtar. Mas os fatos da vida e os fatos da inteligência acrescentam a ela seu modo de influência mais particular do passado e do futuro. Assim, Claude Bernard distingue com muita precisão entre as finalidades vivas e as finalidades cósmicas.

Há, portanto, graus e uma hierarquia de influências escalonadas, e a ciência humana, que, na impossibilidade de tudo conhecer, deve rasgar o tecido dos fatos para penetrá-lo, tem boas razões para dedicar-se apenas às influências capitais. Ela busca os fatos de grande massa, digamos, os fatos atrativos que agrupam e movem a seu redor muitos outros fatos. Mas esse amor pela unidade, esse gosto pela simplicidade das explicações, não deveriam logicamente conduzi-la a ver a razão das coisas ora no passado, ora no futuro, conforme seja anterior ou posterior o tipo acabado ao qual se relaciona o ser ou o estado em questão? Os restos rudimentares de um tipo antigo se explicam por ele; mas o embrião se explica pelo ser completo. Para compreender o pterodátilo, estudamos a ave; quando se trata de traços subsistentes da animalidade no corpo humano (pêlos esparsos, ponta arredondada da orelha (?), unhas curtas e frágeis etc.), admito que nos reportemos ao macaco; mas quando se trata de nossos caracteres essenciais, de nossa organização cerebral, de nossas instituições, talvez fosse preferível dirigirmo-nos aos homens do século XXX ou do XL do que a nossos antepassados pré-históricos. A história humana, em nossos dias, só é um enigma tão indecifrável porque o apogeu da civilização ainda não foi alcançado. Dessa alta cumeeira, se porventura a alcançássemos, abarcaríamos e julgaríamos facilmente os séculos embrionários em que vemos agora apenas noite sem estrela, horizonte sem polo, dédalo sem fio condutor.

No entanto o amor pela unidade e pelas explicações simples está longe de ser bastante forte, na maior parte dos teóricos, para dominar neles o preconceito enraizado que combato. Mesmo mais simples que a explicação pelo passado, a explicação pelo futuro não é aceita. Há algo de mais inconsequente? Quando várias séries de fatos vão divergindo a partir de um fato passado (linhagens animais ou vegetais a partir de um acasalamento primordial, gerações de palavras a partir de uma raiz, estilhaços de obus a partir de uma faísca em contato com a pólvora, sequências de frases a partir de uma cintilação mental, um encontro de ideias no espírito etc.), parece evidente que o fato passado contém a causa explicativa dos fenômenos ulteriores. Mas, quando várias séries de fenômenos vão convergindo para um mesmo fato consecutivo (convergência de diversos sistemas de família e das diversas formas de propriedade, poligamia, poliandria, casamento fora da tribo, casamento na tribo, comunidade das mulheres e dos bens etc., rumo a um sistema único de família e a uma forma única de propriedade, adotados por todos os povos à medida que se civilizam; convergência das diversas morais para a mesma moral; convergência e combinação de dois corpos químicos vindos de pontos afastados; convergência e casamento de dois indivíduos nascidos a uma grande distância um do outro; convergência e associação mental, em um cérebro humano, de duas ou várias ideias de origem diferente, que vão se encontrar em uma ideia de gênio; convergência e choque de dois corpos celestes que se rompem etc.); nunca nos ocorre explicar, mesmo em uma certa medida, as direções múltiplas dessas séries convergentes pelo resultado *uno* de seu encontro. No entanto é certo (e tomo o exemplo mais desfavorável à minha tese) que sou, eu ou qualquer outro ser vivo, o resultado de um casamento que supõe dois outros, os quais supõem quatro outros, e assim por diante remontando a um passado ilimitado; é certo que, se qualquer um desses casamentos inumeráveis não tivesse sido o que foi, exatamente o que foi, e, portanto, se a individualidade dos cônjuges, sua maneira de ser, o detalhe biográfico de sua existência, tivessem sido minimamente diferentes, eu não teria vindo ao mundo. Sendo assim, que há de mais simples do que me considerar como o ponto vivo no qual se suspende momentaneamente essa rede complicada de fatos, a chave ou uma das chaves desse hieróglifo, a embocadura desses rios de linhagens humanas que deságuam em mim? Será que esse caráter pelo qual os associo a mim não me permite afirmar que sou, *parcialmente* e em um certo sentido, sua razão de ser? Se essa pretensão for recusada, que motivo haveria de me considerarem como a razão de ser, mesmo parcial, dos filhos que nascerão de mim? Podem objetar-me apenas o livre-arbítrio, esse preconceito anticientífico por excelência. Objetar-me-ão o bom senso? Mas o bom senso é, antes de tudo, a lógica; e, como me dirijo apenas aos deterministas, tenho o direito de dizer que eles são forçados, para serem consequentes, a concordar comigo nesse ponto. Com efeito, um determinista deve acreditar que, desde a mais antiga época da nebulosa primordial, *era certo*, absolutamente certo (ignorado, pouco importa!) que eu seria, que eu seria este e não outro, que escreveria nesta hora e escreveria isto endereçado a eles.

Para escapar a essa necessidade encadeadora e rigorosa, a esse *ferreus ordo*, só resta uma saída, a meu ver: é uma teoria mista, delicada e profunda, portanto pouco conhecida, do sr. Cournot, sobre as relações do Acaso e da Razão das coisas, duas ideias que ninguém elucidou como ele. Tentarei indicar essa visão geral, que os limites deste trabalho e, sobretudo, do meu saber não permitem acompanhar no detalhe de suas aplicações, visão na qual se manifestam a riqueza e a sabedoria, o juízo correto e sutil, a força ao mesmo tempo coordenadora e penetrante do eminente filósofo.

O sr. Cournot distingue, tanto nos acontecimentos históricos como nos fatos geológicos ou vitais, o que eles apresentam de fortuito e o que revelam de racional. Essa distinção é radical e põe frente a frente dois princípios irredutíveis, um dos quais, a Razão, comanda, e o outro, o Acaso, executa e obedece, mas com uma certa latitude de determinação própria e uma esfera inegável de liberdade. Disso resultam três relações possíveis (se acompanhei e compreendi bem, através de tantas outras ideias interessantes, o pensamento do autor). Às vezes o Acaso submete-se à Razão, sem ajudá-la nem entravá-la. O que se produziu por essa via fortuita teria se efetuado, na falta dela, da mesma maneira ou quase por qualquer outra via igualmente fortuita, ou melhor, pela *média* dessas vias. O Acaso, aqui, é neutro, incolor, medíocre. Outras vezes o Acaso colore de maneira afortunada e brilhante a Razão, isto é, o plano racional e providencial. Tal é, na história, a confluência de felizes encontros históricos que chamamos o século de Luís XIV. Ele levou a seu mais belo esplendor a preponderância francesa que, aliás, com mais ou menos brilho, não podia deixar de se estabelecer então. Outras vezes, enfim, o Acaso é contraditor. Por exemplo, a aliança da Casa da Áustria e da Casa de Borgonha entravou fortemente o curso da civilização europeia, e só produziu uma fusão monstruosa, infecunda, rechaçada pela natureza das coisas, pela hostilidade das raças, dos interesses, e pelas tendências gerais da Era Moderna. Acidentes desse tipo têm uma influência apenas passageira, gradualmente apagada pelo retorno inevitável da civilização em seu leito habitual e secular. Tal é o esqueleto desse sistema engenhoso que merece reflexão, mas no qual me parece que a lógica não permite fixar-se. Sigo adiante, lamentando não poder discuti-lo a fundo.

V

Volto à minha tese e me pergunto, mais uma vez, qual é a origem, não mais psicológica e vulgar, mas elevada e científica, do erro que combato. Os fenômenos mecânicos, com sua clareza ilusória e a falsa esperança que alimentam de tudo neles resolver em última análise, opõem aqui um obstáculo quase insuperável à admissão da verdade. Supõe-se que tudo é regido pelas leis da mecânica; e essa ciência nos mostra corpos em movimento que, entregues a si mesmos no vazio, subtraídos por hipótese a qualquer ação do meio, seguiriam uma direção constantemente retilínea e uniforme, isto é, iriam *do mesmo ao mesmo*, sem fim. Diz-se que essa maneira de ir é sua ação própria, e que suas curvas, seu retardamento, sua aceleração, as modificações infinitas de seus movimentos, são o resultado do encontro dessas coisas que tendem separadamente a *durar* e de modo nenhum a mudar. Pode-se assim dizer que há duas espécies de fenômenos bem distintos: as *durações* e os *encontros*, ou, em outros termos, os elementos e os compostos. Como se atribui exclusivamente às coisas que duram ou tendem a durar o título de realidades, deve-se admitir que os fenômenos do segundo tipo, não sendo o ato próprio, voluntário de certo modo, dessas realidades, estão longe de ter a importância dos fenômenos do primeiro tipo. Há uma tendência inevitável a explicar os encontros pelas durações, não as durações pelos encontros. É que somos o joguete de uma ilusão antropomórfica difícil de perceber e mais ainda de dissipar: só consideramos como explicado o que se explica por uma vontade; só julgamos *predeterminado* o que é *pré-desejado*. Parte-se daí sem levar isso em conta; e, sem que se saiba, aplica-se essa premissa maior implícita às moléculas móveis, aos elementos do Universo. Atribui-se a eles uma espécie de vontade única, a de continuar seu movimento; de modo nenhum se lhes atribui a vontade de se chocar nem de combinar seus movimentos retilíneos em movimentos elípticos ou outros, em fenômenos diversos;

e por quem esses encontros seriam desejados, se não o são por esses elementos? Sendo assim, deve-se pensar que o único fato realmente *predeterminado* é o fato da continuação do movimento (sua direção sendo indiferente) – o que hoje se chama a *conservação da força*. Portanto, não só se reduzem todos os fenômenos a serem apenas movimentos, mas, em todo movimento, distingue-se nitidamente aquilo que pertence como próprio ao elemento material independente, isoladamente considerado, e que se associa a um princípio real, a saber: as linhas retas infinitesimais descritas por esse elemento e nas quais sua curva observável se resolve – e o que não pertence a nenhum elemento, e que também não parece associar-se a nenhum princípio real, a saber: essa própria curva, composta de suas partes retilíneas hipotéticas. Desse modo, mesmo sendo ou acreditando-se determinista, mesmo reconhecendo que os fenômenos se encadeiam rigorosamente e que os fatos compostos são certos de antemão no mesmo grau que os fatos simples e elementares, o cientista pode julgar-se autorizado, em virtude da distinção precedente, a outorgar a alguns dos anéis da cadeia, aos fatos do primeiro tipo, o monopólio explicativo. Como se não fosse justamente a independência constatada dos diversos *princípios* materiais e de seus movimentos próprios que devesse nos fazer admitir um Princípio superior, uma ligação racional entre seus encontros sucessivos, dos quais nasce a beleza do mundo!

Eis aí a origem do preconceito assinalado; é aí que se deve atingi-lo. Do erro que consiste em sacrificar a importância, e mesmo, se isso é possível, a realidade do composto e do diferente, do individual, de você e eu, à importância e à realidade do simples e do idêntico, ou seja, do hipotético – resulta o erro que consiste em sacrificar a ação do futuro à ação do passado.

[1910]
Os possíveis

Eis-me levado a tratar dessa grande questão dos possíveis, agitada pelos antigos, especialmente por Cícero em seu *De Fato*, reavivada na Idade Média pelas querelas escolásticas sobre a predeterminação divina e o livre-arbítrio, meditada por Leibniz em sua *Teodiceia*, e tão profundamente esquecida nos dias de hoje quanto foi outrora estudada. Compreender-se-ia esse desdém se ela não fosse o último abrigo e o reduto supremo da filosofia especulativa.

Durante o primeiro Império, no tempo em que os ingleses ocupavam os mares e os franceses a Europa, e quando a Alemanha invadida sonhava, um autor alemão, Jean-Paul Richter, creio, escrevia para consolar-se: "Deus fez a partilha do Mundo entre as nações. À Inglaterra deu a água; à França, a terra; mas à Alemanha reservou os reinos do ar". — Isso era verdade em 1810, e os destinos políticos da Alemanha, gradualmente declinantes desde Richelieu, pareciam acabados. A Metafísica, em nossos dias, encontra-se nesse ponto; desesperando entre um passado tão grande e um futuro ignorado, ela quase abdicou seu papel e seu cetro científico. Os reinos do ar: resta-lhe no entanto isso, depois que a ciência lhe arrebatou a terra e a água.

Afastemos, logo de início, uma objeção evidente. Sendo o encadeamento dos fatos rigoroso, sendo o futuro tão inevitável quanto o passado é inapagável, como dar à ideia de possibilidade um sentido e um alcance legítimos? Respondo por uma distinção. A ideia de possibilidade teve certamente como primeira origem o sentimento habitual da dúvida em nós. "É possível que seja isso" pode traduzir-se por: "Não estou bastante instruído para afirmar se isso é ou não é, será ou não será". Por uma ilusão natural, a indecisão do nosso pensamento nos fazia acreditar, em certos casos, na indeterminação real do seu objeto. Daí os futuros contingentes. Mas, à medida que a razão progride e a ciência se fortalece, a ideia de possibilidade, derivando cada vez mais dessa fonte psicológica, encontra na noção de lei e na de força ou de propriedade, à qual toda lei se reduz, uma confirmação nova, e a partir de então deve se mostrar fundada na natureza das coisas. É verdade que, ao objetivar-se desse modo, ela mudou de sentido. Entendida no sentido de puro objeto ou de pura encarnação da Dúvida, ela era concebida como uma indiferença ao ser ou ao não ser; no sentido de *conteúdo não real* da lei ou da força, é concebida como uma necessidade hipotética – hipotética, mas nem por isso menos certa. Uma força latente, uma força potencial, uma força de tensão ou de posição, não importa o nome que se dê, não é nada mais, como iremos ver, senão uma possibilidade entendida nesse último sentido – ou melhor, é simplesmente um feixe de possibilidades semelhantes.

Observemos, de passagem, que a partícula *se* serve igualmente nas duas acepções indicadas: "Ignoro *se* isso é", primeira acepção; "*Se* este frasco de hidrogênio combinar-se com este frasco de oxigênio, formar-se-á água", segunda acepção. Vamos nos ater apenas a esta última.

Não importa como se queira explicar os fatos, por *propriedades,* como o sr. Littré; por *caracteres*, como o sr. Taine; pelo termo vulgar de *forças* ou de *faculdades*; ainda assim é preciso sempre conceber que essas propriedades, essas forças, essas faculdades, esses caracteres – cujas relações mútuas, isoladas pela abstração, generalizadas em nossas fórmulas, chamam-se leis – são fontes de existências não apenas reais, mas condicionais. Dadas essas propriedades, não podemos afirmar a necessidade efetiva dos fatos que resultam de seus encontros, de seus relacionamentos, sem afirmar ao mesmo tempo a necessidade de outros fatos que talvez nunca existiram nem existirão, mas que teriam existido se outros encontros tivessem ocorrido.

Observe-se que é no princípio mesmo do determinismo, na ideia mesma de necessidade – que se oferece a nós superficialmente como exclusiva da possibilidade do que não é, não foi ou não será –, é nela justamente que a ideia de possibilidade obtém o direito de se afirmar.[1] Foi a observação da ligação dos fatos, de sua influência recíproca, de sua reprodução semelhante em circunstâncias semelhantes, que autorizou a afirmação de outros fatos em outras circunstâncias não observadas. Foi

1 Resulta da conservação da força que, se determinado efeito não tivesse sido produzido, outro teria sido. Sobre isso não há dúvida, desde que se admita que a atividade universal não poderia ser engendrada nem destruída, devendo sempre ser mantida em exercício. Por conseguinte, a noção dos Possíveis encontra uma confirmação inesperada nas novas ideias sobre a conservação da força. Mas a noção dos Possíveis é a metafísica inteira em germe!

porque se começou por dizer: "O fato *a* explica o fato *b*" que se deduziu: "*Se* o fato *a* não tivesse ocorrido, tampouco o fato *b* teria ocorrido", e que se deduziu também que: "Se o fato *a* se reproduz, o fato *b* se reproduzirá", *o que é certo*, embora não seja certo que o fato *a* se reproduzirá. Considero esse tipo de certeza uma propriedade intelectual de grande valor e muito apreciada. Dizer *se* não é apenas lícito; é útil, é necessário; nenhuma lei teria sido descoberta e formulada pelo homem se ele não fosse dotado da faculdade de dizer *se*. Dizer *se* é o não existente concebido, é o audacioso salto do espírito, sua emancipação fora do real, do presente, do passado, do futuro, no racional e no inteligível. Toda a metafísica está em germe nesse monossílabo. Direi mais. As certezas de que falo constituem a Ciência propriamente dita. Os possíveis, entendidos como eu disse, são o objeto próprio da ciência. A ciência não é nem um relato nem uma profecia; é a afirmação das necessidades, das relações certas que unem termos reais ou não. Ela não estabelece condições; ela afirma que, dada tal condição, tal efeito se seguirá.

Observar-se-á que não há término algum no encadeamento dos *se*. Dado *a* como realidade adquirida, podemos sempre dizer: "Se *a não tivesse* ocorrido, *b* não teria ocorrido". Do mesmo modo, temos o direito de supor a não existência do fato que condiciona o próprio fato *a*, e assim por diante. Quer se admita ou se recuse admitir um primeiro começo à série das causas ou um fim último à série dos fins, somos forçados a convir que nunca se atinge o dado primordial ou o dado supremo, isento de arbitrariedade, que tem sua razão em si e apõe à cadeia dos fenômenos consecutivos, anteriores ou posteriores, a marca de necessidade última, de necessidade *sine qua non*. —

O atraente dessa concepção é que, com as próprias leis do mundo atual, ela permite fabricar mentalmente outros mundos que jamais existiram ou jamais existirão.

Mas o que vêm a ser, afinal, essas leis do mundo? O modo de ação das forças, das virtualidades do mundo. O que dizemos das leis podemos, portanto, dizê-lo das propriedades que elas exprimem. As leis da gravitação exprimem a propriedade da atração, inerente aos elementos materiais. As leis das combinações químicas exprimem as afinidades químicas ou, a acreditar em alguns químicos contemporâneos, as atomicidades; o que, aliás, é mais ou menos a mesma coisa, do nosso ponto de vista. As leis da luz exprimem a vibratilidade do éter. As leis do funcionamento dos órgãos exprimem a atividade da vida; por exemplo, as leis da contração dos músculos exprimem a contratilidade própria ao elemento muscular. Se subirmos aos degraus superiores, o mesmo se verificará. As leis, ou melhor, as numerosas observações, mais preciosas do que precisas, sobre o desenvolvimento intelectual e moral, exprimem a *alma*, essa virtualidade que somos e que não poderíamos negar. As leis da produção, da circulação e do consumo das riquezas exprimem o modo de ação, isto é, de satisfação das necessidades individuais. As necessidades são as propriedades do elemento social, assim como a gravidade é a propriedade do elemento físico. É impossível ao físico remontar mais acima que à ideia de gravidade, ou ao fisiologista remontar mais acima que à ideia de *contratilidade*, no caso do músculo, ou de *excitabilidade*, no caso do nervo; é impossível ao economista não utilizar a ideia de necessidade material, ou ao moralista a ideia de paixão, ou ao jurista a ideia de direito. Ora, essas três últimas ideias se confundem elas próprias, como as outras, na de virtualidade, de *fonte de possibilidades*. A paixão, que se revela e se consome por nossos atos, podia revelar-se e consumir-se por uma infinidade de séries de ações diferentes. A fome, que se satisfaz por tal alimento, podia satisfazer-se por mil outros tipos de alimento. Um direito, por mais estrito e exclusivo que possa ser, sempre nos deixa certa latitude, nem que seja a de exercê-lo em tal ou tal momento, ou de não exercê-lo. O que os juristas chamam a *ação* não é o direito, mas seu exercício, que sempre poderia ter sido um pouco diferente. Um prazer não é o desejo ao qual corresponde, e que sempre poderia ter sido satisfeito de um modo diferente. Em geral, os fenômenos são para as propriedades o que os prazeres são para os desejos, o que as riquezas são para as necessidades materiais. A distinção aristotélica da potência e do ato se impõe sempre.

Dirão que esse tipo de explicação é um retorno às qualidades ocultas dos escolásticos. Há nisso a verdade de que, tanto pelas *propriedades* dos cientistas modernos quanto pelas qualidades ocultas da Idade Média, a ideia de possibilidade é afirmada. Já que exigem fatos a qualquer custo, nada a não ser fatos, eis aqui um incontestável: é que, para explicar os fatos, sempre foi preciso, implícita ou explicitamente, afirmar outra coisa. Explicar os fenômenos por propriedades elementares, por possibilidades *realizáveis ou não*, é o resultado mais bem consolidado da ciência moderna. Veja-se o que diz o sr. Littré, o que diz o sr. Claude Bernard, que explica todos os fenômenos fisiológicos pela *irritabilidade* (nutritiva ou funcional). Quando o lógico mais rigoroso, e talvez mais vigoroso, de nosso tempo, Stuart Mill, decompôs a ideia da matéria, o que ele descobriu no fundo? Uma simples *possibilidade* de sensações.

Outros encontraram ali apenas a *força*; isto é, uma possibilidade de fenômenos.

São de fato possibilidades, virtualidades que atingimos em última análise. Entende-se por atração não apenas o conjunto e a série dos movimentos reais, curvas ou perturbações, que a atração produziu ou produzirá, mas também todos aqueles que ela teria produzido em todos os pontos da imensa esfera na qual se irradia sem exercer-se efetivamente a partir de cada ponto material, a exemplo da luz dos astros, que se irradia quase inteiramente no espaço vazio e da qual somente alguns raios são detidos e utilizados pelos *mundos dispersos*. Entende-se por afinidade química de duas substâncias não apenas a totalidade das combinações que elas formaram ou formarão realmente, mas também o número imensamente superior das combinações que teriam podido se formar, que teriam certamente se formado sob as condições exigidas – condições que, na verdade, em razão da concorrência das virtualidades do universo, não puderam *realmente* se produzir com mais frequência, e não que não ocorreram, o que não impede a afinidade em questão, e a lei que a rege, de *aplicar-se indubitavelmente a esses casos irrealizáveis*. Tanto antes como depois de sua extração, o carbono da hulha enterrada nas profundezas do solo possuía afinidade pelo oxigênio. Ele poderia jamais tê-la revelado, e nem por isso ela seria menos real. Em segundo lugar, quando uma molécula de carbono se combina com determinada molécula de oxigênio, não é que ela tivesse afinidade por *essa* molécula; tinha afinidade por *todas* as moléculas de oxigênio, e reciprocamente. Além disso, ela pode, ao combinar-se, formar o ácido carbônico ou o óxido de carbono, ou, pela adição de outras substâncias, entrar em uma das inumeráveis combinações da química orgânica. Enfim, não se deve esquecer que a afinidade do carbono pelo oxigênio, e reciprocamente, não é a única propriedade da molécula de carbono nem da molécula de oxigênio, e que a satisfação dessa tendência impede todas as outras de serem satisfeitas. Pela palavra *contratilidade* de um músculo não se resumem apenas todas as contrações presentes, futuras ou passadas desse músculo; resumir não é explicar; exprime-se também a *certeza* de que um número incalculável de contrações ocorreriam ou teriam ocorrido se outras excitações fossem produzidas ou devessem se produzir. Quando digo que esta moeda, despendida por mim, tem *valor*, não restrinjo a ideia desse valor à troca particular pela qual a *realizo* ao eliminá-la para mim; penso em todos os intercâmbios de que ela é capaz, embora nem todos sejam praticáveis. É justamente essa *intercambiabilidade infinita, irrealizável efetivamente*, de um metal precioso que constitui seu valor monetário. A *Vida* é como o valor; o desenvolvimento real, mais ou menos contrariado, o funcionamento real dos órgãos, a sequência biográfica dos incidentes reais da existência e, acrescentarei de um ponto de vista mais geral, a variedade dos tipos específicos antigos ou atuais, das faunas ou das floras vivas ou extintas, estão longe de esgotar a ideia da Vida.

Em princípio, toda realidade é concebida como contendo essencialmente um excesso da *potência* sobre o *ato*. É justamente esse excesso da potência sobre o ato que constitui, a nosso ver, o conjunto dos possíveis não realizáveis ou, se quiserem, das certezas condicionais. Por conseguinte, o possível faz parte do íntimo do real, embora ele não seja o real: e esses dois termos são solidários. A inteligência dos fatos exige, portanto, o conhecimento dos possíveis.

Esse excesso da potência sobre o ato, essa solidariedade do possível e do real incorporados um ao outro, constitui em minha opinião uma verdade tão fundamental que é meu dever insistir para estabelecê-la. Sempre foram feitos os maiores esforços, sobretudo nos dias de hoje, para reduzir a potência ao ato, para despojar o espírito humano da ideia metafísica dos possíveis que o vêm atormentando há séculos. Mas os mais poderosos exorcismos positivistas não puderam bani-la; ela permaneceu no fundo de todo cérebro, mesmo no de seus inimigos, nele se dissimulando, porém, de uma forma ou de outra. Passemos rapidamente em revista esses vãos esforços, essas infrutíferas tentativas de ver nos fatos apenas fatos, na realidade apenas ela mesma, e de definir toda realidade, desde a mais humilde e equívoca até a mais elevada e brilhante, desde o espaço e o tempo até o eu, afastando absolutamente a ideia de virtualidade, esvaziando os possíveis. Estranhamente, todas essas definições pareceram exatas; nunca se pôde dizer o que lhes faltava; no entanto, elas não satisfizeram ninguém. O que lhes falta, a meu ver, é o que eu disse.

É igualmente ilusório ver no tempo e no espaço, como o fazem alguns filósofos, apenas as relações das formas reais e das mudanças reais, sem levar em conta mudanças e formas simplesmente concebíveis, ou ver no eu, como faz o sr. Taine, apenas um grupo e uma série de estados de consciência. Como se a alma não sentisse o que há de *arbitrário* e fortuito na *necessidade* das circunstâncias que a força a se desenvolver nesse ou naquele sentido! O que ela exprime é nada, comparado ao que arrasta de não expresso na morte. A cadeia de lembranças mais ou menos distintas e vaporosas que se chama *nosso passado* é *nossa*, mas não é *nós*, pois poderia ter sido outra; com efeito, as leis da natureza humana nos obrigam a afirmar que, se as circunstâncias de nossa vida tivessem sido diferentes, nossos estados de consciência teriam variado. Poderíamos ter tido *outros passados* que não tivemos; e a afirmação desses passados hipotéticos, necessários sob condição, faz parte integrante de nossa verdadeira definição.

Um erro análogo (embora a analogia seja superficialmente pouco evidente), uma mesma tendência a negar a *potência* ou a identificá-la com o *ato* levou alguns físicos de nossos dias a banir a noção de forças potenciais, e a explicar tudo por movimentos, visíveis ou invisíveis. O movimento é o ato da força física; e, como esta se exprime por ele, pode-se supor lícito confundi-la com ele. O que é, poderão perguntar, uma força não apenas latente, mas expectante e inativa, uma força que não apenas não se revela a nós, mas que realmente não se exerce? Que fundamento semelhante hipótese pode ter na realidade das coisas? — Decidiu-se, portanto, ater-se doravante aos fatos, às forças vivas e ativas, ao movimento; mas é em vão que se aconselham essas prudentes reservas; a visão de um movimento faz necessariamente afirmar uma coisa *móvel*, suscetível de outros movimentos que ela não realiza nem realizará talvez, uma coisa resistente e pesada: resistente, o que significa que é sempre capaz de deter ou de retardar um corpo que se chocaria contra ela, embora nem sempre seja atingida; pesada, o que significa que tende sempre a cair, embora não caia enquanto seu apoio a retém. Ora, de que maneira fazer entrar as ideias de solidez e de peso na de movimento?

Aí está o escolho da teoria da conservação da força, entendida no sentido de que suprime a ideia de força, a saber, de que o movimento não pode ser criado nem destruído. É preciso optar entre esse pretenso axioma e a atração newtoniana; pois é muito claro que, para um cometa atraído pelo sol, por exemplo, a atração desse astro é uma causa de aceleração, isto é, de *criação do movimento* até o periélio e, a partir desse ponto, uma causa de retardamento, isto é, de *destruição do movimento*, sem que se possa falar aqui da conversão do movimento em calor. — Assim, por um arrebatamento dos mais lógicos, os defensores da ideia "grandiosa" do movimento incriável e indestrutível são levados – por exemplo, o padre Secchi (?), mas não o sr. Spencer que se contradiz nesse ponto, como bom inglês admirador de Newton – a fornecer uma explicação da gravitação que lembra os turbilhões de Descartes. A hipótese simples e verdadeiramente grande do autor dos *Principes* é substituída pela de uma pressão efetuada pelos inumeráveis átomos, sempre em movimento, da substância etérea que preenche os espaços entre os mundos. Essa pressão resultaria da vibração contínua dos átomos do éter e das moléculas da matéria ordinária. Haveria essa dupla vantagem, de substituir inicialmente a ação à distância por ações de contato e, sobretudo, a ideia de força atrativa, real, mesmo onde não está atuando, pela ideia de movimento atômico. — A primeira vantagem seria pequena, por várias razões: em primeiro lugar, a transmissão do movimento não se compreende melhor pelo contato do que a distância; em segundo lugar, a possibilidade de um verdadeiro contato parece desmentida por todas as observações microscópicas; em terceiro lugar, mesmo admitida essa possibilidade, no caso de duas massas *extensas* que se tocam, a ação só é de contato para os dois pontos contíguos, sendo à distância para o restante das duas massas; enfim, no caso de duas massas infinitamente densas, reduzidas ambas a pontos geométricos, o contato é, sem hesitação, impossível, e cumpre admitir, com o primogênito sr. Seguin, que os átomos etéreos, o que ele chama os μ, *atravessam-se mutuamente* ao se encontrarem, dotados assim de uma absoluta *penetrabilidade*. — Vê-se a que se reduz a primeira vantagem buscada. Mas, quanto à segunda, ela é ilusória; é verdade que se rechaça a ideia de força potencial no interior dos átomos etéreos, mas com isso ela não é suprimida nem diminuída. Se esses átomos etéreos são extensos, compostos de partes, a ligação que retém essas partes inseparáveis não pode ser uma pressão, e se é forçado a conceber uma atração atômica tal que as partes periféricas tendam a se reunir no ponto central, embora efetivamente não se reúnam. Se, ao contrário, esses átomos de éter são pontos infinitesimais, então se trata de *centros de força*, de verdadeira força; e, para ser inteligível, a ação desse centro sobre outros centros (ação que, aliás, só pode ser à distância) supõe uma potência de ação irradiante em toda uma esfera que ela preenche, embora se exerça apenas sobre alguns dos pontos dessa esfera. — De resto, não examino a questão de saber se a astronomia, inteiramente fundada sobre a hipótese newtoniana, veria alguma vantagem na substituição que se lhe propõem.

Portanto, nem mesmo em física, nem mesmo em astronomia, o possível pôde ser reduzido ao real. O espírito humano, não importa o que se faça, continua persuadido, invencivelmente persuadido, de que há algo mais na causa que no efeito, e de que o movimento, efeito da força, não é toda a força, assim como a ação nunca é toda a vontade. Convicção que encontra seu principal apoio nas ciências superiores, química, biologia, psicologia, ciências sociais, onde a distinção combatida por alguns físicos impõe-se indiscutivelmente, queira-se ou não. Imagine-se um sistema de movimentos moleculares bastante engenhoso para explicar as afinidades eletivas das substâncias, ou as aptidões latentes em um germe vivo, em um grão de trigo egípcio, semeado e brotando após 2 mil anos de adormecimento? Não se ensaia tal sistema, mas, ainda assim, tende-se a ele.

Em química, a meta, confessada ou oculta, dos atomistas é edificar no futuro uma ciência da arquitetura dos átomos, em que aquilo que se é forçado ainda a chamar de afinidades, de capacidades de saturação, de atomicidades, em suma, de virtualidades, reduzir-se-á a configurações e arranjos de átomos, ou seja, a fatos reais. Aliás, esses átomos figurados, homogêneos, teriam peso, de modo que se teria banido a ideia de força potencial, pelo menos enquanto força química. — Mas, até que se realize esse ideal da química futura, não há como deixar de invocar forças que, por portarem novos nomes, nem por isso são menos potenciais. Em quê a atomicidade difere da afinidade? A afinidade é a capacidade de combinação com *tal natureza* de elementos, a atomicidade é a capacidade de combinação com *tal número* de elementos químicos. Substituir a categoria de quantidade, mais científica, é verdade, àquela de qualidade (que é talvez mais filosófica): eis toda a mudança operada. Convenhamos que não haverá muita razão para aplausos enquanto não se virem os elementos diatômicos, tetratômicos, combinarem-se *indiferentemente* com dois átomos ou quatro átomos de não importa qual substância. Todos os átomos têm suas preferências secretas, incontestáveis, fundadas em sua heterogeneidade; e objetar-se-ia em vão que, em alguns casos, tal elemento de uma substância pode, em uma combinação já formada, substituir-se (teoria dos tipos) a tal outro elemento de uma substância eliminada, cujo lugar ele ocupa. — Seja como for, fica claro que a ideia de virtualidade ainda não está perto de ser banida da química.

Menos ainda da biologia. Pode-se, a rigor, conceber, senão admitir, que a aceleração mútua de dois globos celestes que se atraem é apenas a *evidência* de uma quantidade de movimento cada vez maior, *tomada* das vibrações invisíveis do éter, e ver nesse grande fenômeno apenas a transformação de um *ato* em um outro *ato*, em vez de ver a *atualização* de uma potência latente até então. Ou pode-se ainda, embora mais penosamente, conjeturar que o movimento calórico de duas moléculas que se combinam é *emprestado* de seu movimento interior, invisível e hipotético. Sem dúvida, assim se terá passado ao lado do que há de essencial no fenômeno; a liberação de calor, que acompanha geralmente as combinações químicas, não é senão um acessório; o *ato mecânico* é o movimento com sua direção, seja ela qual for; o *ato químico* verdadeiro é, se quiserem, o movimento, mas dirigido em um certo sentido, e essa direção é a própria combinação com as propriedades novas que lhe são inerentes.[2] Não há dúvida que há aqui, na verdade, provocação de virtualidades novas por uma ação, assim como houve pre-

2 Se quiserem, portanto, que o movimento visível dos corpos que gravitam seja a transformação de suas vibrações interiores, é preciso dizer, para ser lógico ou analógico, que as combinações visíveis das substâncias são a revelação de pequenas combinações que, mesmo no estado de repouso químico, se efetuariam constantemente em cada uma delas.

cedentemente provocação de uma ação por uma virtualidade; e essa mútua solidariedade das virtualidades e das ações, do possível e do real, exigiria ser generalizada. Mas quão evidente se tornaria o sacrifício do essencial ao acessório, que acabamos de assinalar, se tentássemos ver no crescimento da espiga nada mais que a manifestação das forças químicas do solo ou do ar, explicadas pela hipótese precedente, e combinadas sabe-se lá com que movimentos interiores e invisíveis do grão de trigo! A fecundidade, após vários milhões de anos, de germes ressecados, a reaparição, após várias gerações sucessivas, de doenças ou de particularidades individuais, do tipo da dos Bourbons, são o escolho de toda teoria que pretendesse negar a distinção evidente de um estado de certo modo *adormecido* e de um estado *desperto* das forças vivas. Os caracteres inatos dos germes são virtualidades inegáveis.

Tudo o que se pode fazer é reduzir essas virtualidades a serem a resultante das *ações* vitais do passado; é querer, por assim dizer, que sua vigília tenha sempre precedido seu sono, e que jamais uma delas, há muito adormecida, tenha despertado pela primeira vez ao contato, eu ia dizer ao ruído, de duas realidades que se chocam. Nesse sentido, pode-se dizer que a hipótese da transformação lenta, contínua, e não intermitente e relativamente brusca, das espécies é uma tentativa de insurreição contra a ideia de virtualidade em zoologia. E assim, enquanto a geração individual, como todos os fenômenos de ordem superior, é um fato raro e curto, excepcional embora indispensável, a geração das espécies, esse fenômeno eminente entre todos, teria em comum com os mais vulgares, com a nutrição por exemplo, o fato de produzir-se incessantemente, diariamente, sem interrupção! E, enquanto a transformação das sensações banais em ideia original, das lembranças em descoberta, nos obriga a admitir no cérebro onde ela se opera uma força que chamamos "gênio", a transformação do réptil em ave ou do macaco em homem não seria de modo algum, aos nossos olhos, o exercício de uma aptidão particular, a primeira manifestação de uma faculdade de uma nova ordem!

Não confundamos duas críticas distintas, igualmente aplicáveis ao *transformismo* zoológico de Darwin, análogo nesse ponto ao transformismo geológico de Lyell. Pode-se, em primeiro lugar, reprovar-lhe a omissão inexplicável da ideia de finalidade, no entanto implicada nas de necessidade e de determinismo. Refiro-me nesse ponto ao que eu já disse, e acrescentarei que, de fato, a finalidade se impõe pelo conhecimento que temos da duração dos períodos geológicos que separam as espécies sucessivas. Mesmo adotando a avaliação máxima dessa duração, ela está longe de corresponder à que exigiria, com base no cálculo das probabilidades, a formação das adaptações vivas pelo simples esgotamento das combinações fortuitas.

Tal é a primeira objeção, endereçada aos transformistas lentos, por terem levado em conta apenas *fatos passados* em sua definição da vida e dos tipos vivos. Mas, ainda que levassem em consideração os *fatos futuros* e reconhecessem o que há de legítimo na finalidade, sua noção da vida e dos tipos vivos permaneceria incompleta. A omissão da ideia de virtualidade se faria sentir então nitidamente; e ver-se-ia em quê estas duas ideias, a de finalidade e a de virtualidade, se distinguem. Assim, a segunda objeção é endereçada aos próprios finalistas. Com efeito, se a ideia de finalidade devesse ser entendida no sentido ordinário, se a predeterminação rigorosa dos fatos supusesse uma previdência infinita, as aptidões seriam sempre exatamente proporcionais aos destinos; as forças, aos fatos; as faculdades, às circunstâncias. Ou melhor, não haveria em absoluto forças, aptidões, faculdades, mas sim impulsos efetivos em direção à meta visada. Assim compreendida, a finalidade contradiz a virtualidade. No sentido em que a entendo, ela apenas a mutila, e a emprega. Mas como! Tudo seria previsto, *isto* seria desejado, e os seres seriam organizados de maneira a que se pudesse dizer, a que se devesse dizer que eles podem atingir *isto* ou *aquilo* conforme as circunstâncias! De que serve essa possibilidade, essa certeza condicional? No entanto, essa certeza é um fato; é um fato esse excesso das forças sobre os atos e dos desejos sobre as forças, das faculdades sobre as necessidades e das aspirações sobre as faculdades. A desproporção de uma alma, seja ela qual for, superior a seu destino, seja ele qual for, nós a sentimos, todos nós a sofremos, e nossa dor não nos engana; mas nosso orgulho nos engana se ele toma falsamente essa superioridade como privilégio exclusivo do homem. O que vemos em toda parte? Uma avidez que excede seus limites, ambições insatisfeitas, desde a tendência abortada da espécie a uma progressão geométrica e à total conquista do solo até a irradiação da luz dos sóis no espaço imenso, em direção a um termo que foge sem fim.

No que concerne à tendência da espécie a uma progressão geométrica, observar-se-á que ela é o apoio principal do darwinismo. Assim, em meio a todos os transformismos lentos, o de Darwin escapa excepcionalmente a uma parte das objeções assinaladas, especialmente da segunda. Mas não escapa inteiramente, já que atribui a uma simples *pressão* de fora exercida sobre a espécie, à limitação dos recursos do solo, a transformação ascendente da espécie, e jamais ao despertar de uma dentre as milhares de virtualidades latentes implicadas na ideia do Tipo, da Ramificação, jamais à intervenção de uma dessas necessidades condicionais que, realizando-se enfim sua condição por um concurso único de circunstâncias, faz no Mundo sua primeira aparição. A diferença é grande, pois, se adotarmos essa última interpretação, a virtualidade despertada que assim se manifesta, suscitada, mas não constituída, por uma variedade individual, não é mais a resultante das variedades anteriores, acumuladas ou não, assim como uma nova afinidade de uma substância manifestada por uma combinação química não tentada até então não é a resultante do passado químico dessa substância, da série de suas combinações diversas desde a origem de suas moléculas, ou como o soerguimento de uma montanha não é o efeito gradual da acumulação secular das camadas horizontais, cujo nível ele vem precisamente romper.

A geração das espécies talvez esteja para a geração individual, pela qual a espécie se alimenta e se perpetua, assim como a geração individual está para a nutrição. Ora, quais são as relações dessas duas últimas funções? A nutrição é o termo elementar, abstrato, contínuo; a geração, o fato intermitente, concreto e complexo. Certamente, para engendrar é preciso nutrir-se; mas a nutrição é ainda assim uma abstração da geração, já que esta, de acordo com um cientista, é uma extensão daquela. A ideia da geração implica a da nutrição, e algo mais: esta se encaixa naquela e não reciprocamente, assim como a definição do círculo encaixa-se na da elipse, e não a ideia da elipse na do círculo. — Partindo daí, pode-se dizer por analogia (sendo a analogia, afinal, nosso único guia nas trevas) que a geração específica tem por condição, é verdade, uma geração individual, mas que é preciso evitar explicar pela geração ordinária a das espécies, da qual a geração ordinária não é senão um caso e uma abstração. Talvez, no caso das vidas inferiores, em que a nutrição e a geração ordinária se confundem, em que a menor parte separada de um animal ou de um vegetal esboçados é suficiente para reproduzi-lo, haveria motivo de confundir igualmente a função reprodutora da espécie com a função reprodutora do indivíduo; mas, nos níveis superiores da vida, em que todas as funções são especializadas, não poderia ser assim; e a mais importante de todas, a mais intermitente, portanto, em seu exercício, é a geração ascendente e superior, da qual a outra geração, elementar e vulgar, decorre e descende, mas à qual, com toda a certeza, nunca torna a subir por suas próprias forças.

Pouco tenho a dizer contra as teorias que combatem a ideia de virtualidade em psicologia e nas ciências sociais. A razão disso é que ela nunca foi seriamente alcançada nessas altas regiões. Citarei, entretanto, em oposição a meu ponto de vista, a opinião de alguns psicólogos, como Jouffroy, sobre a natureza do sono. Segundo eles, o sono mais profundo deve sempre ser acompanhado de um sonho, *não podendo a alma deixar de agir*... Em outras palavras, uma força não exercida não existe para eles. Nesse ponto sustentam uma causa comum com os físicos que combati mais acima. Observar-se-á igualmente que a teoria inglesa, que explica a formação de todas as nossas ideias, de todas as nossas convicções e paixões pela associação repetida das imagens, é contrária à minha maneira de ver. Ela desconhece a diferença dos efeitos que a mesma ligação de imagens suscita em cérebros diferentes. Não explica o fato de que, no mesmo cérebro, a força das convicções ou dos desejos está longe de medir-se pela repetição e pela duração das associações. O amor é às vezes súbito. "Um traço de beleza nos fixa, nos determina", diz La Bruyère. Até então, esse amor era em nosso coração uma simples possibilidade: uma força latente. Nisso a fé assemelha-se ao amor: um traço de *verdade* nos fixa, nos determina; nenhuma ligação prolongada de ideias é necessária para nos dar a certeza de que duas paralelas nunca se encontrarão. Além disso, se tudo se reduz psicologicamente a uma justaposição de imagens, por que a relação de duas imagens que se justapõem é dupla, crença ou desejo conforme as circunstâncias? — Não, a associação repetida das imagens não explica a razão, o coração e a vontade, como tampouco a acumulação das variedades individuais explica a espécie, ou o hábito inveterado e tornado hereditário explica o instinto.

Não conheço nenhum economista que tenha negado as virtualidades econômicas que chamamos necessidades humanas. No entanto, a necessidade é de fato uma força potencial. E surpreendo-me, diga-se de passagem, que tenham buscado no sentimento do esforço muscular, e não no da necessidade, o protótipo da ideia de força. O que é o peso, senão a necessidade de cair? O que é a afinidade, senão a necessidade de combinar-se? etc. Mas, se a ideia da necessidade não é negada em economia política, a ideia de *valor*, como distinto do preço efetivo, foi muitas vezes combatida. Erradamente, entretanto. Mas aqui não é o lugar de discutir essa questão.

Em resumo, a ideia de virtualidade impõe-se a seus próprios adversários; ela é essencial à ideia de realidade como a sombra o é à ideia do corpo – uma daquelas sombras desmedidas do sol poente que se estendem até o horizonte. Em outras palavras, convém distinguir claramente três coisas: as necessidades, as realidades, as possibilidades. As necessidades, as leis do mundo, têm um duplo conteúdo: um conteúdo real, que é um pequeno ponto; e um conteúdo não real, as possibilidades, que são um todo infinito. As leis são aplicáveis inclusive ao irrealizável; e seu imenso seio, onde as existências se despejam em vão continuamente, jamais é ultrapassado ou preenchido por elas. As leis – juízos universais, no caso das leis civis; juízos universais e necessários, no caso das leis naturais – são palácios incomensuráveis com os fenômenos que as atravessam e que não parecem feitos para tão majestosas construções. Um desejo de infinito acha-se no fundo das leis.

Tentemos combinar o resultado a que chegamos com aquele de nossas precedentes investigações sobre a ideia de Diferença.[3] A realidade, dissemos, é o que existe só uma vez e dura só um instante. Em consequência, devemos dizer que, passado esse instante, toda realidade se torna impossível. Em matéria de seres vivos, como em matéria de acontecimentos históricos, um grande princípio domina tudo: a impossibilidade do renascimento. Podemos pensar, é verdade, nas condições sob as quais um ser vivo ou um acontecimento histórico renasceria, mas nos chocamos contra um obstáculo, a necessidade da Diferença, ao passo que, ao pensarmos nas condições sob as quais o irrealizável apareceria pela primeira vez, constatamos simplesmente uma lacuna. — O real é um dispêndio de *possível*.

Por outro lado, a realização de *todos* os possíveis é impossível. Por duas razões: a infinidade dos possíveis e a finidade do mundo. — Se continuarmos a descer nos limbos dos Possíveis irrealizáveis, naquela parte dos *inania regna* [reinos das sombras] que nem Dante nem Virgílio visitaram, nunca aca-

3 Tarde provavelmente se refere a "A ação dos fatos futuros" (*supra*, p.167). (N.O.)

baremos de contar os degraus. O encaixe dos germes era uma quimera, o encaixe dos possíveis é uma incontestável verdade. Os filhos, que um homem teria de tal mulher se tivesse casado com ela e não com outra, são possíveis de 1º grau; os filhos que estes poderiam ter tido de tal mulher real ou possível são possíveis de 2º grau; e assim por diante.[4] Outro exemplo: Se a batalha de Maratona tivesse sido perdida por Milcíades, a Grécia teria sido conquistada; essa conquista é um possível de 1º grau. A substituição da língua e da civilização helênicas pela língua e a civilização persas, consequência possível, mas não necessária dessa conquista, é um possível de 2º grau etc. (ver Cournot, *Considérations...*).

As ciências nos forneceriam inúmeros exemplos mais instrutivos. Depois que Kepler formulou suas três grandes leis, a descoberta da gravitação universal tornou-se um possível de 1º grau; do mesmo modo, a descoberta do telégrafo elétrico depois da observação de Oerstedt e das pesquisas de Ampère; ainda do mesmo modo, a aplicação da álgebra à geometria em um certo momento do progresso paralelo dessas duas ciências. Mesmo antes de Kepler, mesmo antes de Ampère, a descoberta da gravitação e do telégrafo elétrico era possível, a rigor, mas de uma possibilidade de ordem inferior; Ampère, Kepler fizeram *passar* de um grau a outro, do 2º ou do 3º ao 1º, a possibilidade de duas concepções astronômicas ou físicas; depois que Galileu descobriu o isocronismo das oscilações dos pêndulos, a

4 Pode-se deduzir sem fim, pois é certo que as leis da vida teriam se aplicado a esses filhos hipotéticos de milésimo ou milionésimo grau, como se aplicam a nós. Prosseguindo, chegar-se-ia a concluir que o Impossível é um Possível de infinitésimo grau.

aplicação dos pêndulos aos relógios tornou-se um possível de 1º grau. Observe-se a importância que os cientistas eminentes dão a essa *passagem* e mesmo à sua data exata. Foi em 1618, com base nas indicações fornecidas por Kepler na expressão matemática de seu entusiasmo, que o princípio newtoniano se tornou um possível de 1º grau. Dentro de alguns anos, quando a espectroscopia, essa magnífica aplicação da ótica à astronomia, tiver completado sua obra de revelações íntimas sobre a constituição dos corpos celestes, anotarão com cuidado o ano e talvez o dia em que um cientista resolveu observar os traços característicos fornecidos pelo espectro dos vapores de sódio. Nesse dia, a astronomia e a ótica estavam igualmente *maduras* para sua fecunda aproximação; cada ciência apresenta, assim, ao crítico penetrante que estuda sua história (ver sr. Littré, sr. Cournot, sr. Claude Bernard) um *ponto de maturação* para cada descoberta que se seguirá. Esse ponto de maturação é o momento em que se efetuou a *passagem* que assinalo.

Sempre que uma realidade morre, ela sepulta consigo seu cortejo de possíveis; mas, também, sempre que uma realidade nasce, ela faz avançar em um grau seu cortejo de possíveis. Como não se pode conceber uma realidade sem virtualidade, isto é, sem um certo excesso da *potência* sobre o *ato*, a realização de todos os possíveis implica contradição. No entanto, ela ocorreria se o mundo fosse infinito; ou melhor, a infinidade do mundo não seria outra coisa senão essa realização da totalidade dos possíveis. Mas, independentemente de qualquer outra consideração, o simples fato da mudança das coisas demonstra a limitação do Ser. A infinidade seria um obstáculo à mudança, assim como a ubiquidade impediria o movimento. Como então um Ser infinito, realização simultânea de todos os possíveis, poderia passar de um fenômeno a outro? O infinito deve ser imutável.

Se, como não me parece desrespeitoso propor (e o tentarei mais adiante), dermos o nome de Deus a essa Totalidade impossível e inesgotável, isto é, ao feixe das leis, ou melhor, das forças do mundo, compreenderemos o que querem os possíveis que se precipitam para a existência e que culminam na impossibilidade de reaparecer. Daremos um sentido a esta expressão: *tornar a entrar no seio de Deus*. — Só que diremos *entrar* e não *tornar a entrar*. A impossibilidade de jamais ser de novo é a depuração que devemos à rápida travessia do Ser.

É preciso insistir em mostrar que nem todos os possíveis são realizados, pelo menos no mundo que nos é conhecido? Tomemos alguns exemplos. Que língua não perece antes de ter servido para exprimir todas as ideias que era suscetível de traduzir? Que espécie não perece antes de ter consumido todo o seu tesouro de modalidades individuais? E, generalizando ainda mais, acaso os quatro tipos geralmente reconhecidos pelos naturalistas no reino animal, Vertebrados, Articulados, Moluscos e Radiados, e as três ou quatro famílias de línguas distinguidas pelos filólogos esgotam a ideia de Vida ou a ideia de Linguagem? Por que quatro tipos apenas? Um tipo a mais talvez tivesse fornecido espécies capazes de povoar certas partes inabitadas de nosso solo. Mas, a julgar por sua flexibilidade, por sua facilidade em inovar sua expressão a cada renovação geológica, esses mesmos quatro tipos não produziram, e provavelmente jamais produzirão, todas as riquezas específicas que contêm virtualmente. Se a geografia da Terra, se as condições de clima e de ambiente fossem e tivessem sido diferentes, outras espécies estariam e teriam estado no lugar das espécies atuais e das que existiram.

Disso resulta uma grave verdade: a necessidade dos impedimentos de nascer. O desenvolvimento de um ser é obtido ao preço de seu aborto parcial ou do aborto de alguma coisa da qual ele toma o lugar, ou dos dois ao mesmo tempo.[5]

Todas as teorias científicas reinantes conduzem a essa cruel conclusão. Quantos abortos supõe a panspermia! Seguramente, os abortos formam, no mundo, uma esmagadora maioria. Não fazemos um movimento, seja corporal, seja mental, sem esmagar milhares de germes, sejam seres vivos, sejam ideias, sem aniquilar mundos possíveis.

Quantos abortos supõe a *seleção* darwiniana, seja natural, seja sexual! Os eleitos supõem os chamados não eleitos.

Quando assistir ao batismo de uma criança, pense no óvulo que ela impediu de ser fecundado, no embrião que ela impediu de nascer. Quando vir uma flor, pense nas outras sementes cujo lugar ela tomou ao sol e na boa terra nutriz; quando vir um belo carvalho, pense também nas pequenas plantas sufocadas sob sua sombra. Quando ler a história, pense nos empreendimentos malogrados, nos projetos que não tiveram sucesso: a conquista dos Partos sonhada por César, o desembarque na Inglaterra sonhado por Napoleão I. Quando olhar as estrelas em uma noite bela, pense nos outros sóis que teriam brilhado, nas outras constelações diferentemente dispostas e coloridas

5 Todas as coisas não podem se realizar ao mesmo tempo, nem mesmo sucessivamente, e nada pode durar para sempre. O fato do desenvolvimento dos seres é, portanto, a prova de uma grande Impotência Universal.

que teriam encantado outros olhos que não os nossos, se os astros atuais não tivessem se apoderado do firmamento, da luz e da vida. Em suma, quando vir este Universo, diga a si mesmo que ele deve sua existência à imolação de milhares de outros universos, entre os quais talvez houvesse alguns, apesar de Leibniz, melhores e mais belos que ele – mas, penso eu, não mais diferenciados!

Eis aí exemplos de *abortos de outrem*. Se me detivesse nesse ponto, se não juntasse a esse quadro o espetáculo dos *abortos de si*, talvez pudessem dizer-me: Você raciocina como se o mundo da luta e da concorrência vital devesse durar para sempre. Não faz senão generalizar a seleção darwiniana que supõe o sacrifício e a imolação. Mas não pressente o mundo da harmonia consumada? Não concebe um universo tão admiravelmente organizado que a aplicação dos conselhos de Malthus seria inútil, que todos os germes nele se desenvolveriam necessariamente sem combate nem sacrifício, contados de antemão, por assim dizer, de modo a cobrir a superfície dos planetas sem nenhum perigo de transbordamento? Em matéria de hipóteses, tem-se o direito de exigir mais do filósofo que do cientista! As sociedades humanas, consideradas sob o aspecto econômico, o mais acabado de todos, não começam a se aproximar desse ideal? É um erro socialista acreditar que a fortuna crescente do rico seja um roubo feito ao pobre. Como se riquezas não se criassem todo dia pela virtude da inteligência aplicada à indústria! Um fabricante genial, ao baixar o preço dos tecidos por um emprego mais engenhoso das máquinas, aumenta a fortuna pública de uma soma dez vezes, cem vezes maior que aquela da qual se beneficia. Onde está o aborto aqui?

Respondo a essas objeções: a riqueza não é senão uma adaptação do exterior do homem ao homem, em vista da diferenciação íntima do homem (sensações, crenças, vontades). Ora: 1) o que se adapta assim ao homem, forças físicas, plantas, animais domésticos, era suscetível de outras adaptações, desde o gado castrado até as flores duplas. O açúcar de beterraba é uma riqueza para nós; por si só a beterraba teria sido apenas um alimento; 2) a diferenciação produzida por essa harmonia tão cuidadosamente adquirida é sempre uma mutilação: o bem-estar mata a energia, a indolência engendra a lassidão, a inaptidão à guerra etc.; 3) o produtor dessa harmonia precisou *especializar-se*. Ao trabalhar, precisou sufocar as ideias fantasistas, as veleidades caprichosas, os talentos contrários à sua meta; 4) ele precisou lutar contra os industriais rivais e prejudicá-los. Negar a necessidade da concorrência comercial é o verdadeiro erro socialista. — Aliás, o mundo social está tão distante de nos encaminhar a esse estado ideal, em que nenhum possível seria sacrificado, que o progresso das sociedades se revela por dois sinais, o aumento da liberdade, das necessidades, das aptidões individuais, e a divisão crescente do trabalho, contraste profundo que resulta na prova de que o aborto de si é proporcional ao desenvolvimento de si. O primeiro uso que o homem, tão logo civilizado, faz de sua força e de sua liberdade novas é proibir-se uma série de ações que a pura natureza lhe permite: a inércia, por exemplo, o adultério, certas palavras, certas atitudes. Ver, a esse respeito, as inúmeras prescrições do Código de Manu e da polidez chinesa.

O que chamamos o livre-arbítrio humano não é senão uma aplicação da lei do aborto necessário. Essa crença errônea repousa em um fato inegável, atestado por nosso senso íntimo.

No fundo do testemunho do qual induzimos nosso livre-arbítrio não há senão a afirmação dos possíveis não realizados. Liberdade é possibilidade, nada mais. Com efeito, toda decisão supõe uma deliberação prévia, durante a qual várias ideias de ações diferentes se ofereceram sucessivamente ou conjuntamente ao pensamento. Entre essas ideias, somente uma é realizada; mas as outras não foram menos apresentadas ao espírito. Portanto, não podemos pensar na decisão que foi tomada sem pensar ao mesmo tempo nas que não o foram; além disso, estamos convencidos, com razão, de que, se a primeira não tivesse sido tomada, outra o teria sido.

Que conclusão tirar daí? Que a vontade se autodetermina, isto é, que a decisão tomada foi decidida, que essa nova decisão o foi igualmente, e assim ao infinito? Isso é irrealizável, e inconcebível, como todo infinito. Uma única consequência se deduz sem dificuldade, é que a realização de uma das ideias apresentadas ao espírito teve como condição a não realização de todas as outras.

Aproximo assim o acaso, que faz eclodir um germe entre outros abortados, e o aparente livre-arbítrio, que faz realizar-se uma ideia de ação entre outras não realizadas. A analogia é tanto mais verdadeira, entre parênteses, que a ideia de uma ação não é apenas a possibilidade, mas já um começo dessa ação, assim como o germe animal ou vegetal (fecundado) não é apenas a possibilidade de um indivíduo vegetal ou animal, mas já um começo de seu ser. É certo que toda ideia de ação se traduz (menos visivelmente à medida que a civilização substitui a palavra ao gesto) por um movimento corporal que imita a ação e é como que o seu esboço.

O desenvolvimento da Vida, considerada no conjunto e na sucessão de seus tipos, é uma série de abortos. "*Naturalia regna conjunguntur in minimis*" [os reinos naturais estão conjugados no minúsculo], diz Lineu. Sabemos que os representantes mais humildes da vegetação, por exemplo, as diatomáceas e, elevando-se um pouco, os fetos, apresentam, seja em seu modo de reprodução, seja na autonomia dos movimentos em certos períodos de sua existência, caracteres que os aproximam do mundo animal. Reciprocamente, uma esponja está muito próxima de pertencer ao mundo da vegetação. O que isso prova, senão que o desenvolvimento *no sentido vegetal* do progenitor comum às plantas e aos animais tem necessidade do aborto dos caracteres próprios à animalidade, e que o desenvolvimento *no sentido animal* exigiu o sacrifício de seus caracteres vegetais? — Para tomar um exemplo menos hipotético, os peixes sauroides da paleontologia são anteriores aos sáurios e aos peixes verdadeiros. A mesma observação é aplicável a todos os tipos qualificados *proféticos* por Agassiz em sua obra sobre a *Espèce*.

A embriologia confirma essas ideias. O embrião de um vertebrado superior só se desenvolve detendo, à medida que se produzem na série de suas metamorfoses, o desenvolvimento de caracteres próprios aos vertebrados inferiores. Os apêndices da coluna vertebral são utilizados ora para o nado, ora para o voo, ora para a reptação, ora para a locomoção ou a subida ao longo das árvores, ora para a preensão dos objetos. Todas essas possibilidades estão virtualmente contidas no apêndice embrionário; mas nem todas se realizam durante o crescimento do embrião. Pode-se considerar esse tipo específico como uma preferência dada a um desses empregos sobre os outros, e um sacrifício mais ou menos lamentável destes últimos. A mão do homem é admirável, mas a asa do pássaro não o é menos, e entre a faculdade de *preensão* e a de voo não há nenhuma medida comum.[6]

O desenvolvimento intelectual e social assemelha-se nisso ao desenvolvimento da Vida. A criança nasce no mundo com uma aptidão indeterminada a falar qualquer língua. Quando aprendeu sua língua materna, ela perdeu essa aptidão inata. — Todos os teoremas da geometria, penosa e sucessivamente formulados desde Arquimedes até os nossos dias, não são senão o desdobramento, sempre incompleto, da noção de espaço, apresentada ao espírito já na aurora da vida mental. Os cérebros mais profundos recorrerão eternamente a essa noção sem nunca esgotá-la. A cada novo teorema, ela é mais desenvolvida; mas abrem-se novas perspectivas de desenvolvimentos ulteriores. Além disso, não se pode meditar fortemente sobre todos os teoremas ao mesmo tempo; só se apreendem alguns de forma vigorosa sob a condição de esquecer momentaneamente os outros. Isso acontece com toda ciência, medindo-se o sucesso pelo vigor e a tenacidade de uma atenção exclusiva aplicada a uma pequena parte do assunto.

Não que a inteligência, e em geral toda faculdade humana, não se esforce por remediar essa incapacidade de abraçar totalmente seu objeto. Após ter passado muito tempo de noção em noção, só se absorvendo em uma delas ao separar-se das outras, ela aspira a uma fórmula cada vez mais compreensiva, que acre-

---

6 É por uma série de abortos que o tipo dos vertebrados, tão admirável em sua essência pura, tornou-se mamífero, homem, europeu, francês, eu. Quando me comparo a ele, avalio a distância do real ao ideal.

dita por um momento ter encontrado na filosofia, assim como o Desejo de Felicidade, cansado de suas incompletas e passageiras satisfações da primeira idade, precipita-se, por assim dizer, na armadilha da Ambição ou do Amor, que lhe oferece a síntese ardente de todas essas alegrias dispersas. A Vida, do mesmo modo, sonha sua síntese; o tipo do vertebrado torna-se sucessivamente peixe, réptil, ave, mamífero; depois atinge a organização humana, na qual profundos naturalistas, como Owen, puderam ver a Natureza viva resumir-se por inteiro ao ultrapassar-se. Mas com essa tentativa de sistematização ocorre o mesmo que com nossas generalizações filosóficas; a espécie humana, afinal, é apenas uma espécie como as outras, e a generalização filosófica, uma especialidade como as outras. O desenvolvimento político daria ensejo às mesmas considerações. "Na Inglaterra", diz o sr. Herbert Spencer (*Premiers principes*, p.398), "no início, a autoridade monárquica era mais baronial, e a autoridade mais monárquica do que foram mais tarde." O que não deixa de evocar o caráter ao mesmo tempo vegetal e animal dos seres mais inferiores.

Para temperar o amargor da verdade que procuro trazer à luz, convém acrescentar que esse holocausto universal tem por resultado a harmonia das coisas. Desenvolver-se é aplicar-se. É ao utilizar-nos que a vida nos revela. A necessidade dos abortos significa, consequentemente, que nada poderia ser utilizado por inteiro. Somos um composto de possíveis inúteis através dos quais se desenrola por algum tempo uma mesma cadeia de possíveis utilizados. A prova de que os mais puros possíveis não são puros nadas é que eles lutam visivelmente para aparecer, e que seu recalque é doloroso.

A beleza tem a mesma fonte que a harmonia. Suponha-se que todos os brotos de uma árvore, por exemplo um carvalho, cresçam e prosperem em ramos igualmente belos. Que monotonia! Que mediocridade nessa riqueza! Um carvalho deve sua graça e seu porte expressivo ao aborto de um grande número de ramos, sobretudo na parte inferior de seu caule. Se ele cresce apenas sob a condição de sufocar as pequenas plantas sob sua sombra, ele só se torna belo sob a condição de sacrificar-se a si mesmo. — Nos anos em que a maior parte das flores das árvores frutíferas chega à maturidade, os frutos são pequenos e medíocres. — Do mesmo modo, imagine-se um espírito ricamente dotado, que teria cultivado todas as suas aptidões, sem excetuar uma só. Ele será neutro, chato, sem originalidade. Opor-me-iam em vão o exemplo de Goethe; ele só se tornou realmente grande depois do sacrifício de sua vocação para a pintura e, provavelmente também, de muitos outros talentos. — É um dito comum, mas não falso, que não há magnanimidade sem dor, nem beleza moral sem sacrifício.

Se acreditássemos em alguns naturalistas pouco galantes, poderíamos ir ainda mais longe. Assim como os estames da flor são apenas um verticilo de folhas abortadas, e a gota de néctar da campânula apenas um estame abortado, segundo os botânicos; assim também a ideia, a pura noção abstrata, a imaginação, a fantasia são apenas, segundo os psicólogos, um composto de sensações renascentes, parcialmente abortadas; desse modo, no dizer dos cientistas a que me referi, a mulher seria apenas um homem detido em seu desenvolvimento físico e moral. Invocam-se, entre outros fatos, a interrupção da função respiratória que permanece estacionária na mulher a partir de sua puberdade, enquanto continua a ativar-se no adolescente e no homem da mesma idade. Se for assim, o que é então a beleza que nos encanta – ou, melhor, o que é o sacrifício que nos apavora? No entanto, assinalemos, poder-se-ia igualmente dizer que o homem é uma mulher interrompida em seu desenvolvimento. Se, ao crescer, a menina perde seu ar de *rapaz*, o adolescente só adquire todas as características de seu sexo com a condição de perder certas graças femininas.[7] Essa transformação, que nos capítulos precedentes eu teria chamado *diferenciação*,[8] chamo aqui aborto. Não é que eu me contradiga, como se verá.

Resumamos. Em tudo o que precede, limitamo-nos a mostrar o conteúdo da ideia de força, depois de tê-la defendido contra seus adversários. A força, em nossa opinião, é o excesso do possível sobre o real. Nem todos os possíveis se realizam, portanto. Daí a finidade do Mundo. Daí a definição do Desenvolvimento dos seres em função de seu aborto.

Resta-me interpretar esse excesso do possível sobre o real. Nenhum ser pode realizar todas as possibilidades que estão nele; por que então elas existem? Por que, na natureza, essa prodigalidade de germes destinados a perecer? Deve-se ver nisso um simples anseio de conservação servido por um luxo de precauções imprevidentes, ou uma ambição desmedida e fatalmente impotente? Entre a Imprevidência e a Impotência universal, trata-se de optar. A primeira interpretação não pare-

7 Essa última interpretação tem a vantagem de se conciliar com as recentes pesquisas da embriologia e da anatomia comparada, que mostram que o embrião humano começa por ser hermafrodita (ver *Revue Scientifique*, 1874).

8 Tarde provavelmente se refere a "A variação universal" (*supra*, p.135). (N.O.)

ce duvidosa a ninguém. Necessito, portanto, justificar minha preferência pela segunda.

Observarei primeiro que esse problema é análogo, no fundo, à seguinte questão bizarra que se pode colocar: o vazio existe para o cheio ou o cheio para o vazio? Essa alternativa não é senão um *caso* da alternativa atual. Com efeito, os possíveis não realizados desempenham, com relação às realidades, o papel dos vazios do espaço em relação aos corpos. Eles são necessários às mudanças e aos progressos das coisas, assim como os vazios não preenchidos são necessários aos movimentos e às combinações delas. Poder-se-ia definir o espaço como a possibilidade da matéria, e definir o possível como o espaço do real. A mesma solidariedade une, dois a dois, os quatro termos. O espaço sem matéria seria de algum modo o espaço latente, como o tempo sem mudança. O espaço para além do universo nos parece alguma coisa a menos que o espaço compreendido nos intervalos do mundo, do mesmo modo que os possíveis *de um grau inferior* (tais como os defini mais acima) não devem ser confundidos com os *possíveis de 1º grau*, que são relações de realidades existentes. *Com efeito, na ideia de força latente ou potencial não há nada mais do que na ideia de uma possibilidade de 1º grau.* Se reservarmos o nome de espaço ao vazio intercósmico e o nome de possíveis (tal como venho fazendo) aos possíveis de 1º grau, será lícito dizer que o aparecimento de um novo corpo para além dos corpos atuais faria crescer o espaço, e que o aparecimento de um novo fato aumenta efetivamente as possibilidades do mundo. As propriedades, como os direitos, nascem dos fatos. Percebe-se a analogia. O vazio, portanto, é simplesmente uma espécie de possível, e o cheio uma espécie de real. Ora, a questão de saber se há possíveis não realizados apenas por conta da conservação dos seres, ou se os seres tendem à realização infinita, e aliás impossível, de todos os possíveis, ou de *certa totalidade* de possíveis, como sua meta suprema, equivale a perguntar se o possível existe para o real ou o real para o possível.

Mas como resolver tais questões a não ser por considerações gerais? É preciso resignar-se, aqui, a deixar de lado raciocínios rigorosos.

É próprio dos ambiciosos colorir suas conquistas com o pretexto de defenderem-se. Daí a verossimilhança que se pode encontrar em explicar a aptidão infinita inerente às virtualidades, por exemplo aos tipos e aos germes vivos, pela necessidade de precaver-se contra as chances tão numerosas de morte, e de acomodar-se à diversidade essencialmente imprevista das circunstâncias. Essa explicação é naturalmente sugerida pela fecundidade dos seres vivos. No entanto, sua tendência a multiplicar-se em uma progressão geométrica era a condição *sine qua non* de sua conservação? Mas a concorrência, a luta e a destruição deles resultavam disso fatalmente! A natureza iria, portanto, contra sua meta, se tal fosse sua meta. Além do mais, em certas espécies de animálculos cujos semens se espalham no ar, de acordo com as experiências do sr. Pasteur, a desproporção é tão grande entre as necessidades da conservação específica e os recursos empregados que não se poderia conciliá-la, na hipótese que combato, com a sabedoria ordinária do princípio da vida. Uma aproximação talvez facilite a opção entre as duas soluções propostas.

A avidez do espírito humano, sua curiosidade insaciável, que o leva a invadir o domínio inteiro do saber, não é sem relação com a tendência de todo indivíduo vivo a apoderar-se do solo por sua fecundidade geometricamente crescente. O espírito pensa e formula inumeráveis noções, entre as quais poderá descobrir ulteriormente alguma útil à satisfação de suas necessidades, adaptada à sua condição. As outras são conhecimentos de luxo, geralmente as mais prezadas. Do mesmo modo, vemos uma papoula engendrar e emitir milhares de sementes, das quais somente um pequeno número está destinado a germinar, levadas pelo vento a um solo favorável. Todas as outras serão inúteis.

Se for considerada apenas a multiplicidade das sementes de papoula, compreendo, a rigor, que a expliquem pela necessidade de precaver-se contra um futuro perigoso. Em vez de uma *tendência* a uma variação *infinita*, haveria, portanto, simples ignorância do futuro. Mas não devemos esquecer que os dois fatos aproximados são conexos. Dirão, por conseguinte, que a pura curiosidade científica do espírito humano está subordinada à sua curiosidade prática, a suas artes industriais? Ousarão pretender que os teoremas luminosos de nossas ciências, admirável céu estrelado aumentado sem cessar por sua própria contemplação, que as leis físicas, vivas, psicológicas, inutilidades radiosas às quais se fixa o pensamento como a seu polo, têm por única razão de ser poder servir a alguma dedução prática, industrial, derivada fortuitamente dessas alturas? Ainda que se possa afirmar, não se poderia crer nisso sem rebaixamento. A sede teórica do espírito revela uma verdadeira tendência ao infinito, aqui o infinito da descoberta – tendência inerente tanto ao germe vivo como ao espírito, a toda força viva ou latente, à atração, à luz dos sóis que se estende no vazio, utilizada aqui e acolá, ao acaso, por alguma metade de planeta.

Se preferissem uma outra comparação como mais favorável à tese contrária, se, por exemplo, comparassem as sementes inúteis da papoula às hipóteses que o espírito *lança no ar*, e entre as quais se acha às vezes uma verdade, isto é, uma hipótese adaptada aos fatos e que os utiliza como a semente privilegiada e adaptada ao solo que ela emprega, mesmo admitindo que a aproximação ultrapasse a anterior em exatidão, minha opinião não se modificaria. Seria um grande erro ver na imaginação, fonte das ficções e das hipóteses, uma simples serva ou um simples *fornecedor* da inteligência. Em certo sentido, é verdade que ela faz parte da inteligência, do mesmo modo que a memória. Sem a faculdade de dizer *se*, o espírito jamais teria descoberto as leis das quais a inteligência é a coleção. A imaginação corresponde ao conteúdo *não real* das leis, assim como a memória a seu conteúdo *real*. Após ter servido para descobrir as leis, ela serve ainda para abri-las. Kepler e Newton precisaram da imaginação para inventar; Laplace e Leverrier precisaram dela para deduzir. No entanto, se a imaginação se reduzisse a esse papel, ela apenas seria útil e subordinada à faculdade de conhecer. Mas a faculdade de conhecer não é todo o espírito. O espírito, a força interna, compreende uma infinidade de combinações mentais possíveis; a inteligência compõe-se do pequeno número dessas combinações que se acham adaptadas aos grupos e às séries dos fatos, emanados das virtualidades exteriores. Assim a imaginação não se limita, pela descoberta e a abertura das leis, a *exprimir* o conteúdo não real das forças externas; ela *realiza* o conteúdo *não verdadeiro* da força íntima. Nesse novo sentido, ela toma um lugar ao lado da inteligência e a completa; ela testemunha a independência do espírito, como de toda força em geral, e o *direito à inutilidade* que lhe é inerente. Tudo o que é imaginável quer ser imaginado. Desse ponto de vista, as hipóteses não confirmadas pelos fatos, e mesmo as ficções não conformes às predileções estéticas do gosto, têm em si mesmas sua razão de aparecer, e não apenas na ideia justa ou na obra-prima poética que acabará por se manifestar no meio delas; nisso elas se assemelham aos germes não viáveis e às aptidões antissociais, às variedades infecundas ou menos fecundas que a concorrência vital elimina todo dia, e às individualidades mais ou menos marcadas que compõem a maioria da espécie humana. Dirão que essa maioria existe unicamente em vista de alguns homens de gênio que aparecem aqui e ali?

Entre as receitas inumeráveis, quase todas absurdas e com frequência repugnantes, que enchem os livros dos médicos da Antiguidade, e que foram vantajosamente substituídas, reconheço, por nossos específicos atuais, talvez não haja uma só que, aplicada a certos casos (reais ou possíveis) diferentes daquele ao qual era aconselhada, não tivesse produzido um efeito salutar. Entre as criações mais insensatas da poesia oriental, talvez não haja uma só que, modificado o nosso gosto, não nos parecesse bela. Assim também, talvez não haja um monstro, um indivíduo malconformado, um instinto criminoso que, estéril ou prejudicial no meio onde aparece e do qual, compreensivelmente, é expulso, não teria encontrado um desenvolvimento legítimo em algum outro meio. Os monstros não viáveis são vãs tentativas de vida, as criações absurdas são vãs tentativas de beleza, as más receitas dos empíricos são vãs tentativas de cura, do mesmo modo que as concepções quiméricas, pelas quais alguns utopistas franceses prometem bilhões aos Estados sem abrir a bolsa, são vãs tentativas de enriquecimento. Mas dirão, uma vez mais, que essas tentativas malogradas testemunham apenas a ignorância, na qual se encontram a Natureza e o Espírito, do verdadeiro caminho a seguir para ir direto ao segredo e ao êxito buscados? Não; pois elas revelam, sobretudo, uma força que tem necessidade de se exercer. Prova é que, após a descoberta do segredo e a produção do êxito, a mesma força ainda se exerce; não obstante a descoberta de leis científicas adaptadas aos fatos exteriores ou a produção de obras-primas que fixam momentaneamente o gosto, o espírito continua imaginativo, desregrado, fantasista; não obstante a fixação dos tipos específicos adaptados aos meios físicos, a natureza continua fecunda em variedades individuais e em monstruosidades. Aliás, a imaginação emancipada e indomável é tanto um perigo quanto um auxiliar para a ciência e a beleza da arte, o que não aconteceria se ela existisse apenas em vista destas; e a fecundidade da natureza é tanto um perigo quanto um auxiliar para a espécie, o que não aconteceria se a prodigalidade dos semens tivesse por única finalidade a conservação da espécie.

Convém, portanto, reconhecer na atividade da imaginação uma tendência (abortada, mas manifesta) à realização (aliás, impossível) de *todas* as possibilidades de combinações mentais; e, em consequência da analogia anteriormente estabelecida, uma tendência análoga deve ser atribuída ao tipo específico.

Para escapar a essa alternativa, pode-se dizer, é verdade, que a prodigalidade dos semens e o luxo das hipóteses têm por meta não alimentar a ciência ou a arte e conservar a espécie, mas incitá-las na via do progresso. Mas essa explicação intermediária implica sempre o sacrifício da esmagadora maioria dos *chamados* à infinita minoria dos *eleitos*. — Não fosse assim, aliás, como se explicaria o interesse tão poderoso pelos estudos patológicos e teratológicos, mesmo independentemente dos serviços que podem prestar à fisiologia e à anatomia normais; e a curiosidade não menos viva, não menos legítima, provocada pelos antigos sistemas metafísicos e teogônicos, pelas primitivas literaturas, que deixaram de se ajustar ou jamais se ajustaram aos fatos da ciência e às exigências do gosto? Se a ciência propriamente dita tem menos respeito que a filosofia por suas velharias, que são muito prontamente esquecidas, é que a ciência é o domínio exclusivo da inteligência, enquanto a filosofia, exprimindo melhor o homem inteiro, abarca ao mesmo tempo a faculdade das criações e a das noções.

Terminemos por uma última aproximação, por uma última analogia. Consideremos à parte uma *noção verdadeira*, um *germe viável*; também aqui se mostra claramente a tendência ao infinito, a um *certo infinito*, a uma *totalidade determinada e circunscrita*. Não apenas nem todos os nossos pensamentos se exprimem verbalmente, por falta de atenção ou de um aperfeiçoamento suficiente da língua; não apenas nem todos os germes de um ser vivo e nem todas as faculdades de um homem se desenvolvem exteriormente, por falta de um raio de sol ou de glória, de certo grau de cultivo da terra ou de uma educação conveniente dos contemporâneos; mas também a expressão verbal dos pensamentos privilegiados é sempre fragmentária e mutilada, e a adaptação dos seres vivos a seu meio é sempre incompleta. A razão é a mesma. Com efeito, todo germe tem uma aptidão a irradiar-se em uma infinidade de sentidos, e pode desenvolver-se apenas em um só; toda noção ainda inexpressa no fundo de um espírito que reflete, por exemplo a noção de espaço, ou simplesmente uma sensação, uma impressão, apresenta uma infinidade de aspectos, e cada frase pela qual se tenta comunicá-la ilumina apenas uma de suas faces. Por isso, jamais é comunicada a outrem; ela é *despertada* em outrem.

Se for considerada somente a *universalidade de aptidões* contida no germe vivo, é legítimo, a rigor, ver nisso a prova da cegueira da Natureza que, não podendo prever o caminho único pelo qual circunstâncias fortuitas orientarão o desenvolvimento do germe, precisou apropriá-lo, para torná-lo viável, a um número indeterminado de caminhos possíveis. Mas essa solução é evidentemente inaplicável à *universalidade de aspectos* contida em cada noção. Se, para tornar os germes viáveis, era preciso enchê-los de infinitos caracteres inatos, acaso era necessário, para tornar nossos pensamentos exprimíveis, compô-los de uma infinidade de relações? De modo algum, pois isso é justamente o que torna impossível a completa expressão deles. Portanto, entre a noção e o germe não há nada em comum além de um *apetite de infinito* que pede inutilmente para ser satisfeito.

Cobrir *todo* o solo é o anseio da espécie, *tudo* conceber é o anseio do espírito, desenvolver-se *inteiramente* é o anseio do germe, exprimir-se *inteiramente* é o anseio da noção. A esse desejo de certa totalidade, que está no fundo de uma força qualquer, corresponde essa afirmação de uma certa totalidade, que encontramos no fundo das leis. A faculdade que temos de pronunciar juízos universais reflete, com efeito, algo de objetivo. Pelo alcance infinito das Leis, o infinito parece *afirmado*; pela tendência infinita dos germes, pelas propriedades infinitas da matéria, pelos sentidos infinitos das noções, o infinito parece *desejado*: diferença que corresponde à bifurcação, no meu entender, fundamental em psicologia, e que a confirma.

Resumirei o que disse acrescentando uma observação essencial.

A tendência à realização de todos os possíveis, entendidos no sentido amplo e desmedido de Leibniz, isto é, como tudo o que não implica contradição, parece-me ser o sonho impotente e a sede insaciável do Universo. As leis, e as forças particulares de que derivam, ao excluírem *infinidades* de possibilidades, mas ao permitirem pensar e afirmar as infinidades subsistentes, parecem-me ser a direção e o freio desse profundo Desejo. Pois não se concebem possibilidades sem necessidades, como tampouco variações sem temas ou diferenças sem repetições.

Não que eu considere as leis e as forças como eternas. Elas não o são, como tampouco o são os temas relativamente duráveis que se repetem na série de suas variações instantâneas. As leis, as propriedades reais, não são as únicas leis, as únicas propriedades possíveis.

No que concerne à natureza viva, é praticamente certo que suas leis tiveram que mudar durante as diversas épocas geológicas. Elas não são, portanto, imutáveis. Tudo o que a luta dos naturalistas da escola de Cuvier demonstrou contra a doutrina da Evolução é a impossibilidade de explicar a formação da ordem atual por meio das leis da ordem atual, e a necessidade de recorrer, para essa explicação, a leis diferentes, cujo segredo nos é subtraído. Eis aí o x da geração das espécies e, antes de tudo, do aparecimento primeiro da vida. É infinitamente provável, vendo-se a nitidez com que se destacam as faunas características de cada etapa geológica, que se produziu, nos começos de uma espécie, *algo* de desconhecido, de passageiro, de *anormal*, isto é, de contrário a nossas leis ordinárias. Isso não é de modo algum apelar ao mistério, mas sim àquela profunda faculdade, muito pouco apreciada, de afirmar para além do horizonte dos fatos e de não ignorar, pelo menos, o que não se pode conhecer. Se afirmar o desconhecido é utilizar nossa ignorância, negar o desconhecido é ignorar duas vezes.

No que concerne à natureza físico-química, suas leis, como eu dizia, apresentam um caráter mais durável e relativamente indestrutível. Mas tampouco se poderia outorgar-lhes um título de eternidade, a menos que se diga que as propriedades atômicas, cujo conflito e cuja relação exprimem, são elas próprias eternas, isto é, que um átomo é imperecível e *incriável*, enquanto um eu não o é, nem uma célula, nem uma molécula. O que dissemos alhures,[9] sobre a *Conservação da matéria e da força*, vem assim em apoio às presentes considerações.

9 Tarde provavelmente se refere a "A ação dos fatos futuros" (*supra*, p.167). (N.O.)

oct. 18

Beyna

Carta autobiográfica

Minha vida rapidamente é contada: nascido em Sarlat em 1843 (infelizmente você vê que idade tenho), fui substituto do procurador da República de Ruffec de 1873 a 1875, depois juiz de instrução em Sarlat, minha cidade natal, de onde nunca pedi para sair até o momento em que o senhor Antonin Dubost, então ministro da Justiça, que eu não conhecia, mas que havia ouvido falar de mim, me ofereceu espontaneamente *me nomear chefe do setor de Estatística judiciária em seu ministério. Isso se passou em janeiro de 1894; eu aceitei e fiz bem. Seis anos depois, em 1900, fui nomeado professor de filosofia moderna no Collège de France e, em dezembro do mesmo ano, entrei para o Institut... Você se surpreenderá talvez com minha imobilidade prolongada na carreira judiciária: é que eu nela entrei sem gosto, quase por força... Além do mais, estive retido em Sarlat (até a morte de minha mãe, em 1891) por razões de família e também por um forte apego à terra natal. Há, perto de Sarlat, um antigo casarão em um rochedo, diante de uma vista deliciosa, onde eu experimentei as mais puras alegrias da vida troglodita. Minhas melhores ideias nasceram lá. Eu devo muito à minha mãe que, viúva aos vinte e oito anos, devotou-se a mim, seu filho único, e eu jamais quis me separar dela, mesmo ao me casar. Desde a idade de dezesseis anos eu havia decidido tentar outras vias, fazer o périplo das ciências... Mas saído aos dezessete anos do Collège des Jésuites de Sarlat, já muito livre pensador, fui rapidamente interrompido na execução desse grande projeto por uma doença dos olhos que exerceu a mais profunda influência – fatal? benfazeja? – sobre meu desenvolvimento intelectual. Dos dezenove aos vinte e cinco anos, pude ler muito pouco,* demais refletir. *Minhas forças visuais me bastaram apenas para fazer meu Direito. Apesar desse grave escolho de minha juventude, que foi muito entristecida e quase desencorajada, retomei em seguida e como pude a execução de meu plano de adolescente. Com efeito, minhas ideias principais se formaram muito tempo antes de sua publicação. Um dos meus antigos colegas de Ruffec se lembra muito bem que eu lhe expus frequentemente, desde 1874 ou 1875, o que ele leu depois mais desenvolvido em minhas obras... Entre 25 e 30 anos, meu sistema de ideias tomou corpo... Em 1882, eu entrei em contato com os criminalistas italianos. O que mais lhe diria? A lista de minhas obras, você a conhece... Eu voluntariamente esqueci de juntar a esta lista a publicação de meus* Contes et poèmes *porque, uma vez lançada essa coletânea de algumas poesias de minha juventude, fiquei descontente com a escolha que havia feito. Tivera, muito novo, ambições poéticas muito altas... Creio que essa aptidão não era ilusória...*

Gabriel Tarde [1904]

Sobre o autor

Tarde passou três quartos de sua vida no Périgord, atual Dordogne, sudoeste da França, entre a pequena Sarlat, sua cidade natal e de residência habitual, e a pitoresca comuna de La Roque Gageac, onde foi sepultado. Nascido em 12 de março de 1843 e registrado como Jean-Gabriel Tarde, era filho único e perdera o pai, juiz em Sarlat, quando contava sete anos. Viúva, Anne-Aline Roux, filha de juiz e mãe de Tarde, permaneceu junto ao filho até sua morte. Entre 1854 e 1860, Tarde estudou no Collège des Jésuites de Sarlat; entre 1860 e 1861, preparou-se para entrar na École Polytechnique, em Paris, mas, após uma primeira grave crise de oftalmia, decidiu seguir o exemplo da família e dedicar-se ao Direito, inicialmente em Toulouse (1862-1865) e, depois, em Paris (1865-1866). Formado, retornou a Sarlat, onde, com exceção do período em que atuou como juiz de instrução em Ruffec (Charente), ocupou uma série de cargos na magistratura local. Em 1877, casou-se com Marthe Baedy-Delisle, filha de um magistrado da corte de Bordeaux, com quem teve três filhos, Paul, Alfred e Guillaume. Iniciou, em 1880, intensa colaboração com a *Revue*

Philosophique, dirigida por Théodule Ribot. Em 1887, passou a colaborar regularmente com os *Archives d'Anthropologie Criminelle, de Criminologie et de Psychologie Normale et Pathologique*, periódico fundado no ano anterior por Alexandre Lacassagne. Dois anos depois, sustentou violenta polêmica com Cesare Lombroso durante o Segundo Congresso Internacional de Antropologia Criminal, o que projetou seu nome na França e no estrangeiro. Em 1890 publicou *Les Lois de l'imitation*, que viria a ser seu livro mais conhecido. Três anos depois, tornou-se codiretor dos *Archives d'Anthropologie Criminelle*. Em 1894, abandonou definitivamente a vida provinciana que até então levara e se mudou para Paris, onde foi ocupar o posto de diretor do setor de estatística judiciária do Ministério da Justiça. Suas atividades no Ministério lhe renderam, em 1895, o título de Chevalier de la Légion d'Honneur concedido pela Chancellerie Française. Sua primeira experiência docente aconteceu em 1896, quando, aos 53 anos, passou a oferecer cursos na École Libre des Sciences Politiques; ela se adensou no ano seguinte, quando começou a atuar no Collège Libre des Sciences Sociales. Em 1900, assumiu a cátedra de filosofia moderna no Collège de France e foi eleito para a Académie des Sciences Morales et Politiques. Em 1902, voltou a sofrer graves crises de oftalmia. Tarde morreu em Paris em 12 de maio de 1904, aos 61 anos.

Gabriel Tarde ou Gabriel de Tarde?

A partícula aristocrática compôs o patrônimo praticamente durante toda a existência da família *de Tarde*, uma das mais antigas do Périgord. Seu emprego foi temporariamente abandonado por força da Revolução. O avô e o bisavô de Tarde, respectivamente Joseph e Charles-Gaspard, foram registrados com a partícula; seu pai, Pierre-Paul, nascido em 1797, já não mais a portava; os filhos de Tarde também foram registrados sem a partícula; assim como ele mesmo, que fora registrado Jean-Gabriel Tarde. Após o nascimento de seus filhos e por pressão de sua mãe e de sua esposa, Gabriel Tarde demandou judicialmente a retificação do patrônimo. Em 1885 o tribunal de Sarlat decidiu pela restituição da partícula e pela retificação de todos os registros civis que, desde a Revolução, não a portassem. Assim, Tarde se tornou *Gabriel de Tarde* nos registros civis, seus filhos incorporaram a partícula e a tradição vem sendo mantida pelos descendentes de Tarde. Entretanto, *Gabriel Tarde* jamais assinou suas publicações com outro nome que não este, não tendo na prática incorporado o uso da partícula aristocrática (Lacassagne, 1904, p.674; De Tarde, 1909, p.7).

Escritos de Gabriel Tarde

A bibliografia a seguir foi compilada a partir das listagens produzidas por Clarck (1968), Milet (1970) e pela Médiathèque Gabriel Tarde, da École Nationale d'Administration Pénitentiaire. Ela apura incorreções presentes naquelas listagens e incorpora textos não relacionados por elas, o que foi possível graças à leitura de outros textos sobre Tarde e aos levantamentos realizados na Bibliothèque Nationale de France e no Fonds Gabriel Tarde do Centre d'histoire – Sciences Po, Paris.[1]

1 C. Borch publicou uma bibliografia bastante completa de Gabriel Tarde numa revista escandinava em 2004 (ver a seguir). A bibliografia que apresentamos aqui, mais extensa que a de Borch, pôde, no entanto, incorporar e checar os elementos ali publicados.

Monografias e coletâneas

Essais et mélanges sociologiques [EMS, 1895]. Lyon e Paris: Storck e Masson, 1895.

Études de psychologie sociale [EPSys, 1898]. Elibron Classics, 2005.

Études pénales et sociales [EPS, 1892]. Lyon e Paris: Storck e Masson, 1892.

Fragment d'histoire future [1884]. Paris: Editions Atlantica Séguier, 1999.

L'Opinion et la foule [OF, 1901]. Paris: Editions du Sandre, 2006.

L'Opposition universelle – essai d'une théorie des contraires [OU, 1897]. Paris: Les Empêcheurs de Penser en Rond, 1999.

La Criminalité comparée [CC, 1886]. Paris: Les Empêcheurs de Penser en Rond, 2004.

La Logique sociale [LGS, 1895]. Paris: Les Empêcheurs de Penser en Rond, 1999.

La Philosophie pénale [PP, 1890]. Elibron Classics, 2005.

La Psychologie économique [PE, 1890]. Paris: Les Empêcheurs de Penser en Rond.

Les Lois de l'imitation – étude sociologique [LI, 1890]. Paris: Les Empêcheurs de Penser en Rond, 2001.

Les Lois sociales – esquisse d'une sociologie [LS, 1898]. Paris: Les Empêcheurs de Penser en Rond, 1999.

Les Transformations du droit – étude sociologique [TD, 1893]. Paris: Berg Internationale, 1994.

Les Transformations du pouvoir – étude sociologique [TP, 1899]. Paris: Les Empêcheurs de Penser en Rond, 2003.

Maine de Biran et l'évolutionnisme en psychologie [1876]. Paris: Les Empêcheurs de Penser en Rond, 2000.

Monadologie et sociologie [1895]. Paris: Les Empêcheurs de Penser en Rond, 1999.

Philosophie de l'histoire et science sociale – la philosophie de Cournot [PHSS]. Paris: Les Empêcheurs de Penser en Rond, 2002.

Em português

A opinião e as massas (trad. Paulo Neves). São Paulo: Martins Fontes, 2005.
As leis da imitação (trad. Carlos Maia). Porto: Rés, s/d.
Criminalidade comparada (trad. Ludy Veloso). Rio de Janeiro: Editora Nacional do Direito, 1957.

A listagem bibliográfica completa foi disposta cronologicamente para que se possa ter uma ideia aproximada do desenvolvimento do pensamento de Tarde. Como vários ensaios foram posteriormente reunidos em coletâneas ou se tornaram capítulos de livros, mesmo que revistos ou ampliados, optamos por indicar, por meio de abreviaturas entre colchetes, a coletânea ou o livro em que o ensaio em questão se encontra republicado. Para que se possa ter uma ideia da variedade e do porte dos trabalhos publicados por Tarde, optamos por diferenciar os textos – e por simbolizar essa classificação por meio do alfabeto grego – em: [α] monografias; [β] coletâneas; [γ] ensaios; [δ] revisões bibliográficas; [ε] resenhas; [ζ] apresentações (prefácios e introduções); [η] textos literários (contos, poemas e vaudeviles); [θ] respostas (réplicas e tréplicas); e [ι] diversos (discussões, relatórios e outros textos). Versões digitais em francês das monografias e coletâneas de Tarde podem ser encontradas nos sites de Gallica, Bibliothèque Numérique de la Bibliothèque Nationale de France (gallica.bnf.fr) e de Les Classiques des Sciences Sociales, Bibliothèque Numérique de l'Université du Québec à Chicoutimi (www.uqac.ca/zone30/Classiques_des_sciences_sociales). A Médiathèque Gabriel Tarde, École Nationale d'Administration Pénitentiaire disponibiliza, por sua vez, versões digitais de praticamente todos os outros textos de Tarde.

1870

γ Escreve "La Différence universelle".

η Começa a redigir *Contes et poèmes*.

1874

α Redige um longo manuscrito intitulado *La Répétition et l'évolution des phénomènes.* [No ano seguinte, Tarde propõe à Germer-Baillère a publicação integral deste manuscrito, mas as negociações fracassam. Dois dos capítulos deste manuscrito, "La Variation universelle" e "Monadologie et sociologie", serão publicados por Tarde na coletânea *Essais et mélanges sociologiques* (1895); outro capítulo, intitulado "Les Existences conditionnelles ou les possibles non réalisés", será publicado postumamente sob o título "Les Possibles" (1910); enfim, outro capítulo, intitulado "Les Trois formes et la répétition universelle", é um esboço do início de *Les Lois de l'imitation* (1890). A monografia *La Répétition et l'évolution des phénomènes* jamais será integralmente publicada. Não se sabe ao certo o quão diferentes as versões publicadas são do manuscrito original.]

1876

α *Maine de Biran et l'évolutionnisme en psychologie*. [Trabalho apresentado na 41ª sessão do *Congrès scientifique de France*, realizada em Périgueux; publicado em 1882 por Cassard Frères, Imprimeurs-libraires, Périgueux.]

1879

η *Contes et poèmes*. Paris: Calman-Lévy, 228p.

1880

γ La Croyance et le désir: possibilité de leur mesure. *Revue Philosophique*, n.X, p.150-80 e 264-83. [*EMS*]

1881

γ La Psychologie en économie politique. *Revue Philosophique*, n.XII, p.232-50 e 401-18.

γ La Roque de Gajac au XV siècle, monographie archéologique. *Bulletin de la Société Historique et Archéologique de Périgord*. Périgord: Société Historique et Archéologique de Périgord.

1882

γ Les Traits communs de la nature et de l'histoire. *Revue Philosophique*, n.XIV, p.270-91. [*LI*]

1883

γ L'Archéologie et la statistique. *Revue Philosophique*, n.XVI, p.363-84 e 492-511. [*LI*]

γ La Statistique criminelle du dernier demi-siècle. *Revue Philosophique*, n.XV, p.49-82. [*CC*]

δ Sur quelques criminalistes italiens de la nouvelle école. *Revue Philosophique*, n.XV, p.658-69.

ε Socialismo e criminalità. *Revue Philosophique*, n.XVI, p.512-20. [Resenha da obra homônima de Enrico Ferri.]

1884

γ Darwinisme naturel et darwinisme social. *Revue Philosophique*, n.XVII, p.607-37.

γ Qu'est-ce qu'une société?. *Revue Philosophique*, n.XVIII, p.489-510. [*LI*]

δ Études sur le socialisme contemporain. *Revue Philosophique*, n.XVIII, p.173-92. [Revisão de Paul Janet, *Les Origines du socialisme contemporaine* ; Émile de Laveleye, *Le Socialisme contemporaine*; e Masseron, *Danger et nécessité du socialisme*.]

ε Omicidio-suicidio. *Revue Philosophique*, n.XVII, p.688-90. [Resenha da obra homônima de Enrico Ferri.]

η Redige *Fragment d'histoire future*. [Conto futurista republicado com ligeiras modificações várias vezes mais tarde, sendo a primeira em 1896.]

1885

γ Le Type criminel. *Revue Philosophique*, n.XIX, p.593-627. [cc]

θ Réponse à Lombroso. *Revue Philosophique*, n.XX, p.181-82. [Tréplica à réplica de Césare Lombroso ao artigo "Le Type criminel", de Tarde.]

1886

β *La Criminalité comparée*. Paris: Félix Alcan, 215p. [Além de ensaios já publicados, contém o inédito Problèmes de pénalité.]

γ L'Avenir de la moralité. *Revue Philosophique*, n.XXII, p.400-07.

γ Problèmes de criminalité. *Revue Philosophique*, n.XXI, p.1-25 e 122-43. [cc]

δ Les Criminalités espagnoles et siciliennes. *Revue Philosophique*, n.XXI, p.662-70 [Revisão de Jimeno Agius, *Criminalitad en Espana*; e Napoleone Colajanni, *La delinquenza della Sicilia e le sue cause.*]

1887

γ La Statistique criminelle pour 1885. *Archives d'Anthropologie Criminelle*, n.II, p.407-13.

γ Positivisme et pénalité. *Archives d'Anthropologie Criminelle*, n.II, p.32-51.

δ Publications récentes sur la psychologie criminelle. *Revue Philosophique*, n.XXIV, p.625-44. [Revisão de Marro, *I caratteri dei delinquenti*; Battaglia, *Dinamica del delitto*; Felix de Aramburu y Zuloaga, *Nuova scienza penale*; Lombroso, *L'Homme criminel*; e Henri Coutague, *Compte reundu officiel de la justice criminelle en France, pour 1885.*]

ε L'Alcoolismo – sue conseguenza morali e sue cause. *Revue Philosophique*, n.XXIV, p.425-32. [Resenha da obra homônima de Napoleone Colajanni.]

ε La Teoria economica della constituzione politica. *Revue Philosophique*, n.XXIII, p.86-92. [Resenha da obra homônima de A. Loria.]

ζ Introduction, in *Les Chroniques de Jean Tarde, chanoine théologal et vicaire général de Sarlat: contenant l'histoire religieuse et politique de la ville et du diocèse de Sarlat, depuis les origines jusqu'aux premières années du xviie siècle*. Paris: Oudin e Picard, p.I-XLIV.

ι Discussion. *Actes du premier congrès international d'anthropologie criminelle, biologique et sociologie*, Rome 1885, p.40.

1888

γ La Criminologie. *Revue d'Anthropologie*, n.III (3ª série), p.521-33.

γ La Crise de la morale et la crise du droit pénal. *Revue Philosophique*, n.XXVI, p.379-96. [*EPS*]

γ La Dialectique sociale. *Revue Philosophique*, n.XXVI, p.18-41 e 148-65. [*LI*]

γ Les Deux sens de la valeur. *Revue d'Économie Politique*, n.II, p.526-40 e 561-76.

δ "Les Principes du droit" et "Le Devoir de punir". *Archives d'Anthropologie Criminelle*, n.III, p.383-94. [Revisão de Emile Beaussire, *Les Principes du droit*; e de Eugène Mouton, *Le Devoir de punir*.]

ι Les Actes du congrès de Rome. *Archives d'Anthropologie Criminelle*, n.III, p.66-80.

1889

γ Catégories logiques et institutions sociales. *Revue Philosophique*, n.XXVIII, p.113-36, 292-309. [*LGS*]

γ L'Affaire Chambige. *Archives d'Anthropologie Criminelle*, n.IV, p.92-108. [*EPS*]

γ L'Atavisme moral. *Archives d'Anthropologie Criminelle*, n.IV, p.237-65. [*EPS*]

γ Le Crime et l'épilepsie. *Revue Philosophique*, n.XXVIII, p.449-69.

γ Sur la Responsabilité morale. *Archives d'Anthropologie Criminelle*, n.IV, p.356-69.

ε La Questione della pena di morte. *Archives d'Anthropologie Criminelle*, n.IV, p.212-17. [Resenha da obra homônima de Emmanuele Carnevale.]

ε Le Magnétisme animal. *Archives d'Anthropologie Criminelle*, n.IV, p.501-5. [Resenha da obra homônima de Joseph Delboeuf.]

ε Les Criminels. *Archives d'Anthropologie Criminelle,* n.IV, p.112-22. [Resenha da obra homônima de A. Corre.]

ι Le Deuxième Congrès International d'Anthropologie Criminelle. *Revue Scientifique – Revue Rose,* n.XVIII (3ª série), p.684-89.

1890

α *Les Lois de l'imitation – étude sociologique*. Paris: Félix Alcan.

α *La Philosophie pénale*. Lyon e Paris: Storck e Masson.

γ La Misère et la criminalité. *Revue Philosophique*, n.XXIX, p.505-18.

γ Le Délit politique. *Revue Philosophique*, n.XXX, p.337-60. [*EPS*]

γ Les Maladies de l'imitation. *Revue Scientifique – revue rose*, n.XIX (3ª série), p.737-48 (1ª parte) e n.XX (3ª série), p.6-11 (2ª parte). [*EPS*]

ε Critica penale. *Archives d'Anthropologie Criminelle*, n.V, p.449-56. [Resenha da obra homônima de Emmanuele Carnevale.]

ε L'Amour morbide. *Archives d'Anthropologie Criminelle*, n.V, p.585-95. [*EPS*; de Emile Laurent, *L'Amour morbide*.]

ε La France criminelle. *Archives d'Anthropologie Criminelle*, n.V, p.195-205. [Resenha da obra homônima de Henri Joly.]

ε Les Habitués des prisions de Paris. *Archives d'Anthropologie Criminelle*, n.V, p.551-56. [Resenha da obra homônima de Emile Laurent.]

ε Magnétiseur et médecins. *Revue Philosophique*, n.XXX, p.93-5. [Resenha da obra homônima de Joseph Delboeuf.]

ζ Dépopulation et civilisation, in Dumont, Arsène. *Dépopulation et civilisation, étude démographique*. Paris: Lecrosnier et Babé, p.I-XII. [*EPS*]

η Les Vers impairs. *Le Semeur*, n.XIX, p.598-601 e n.XX, p.639-43.

ι Discussion. *Actes du deuxième congrès international d'anthropologie criminelle, biologie et sociologie*, Paris 1889, p.165, 183, 199, 284, 346, 374 e 391.

ι Les Anciens et les nouveaux fondements de responsabilité morale. *Actes du Deuxième Congrès International d'Anthropologie Criminelle, Biologie et Sociologie*, Paris 1889, p.92-105.

1891

γ A Propos de deux beaux crimes. *Archives d'Anthropologie Criminelle*, n.VI, p.453-65. [*EPS*]

γ Études criminelles et pénales. *Revue Philosophique*, n.XXXII, p.483-517. [*EPS*]

γ L'Affaire Wladimoroff. *Archives d'Anthropologie Criminelle*, n.VI, p.206-13. [*EPS*]

γ L'Archéologie criminelle en Périgord. *Archives d'Anthropologie Criminelle*, n.VI, p.569-84. [*EPS*]

γ L'Art et la logique. *Revue Philosophique*, n.XXXI, p.123-47 e 288-312. [*lgs*]

γ L'Idée de culpabilité. *Revue des Deux Mondes*, n.CCCXVII, 15 de jun., p.849-77. [*EPS*]

ζ Préface, in Laurent, Émile. *L'Année Criminelle (1889-1890)*. Lyon: Storck.

η L'Inspecteur, comédie en un acte. *Revue du Siècle*, p.571-84.

η Sonnet. *Le Semeur*, n.X, p.153.

1892

β *Études pénales et sociales*. Lyon e Paris: Storck e Masson. [Além de ensaios já publicados, contém os inéditos "Le Duel", "Les Idées sociologiques de Guyau" e "Le Suffrage dit universel"]

γ Brides de statistiques américaines. *Archives d'Anthropologie Criminelle*, n.VII, p.691-8.

γ Les Crimes des foules. *Archives d'Anthropologie Criminelle*, n.VII, p.353-86. [*EMS*; também publicado como um opúsculo por Storck e Masson]

γ Une Nouvelle école italienne: le positivisme critique. *Archives d'Anthropologie Criminelle*, n.VII, p.208-11.

ε Histoire des doctrines économiques. *Revue Philosophique*, n.XXXIV, p.69-75. [*EMS*; resenha da obra homônima de Alfred Espinas.]

ε Le Combat contre le crime. *Revue Philosophique*, n.XXXIV, p.510-6. [Resenha da obra homônima de Henri Joly.]

ε Le Type criminel d'après les savants et les artistes. *Archives d'Anthropologie Criminelle*, n.VII, p.333-36. [Resenha da obra homônima de Edouard Lefort.]

η Evocation. *Revue de Bordeaux*, p.175-9.

η L'Audience, pochade en un acte et sans vers. *Revue du Siècle*, n.LXV, p.735-55.

η La Graphologie. *Revue de Bordeaux*, p.1-12. [*EPSys*; republicado em 1897 na *Revue Philosophique*, n.XLIV, p.337-63.]

η Le Championnat. *Revue du Siècle*, n.LXII, p.473-92.

η Les Géants chauves. *Revue Politique et Littéraire – Revue Bleue*, n.L, p.611-19.

η *Les Deux Statues. La Boétie et Montaigne*. Lyon: Storck.

ι Le Troisième Congrès International d'Anthropologie Criminelle. *Archives d'Anthropologie Criminelle*, n.VII, p.465 et seq.

1893

α *Les Transformations du droit – étude sociologique*. Paris: Félix Alcan.

γ Considérations sur l'indétermination des peines. *Revue Pénitentiaire*, n.XVII, p.750-9.

γ Foules et sectes au point de vue criminelle. *Revue des Deux Mondes*, n.CCCXXXII, p.349-87. [*EMS*; *OF*]

γ La Logique sociale des sentiments. *Revue Philosophique*, n.XXXVI, p.561-94.

γ La Sociologie criminelle et le droit pénal. *Archives d'Anthropologie Criminelle*, n.VIII, p.513-25. [*EMS*]

γ Les Monades et la science sociale. *Revue Internationale de Sociologie*, n.I, p.157-73 e 231-46. [*EMS*]

γ Les Transformations du droit. *Revue Philosophique*, n.XXXVI, p.623-9. [*TD*] δ Questions sociales. *Revue Philosophique*, n.XXXV, p.618-38. [*EMS*; de Novicow, *De la Lutte entre sociétés*; de Émile Durkheim, *De la Division du travail social*; e de Gumplowicz, *La Lutte des races*.]

ε Les Vaudois. *Archives d'Anthropologie Criminelle*, n.VIII, p.334 et seq. [Resenha da obra homônima de A. Bérard.]

θ A propos du problème de M. Lombroso. *Revue Scientifique – Revue Rose*, n.LI, p.284-5.

θ Biologie et sociologie. Réponse au Dr. Bianchi. *Archives d'Anthropologie Criminelle*, n.VIII, p.7-20.

θ Pro Domo Mea. Réponse à M. Ferri. *Archives d'Anthropologie Criminelle*, n.VIII, p.258-76. [*EMS*]

θ Réponse à M. R. Berthelot. *Revue de Métaphysique et de Morale*, n.I, p.573-75. [Réplica às críticas de Berthelot a *Les Transformations du droit*.]

ι Discussion. *Actes du Troisième Congrès International d'Anthropologie Criminelle, Biologie et Sociologie*, Bruxelles 1892, p.253, 335, 380 e 384.

1894

γ La Religion, essai de logique sociale. *Revue Politique et Littéraire – Revue Bleue*, n.II (4ª série), p.435-40. [*LGS*]

γ La Série historique des états logiques. *Revue Internationale de Sociologie*, n.II, p.34-49.

γ Les Crimes de haine. *Archives d'Anthropologie Criminelle*, n.IX, p.241-54. [*EMS*]

γ Les Délites impoursuivis. *Archives d'Anthropologie Criminelle*, n.IX, p.641-50. [*EMS*]

ε Les Longues peines. *Revue Pénitentiaire*, n.XVIII, p.981.

ε Les Malfaiteurs de profession. *Archives d'Anthropologie Criminelle*, n.IX, p.108-11. [Resenha da obra homônima de Louis Pierbarand.]

η Le Kiosque. *Revue du Siècle*, n.LXXXIV, p.248-77.

η Lydie, pièce à deux personnages. *Revue du Siècle*, n.XC, p.632-51.

1895

α *La Logique sociale*. Paris: Félix Alcan. [Há uma boa controvérsia quanto à data da primeira edição deste livro, sendo vários os autores que apontam datas diferentes para a primeira edição (veja Vargas (2000, p.174n)). Os próprios filhos de Tarde indicam, e num mesmo texto (De Tarde, 1909, p.25; 68), duas datas diferentes – 1893 e 1894. A edição que tenho em mãos é a segunda, de 1898. No prefácio, Tarde afirma que a primeira edição é de 1895, sendo esta a mesma data indicada em seus "Titres de candidature à l'Académie de Sciences Morales et Politiques", publicados em 1900. Fico com ele.]

β *Essais et Mélanges Sociologiques*. Lyon e Paris: Storck e Masson. [Além de ensaios já publicados, contém o inédito "Psychologie des foules", bem como "Monadologie et sociologie", versão ampliada de "Les Monades et la science sociale", e "La Variation universelle", versão alterada do inédito "La Différence universelle".]

γ Criminalité et santé social. *Revue Philosophique*, n.XXXIX, p.148-62. [*EPSys*]

γ L'Instinct de domination. *Archives d'Anthropologie Criminelle*, n.X, p.207-11.

γ La Diminution du crime en Angleterre. *Revue Pénitentiaire*, n.XIX, p.115-8. [Também publicado no mesmo ano em *Archives d'Anthropologie Criminelle*, n.X, p.211-4.]

γ La Sociologie élémentaire. *Annales de l'Institut International de Sociologie*, n.I, p.209-43. [Artigo apresentado em 1894 no I Congrès International de Sociologie e republicado em *EPSys* sob o título de "Les Deux éléments de la sociologie".]

γ Le Transformisme social. *Revue Philosophique*, n.XL, p.26-40. [*EPSys*].

ε´ Saint François d'Assise, étude sociale et médicale. *Archives d'Anthropologie Criminelle*, n.X. [Resenha da obra homônima de Bournet.]

ι Congrès de Sociologie. *Archives d'Anthropologie Criminelle*, n.X, p.206-7.

ι Rapport sur la 5e question de la première section (Législation pénale). *V Congrès Pénitentiaire International.* Paris.

1896

γ L'Idée de "l'organisme social". *Revue Philosophique*, n.XLI, p.637-46. [*EPSys*] [Também publicada no mesmo ano em *Archives d'Anthropologie Criminelle*, n.XI, p.418-28.]

γ La Criminalité professionnelle. *Archives d'Anthropologie Criminelle*, n.XI, p.538-60. [*EPSys*]

η Brins d'idées. *Revue Politique et Littéraire – Revue Bleue*, n.IV (4ª série), p.636-8, 702, 828-9.

η Fragment d'histoire future. *Revue Internationale de Sociologie*, n.IV, p.603-54. [Publicado como um opúsculo no mesmo ano por Giard e Brière; republicado em 1904 em *Archives d'Anthropologie Criminelle*, n.XIX, p.565-621.]

θ Observations (réponse au M. de Krauz). *Annales de l'Institut International de Sociologie*, n.II, p.338-43.

ι Le Congrès d'Anthropologie Criminelle de Genève. *Revue Pénitentiaire*, n.XX, p.1237-46, 1252.

ι Lettre ouverte au directeur de la Scuola Positiva. *Archives d'Anthropologie Criminelle*, n.XI, p.131-2.

1897

α *L'Opposition universelle – essai d'une théorie des contraires.* Paris: Félix Alcan.

γ L'Idée d'opposition. *Revue Philosophique*, n.XLIII, p.1-18 e 160-75. [*OU*]

γ La Criminalité professionnelle. *Congrès International d'Anthropologie Criminelle. Compte rendu des travaux de la quatrième session*, Genève 1896, p.76-85.

γ La Jeunesse criminelle. *Archives d'Anthropologie Criminelle*, n.XII, p.452-72. [*EPSys*] [Também publicado no mesmo ano em *Revue Pédagogique*, n.XXX, p.193-215.]

γ Les Oppositions sociales: la guerre. *Revue Politique et Littéraire – Revue Bleue*, n.VIII (4ª série), p.331. [*OU*]

γ Note sur les rapports de la biologie et de la sociologie. *Annales de l'Institut International de Sociologie*, n.III, p.189-98.

γ Souvenirs de transports judiciaires. *Archives d'Anthropologie Criminelle*, n.XII, p.293-300. [*EPSys*]

γ Sympathie et synthèse. *Revue Française d'Edimbourg*. [*EPSys*]

ι L'Alcoolisme et la loi pénale. *Revue Pénitentiaire*, n.XXI, p.282-4.

ι Les Aliénés criminels. *Revue Pénitentiaire*, n.XXI, p.867.

ι Rapports, in Ministère de la Justice. *Statistique Judiciaire*. 12v.

1898

α *Les Lois sociales – esquisse d'une sociologie*. Paris: Félix Alcan.

β *Études de psychologie sociale*. Paris: Giard e Brière, 327 p.[Além de ensaios já publicados, contém os inéditos "La Sociologie", "La Sociologie de M. Giddings" e "Crimes, délits, contraventions", este último apresentado em 1895 no Congrès Pénitentiaire.]

γ Le Public et la foule. *Revue de Paris*, n.IV, p.287-306 e 615-35. [*OF*]

γ Les Lois sociales – l'adaptation. *Revue de Métaphysique et de Morale* n.VI, p.329-53. [*LS*]

γ Les Lois sociales – l'opposition. *Revue de Métaphysique et de Morale* n.VI, p.202-29. [*LS*]

γ Les Lois sociales – la répétition. *Revue de Métaphysique et de Morale*, n.VI, p.14-37. [*LS*]

γ Les Transformations de l'impunité. *Archives d'Anthropologie Criminelle*, n.XIII, p.615-31. [Republicado no mesmo ano em *La Réforme Sociale*, n.VI, p.709-27, e no ano seguinte em Lacassagne, Alexandre. *Vacher l'éventreur et les crimes sadiques*. Lyon: Storck.]

γ Problèmes de criminalité. *Archives d'Anthropologie Criminelle*, n.XIII, p.369-409.

γ Qu'est-ce que le crime?. *Revue Philosophique*, n.XLVI, p.337-55.

ζ Préface, in Saleilles, Raymond. *L'Individualisation de la peine – étude de criminalité sociale*. Paris: Félix Alcan, p.I-VI.

ι L'Indemnité due a la partie lésée. *Revue Pénitentiaire*, n.XXII, p.618.

ι La Défense dans l'instruction préparatoire. *Revue Pénitentiaire*, n.XXII, p.1206-08.

ι Le Recouvrement des frais de justice. *Revue Pénitentiaire*, n.XXII, p.202-3 e 210.

ι Observations de M. Tarde. *Annales de l'Institut International de Sociologie*, n.IV, p.83-4, 237-60 e 311.

ι Répression du vagabondage. *Revue Pénitentiaire*, n.XXII, p.479-80.

1899

α *Les Transformations du pouvoir – étude sociologique*. Paris: Félix Alcan.

γ L'Opinion et la conversation. *Revue de Paris*, n.IV, p.689-719 e n.V, p.91-116. [*OF*]

γ Les Transformations du pouvoir. *Revue Internationale de Sociologie*, n.VII, p.177-92. [*TP*]

ε L'Ame du criminel. *Archives d'Anthropologie Criminelle*, n.XIV, p.297-304. [Resenha da obra homônima de Maurice de Fleury.]

ι Le Droit de grâce. *Revue Pénitentiaire*, n.XXIII, p.945-8.

ι Le Jury et l'échevinage. *Revue Pénitentiaire*, n.XXIII, p.1190-3.

ι Les Sentences indéterminées. *Revue Pénitentiaire*, n.XXIII, p.783-90.

ι Réponse à une enquête sur l'introduction de la sociologie dans l'enseignement secondaire. *Revue Internationale de Sociologie*, n.VII, p.678-9.

1900

γ L'Esprit de groupe. *Archives d'Anthropologie Criminelle*, n.XV, p.5-27.

γ Leçon d'ouverture d'un cours de philosophie moderne. *Archives d'Anthropologie Criminelle*, n.XV, p.233-51. [Também publicado no mesmo ano em *Revue Internationale de Sociologie*, n.VIII, p.165-81, sob o título "Leçon d'ouverture d'un cours au Collège de France".]

ζ Préface. *Almanach de la paix pour 1900.*

η Le Chantage. *Archives d'Anthropologie Criminelle*, n.XV, p.644-53.

ι Discussion. *Bulletin de l'Institut International de Statistique*, n.XII, p.112.

ι L'État de nécessité et le délit nécessaire. *Revue Pénitentiaire*, n.XXIV, p.1444-5.

ι L'Hérédité des professions. *Revue Internationale de Sociologie*, n.VIII, p.50-51.

ι La Réforme des maisons de correction. *Revue Pénitentiaire*, n.XXIV, p.254-56.

ι Notes sur quelques cartes et diagrammes de statistique judiciaire. *Bulletin de l'Institut International de Statistique*, n.XII, p.306.

ι Rapport au nom de la Société générale des prisons. Congrès Pénitentiaire International, Bruxelles.

ι Titres de candidature à l'Académie de Sciences Morales et Politiques. Paris: Archives Nationales.

1901

β *L'Opinion et la foule*. Paris: Félix Alcan.

γ L'Action des faits futurs. *Revue de Métaphysique et de Morale*, n.IX, p.119-37. [Ensaio originalmente escrito na segunda metade da década de 1870.]

γ L'Action intermentale. *Archives d'Anthropologie Criminelle*, n.XVI, p.168-95.

γ L'Idée de valeur. *Revue Politique et Littéraire – revue bleue*, n.XVI (4ª série), p.545-51. [*PE*]

γ La Criminalité et les phénomènes économiques. *Archives d'Anthropologie Criminelle*, n.XVI, p.565-75.

γ La Psychologie intermentale. *Revue Internationale de Sociologie*, n.IX, p.1-13.

γ La Réalité sociale. *Revue Philosophique*, n.LII, p.457-77.

ζ Préface, in Fourquet, Émile. *Les Faux témoins – essai de psychologie criminelle*. Chalon-sur-Saône: Emile Bertrand, p.I-XII.

θ Réponse à M. Espinas. *Revue Philosophique*, n.LI, p.661-64. [Réplica a "Être ou ne pas être, ou du postulat de la sociologie, de Alfred Espinas.]

ι Conférence sur la prétendue décadence des peuples latins. *L'Athénée de Bordeaux*.

ι Congrès d'Anthropologie Criminelle d'Amsterdam. *Revue Pénitentiaire*, n.XXVI, p.1467-69.

ι Discussions. *Revue Internationale de Sociologie*, n.IX, p.38-9, 214, 377-9, 453-4 e 940.

ι Les Facteurs psychiques et les effets matériels. *Revue Pénitentiaire*, n.XXVI, p.829-32.

1902

α *La Psychologie économique*. 2v. Paris: Félix Alcan.

γ L'Invention considérée comme moteur de l'évolution sociale. *Revue Internationale de Sociologie*, n.X, p.562-74.

γ Quelques mots sur le matérialisme historique. *Annales de l'Institut International de Sociologie (1900-1)*, n.VIII, p.283-9.

ε L'Année Sociologique. *Archives d'Anthropologie Criminelle*, n.XVII, p.445. [Dos quatro primeiros volumes do *Année Sociologique*.]

ζ Avant-propos, in Bruno, Camille. *La Fin d'une amante*. Paris: Calmann-Lévy, p.I-VIII.

ι Discussions. *Revue Internationale de Sociologie*, n.X, p.139-41, 219, 386-7 e 911-4.

ι La Loi de pardon. *Revue Pénitentiaire*, n.XXVI, p.198.

ι La Loi du sursis conditionnel et ses effets en France. *Bulletin de l'Union Internationale de Droit Pénal*, n.X, p.296-301.

ι Les Résultats de sursis. *Revue Pénitentiaire*, n.XXVI, p.1146-7.

1903

γ Augustin Cournot. *Annales de l'Institut International de Sociologie*, n.IX, p.87-104. [PHSS] γ L'Interpsychologie. *Bulletin de l'Institut Général Psychologique*, n.II, p.91-118. [Republicado no ano seguinte em *Archives d'Anthropologie Criminelle*, n.XIX, p.537-64.]

γ La Criminalité de 1880 à 1900. *Revue Pénitentiaire*, n.XXVII, p.158-78, 293-301 e 684.

γ La Criminalité en France dans les vingt dernières années. *Archives d'Anthropologie Criminelle*, n.XVIII, p.162-81.

γ La Philosophie sociale de Cournot, *Bulletin de la Société Française de Philosophie*, p.207-30. [*phss*]

ε Les Classes Sociales. *Revue Internationale de Sociologie*, n.XI, p.125-7.

ε Rôle social de la joie. *Revue Politique et Littéraire – Revue Bleue*, n.XIX, p.33-6.

ι Discussion. *Bulletin de l'Institut Général Psychologique*, n.I, p.25-8.

ι Juges de paix. *Revue Pénitentiaire*, n.XXVII, p.1322-3, 1340-1.

1904

ζ Avant-propos, in Jacoby, Paul. *Études sur la sélection chez l'Homme*. Paris, p.I-XVII (2.ed.).

ι Lettre autobiographique. *Revue Universelle*, n.CXII, p.333.

ι Notice sur la vie et les travaux de Charles Lévêque. *Séances et travaux de l'académie des sciences morales et politiques*, n.LXII, p.5-35.

Publicações póstumas

1904

γ L'Avenir latin. *Revue Politique et Littéraire – revue bleue*, n.I (5ª série), p.769-73 e 801-7.

γ La Notion de hasard chez Cournot. *Revue Philosophique*, n.X (NS), p.497-515. [PHSS]

γ La Psychologie et la sociologie. *Annales de l'Institut International de Sociologie*, n.X, p.67-81.

ε L'Élite intellectuelle et la démocratie. *Revue Politique et Littéraire – Revue Bleue*, n.I (5ª série), p.673-4.

η Vers d'un sociologue: l'imaginaire. *Revue Internationale de Sociologie*, n.XII, p.580-84.

ι Discussion. *Revue Internationale de Sociologie*, n.XII, p.52.

ι Discussions. *Annales de l'Institut International de Sociologie*, n.X, p.120-4, 242-3, 264-73 e 412.

ι La Sociologie et les sciences sociales. *Revue Internationale de Sociologie*, n.XII, p.83-86. [Resumo das conferências proferidas por Gabriel Tarde e Émile Durkheim em dezembro de 1903 na *École des Hautes Études Sociales*, Paris.]

ι Lettre à Casimir de Kellès-Kraus. *Archives d'Anthropologie Criminelle*, n.XIX, p.901-5.

1905

γ L'Accident et le rationnel en histoire, d'après Cournot. *Revue de métaphysique et de morale*, n.XIII, p.319-47. [*PHSS*]

1907

γ La Morale sexuelle. *Archives d'Anthropologie Criminelle*, n.XXII, p.5-40.

1909

γ L'Interpsychologie infantile. *Archives d'Anthropologie Criminelle*, n.XXIV, p.161-72.

η Poèmes inconnus. *L'Action Française*, n.XXI, p.179-88.

1910

γ Les Possibles: fragment d'un ouvrage de jeunesse inédit. *Archives d'Anthropologie Criminelle*, n.XXV, p.8-41.

2000

ι Contre Durkheim à propos de son *Suicide*, in Borlandi, M. e Cherkaoui, Mohamed (Orgs.). *Le Suicide – un siècle après Durkheim*. Paris: PUF, p.222-55. [Texto preparado e apresentado por Philippe Besnard e Massimo Borlandi a partir de manuscritos escritos por Tarde, em sua quase totalidade em 1897, e atualmente depositados no Centre d'histoire – Sciences Po.]

ι Lettres, in Borlandi, Massimo et al. (orgs.). *Gabriel Tarde et la Criminologie au Tournant du Siècle. Revue d'Histoire des Sciences Humaines*, n.III, p.17-50. [Correspondências entre Tarde e criminologistas italianos seus contemporâneos: N. Colajanni, E. Ferri, G. Fioreti, R. Garofalo, A. Loria, S. Siguele, F. Turati e A. Zuccarelli, além do diretor do *Corriere della Sera.*]

2002

α [PHSS] *Philosophie de l'histoire et science sociale – la philosophie de Cournot.* Paris: Les Empêcheurs de Penser en Rond. [Texto apresentado e estabelecido por Thierry Martin a partir dos manuscritos do curso sobre Cournot proferido por Tarde no Collège de France entre dezembro de 1902 e abril de 1903, e atualmente depositados no Centre d'histoire – Sciences Po.]

2004

ι A Fragment on Difference. *Distinktion: Scandinavian Journal of Social Theory*, n.9, p.29-31. [Tradução realizada por Cécile Rol do fragmento datado de 17 de dezembro de 1873 do diário pessoal de Tarde, atualmente depositado no Centre d'histoire – Sciences Po.]

2005

ι Cahier 19 – Journal Intime. *Revue d'Histoire des Sciences Humaines*, n.13, p.141-82. [Texto apresentado e estabelecido por Louise Salmon a partir do caderno 19 do diário pessoal de Tarde, atualmente depositado no Centre d'histoire – Sciences Po.]

Sobre a obra de Gabriel Tarde

Esta bibliografia sobre Gabriel Tarde é inédita, mas não exaustiva: para começar, salvo o inglês, ela só leva em conta textos publicados nas línguas românicas, sendo os vários textos publicados em russo, alemão, dinamarquês e japonês as ausências mais notáveis. Ela também não considera os vários textos sobre Tarde disponíveis apenas na internet. Além disso, ela inclui apenas trabalhos que tratam direta e explicitamente, senão do conjunto da obra de Tarde, ao menos de parte dela. Não incluímos aqui obras capitais como *Le Suicide*, de Émile Durkheim (1897), *Différence et répétition*, de Gilles Deleuze (1968), *Mille plateaux*, de Gilles Deleuze e Félix Guattari (1980), *La Contagion des idées*, de Dan Sperber (1996), *Les Transformations du capitalisme*, de Maurizio Lazzarato (2004) e *Reassembling the social: an introduction to actor-network-theory*, de Bruno Latour (2005), entre várias outras nas quais Tarde é uma referência crítica ou de apoio fundamental, mas não o tema central.

A compilação cruzou as referências apresentadas por textos aqui citados com consultas *on line* aos acervos da Library of Congres (www.loc.gov), da British Library (www.bl.uk) e da Biblioteca Nazionale Centrale de Roma (www.bncrm.librari.beniculturali.it), além de consultas *in locu* aos acervos da Biblioteca Nacional, no Rio de Janeiro, e da Bibliothèque Nationale de France e da Maison de l'Homme, ambas em Paris.

Nesta bibliografia utilizamos a mesma classificação adotada anteriormente, mas acrescida de duas outras categorias. Assim, os textos sobre Tarde relacionados abaixo estão diferenciados em: [α] monografias; [β] coletâneas; [γ] ensaios; [δ] revisões bibliográficas; [ε] resenhas; [ζ] apresentações (prefácios e introduções); [η] textos literários (contos, poemas e vaudeviles); [θ] respostas (réplicas e tréplicas); [ι] diversos (discussões, relatórios e outros textos); [κ] números especiais ou coletâneas sobre Tarde e [λ] necrológios, notas biográficas, homenagens e verbetes sobre Tarde.

1883

γ FERRI, Enrico. La Statistique criminelle du dernier demi-siècle. *Archivio di Psichiatria, Scienze Penali ed Antropologià Criminale*, n.IV, p.247-64.

ε _____. Quelques criminalistes Italiens de la nouvelle école. *Archivio di Psichiatria, Scienze Penali ed Antropologia Criminale*, n.IV, p.268-71.

1885

ε LOMBROSO, Cesare. Le Type Criminel. *Archivio di Psichiatria, Scienze Penali ed Antropologia Criminale*, n.VI, p.116.

ε MORSELLI, Enrico. Le Type Criminel. *Rivista di Filosofia Scientifica*, n.IV, p.128

ε _____. Qu'est-ce qu'une société. *Rivista di Filosofia Scientifica*, n.IV, p.353-54.

θ LOMBROSO, Cesare. La Fusion de la folie morale et du criminel-né. Réponse à M. Tarde. *Revue Philosophique*, n.XX, p.178-81.

1887

ε ESPINAS, Alfred. La Criminalité comparée. *Revue Philosophique*, n.XXIV, p.81-91.

ε LACASSAGNE, Alexandre. La Criminalité comparée. *Archives d'Anthropologie Criminelle*, n.II, p.176-79.

1888

ζ POSADA, Adolfo. Prologo, in Tarde, Gabriel. *La Criminalidad compararada*. Madri: España moderna, p.5-22.

1889

ε CICCARELLI, Angelo. Tarde e la responsabilità morale. *L'Anomalo*, n.I, p.289-93 e 353-61.

1890

ε CHAMBON, Tony. Réflexions sur le dernier livre de M. Tarde. *Le Glaneur*, 27 juillet.

ε LÉVY-BRUHL, Lucien. La Philosophie Pénale. *Revue Philosophique*, n.XXX, p.654-69.

ε PAULHAN, Frédéric. Les Lois de l'imitation. *Revue Philosophique*, n.XXX, p.170-82.

ι SIGHELE, Scipio. Le Deuxième Congrès International d'Anthropologie Criminelle. *Archivio Giuridico*, n.XLIV, p.560-6.

1891

ε BERTRAND, Alexis. Les Lois de l'imitation. *Archives d'Anthropologie Criminelle*, n.VI.

ε CORRE, Armand. La Philosophie pénale. *Archives d'Anthropologie Criminelle*, n.VI, p.93-103.

ε MORSELLI, E. Les Lois de l'imitation. *Rivista di Filosofia Scientifica*, n.X, p.124-5.

1892

γ MORSELLI, Enrico. Exame critico delle dottrine filosofiche e criminologiche del Tarde. *La Scuola Positiva*, n.II, p.129-60.

ε DAURIAC, Lionel. La philosophie pénale. *Revue d'Économie Politique*, août, p.965-6.

ε FIORETTI, G. Les Lois de l'imitation. *La Scuola Positiva*, n.I, p.320-3.

ε HONCEY, Jean. L'imitation. *Revue Politique et Littéraire – revue bleue*, n.XLIX, p.500-5.

ε PAULHAN, Frédéric. Études pénales et sociales. *Revue Philosophique*, n.XXXIV, p.75-80.

1893

ε GIRARD, Paul Frédéric. Les Transformations du droit. *Revue Philosophique*, n.XXXVI, p.535-42.

ε LERDA, G. Les Transformations du droit. *Archivio di Psichiatria, Scienze Penali ed Antropologia Criminale*, n.XIV, p.170-1.

ε WORMS, René. Les Transformations du droit. *Revue Internationale de Sociologie*, n.I.

1894

δ BERTHELOT, René. L'Imitation et la logique sociale. *Revue de Métaphysique et de Morale*, n.II, p.93-7.

1895

γ FERRI, Enrico. La Théorie sociologique de M. Tarde. *Le Devenir social*, n.I, p.253-64.

γ SOREL, Georges. Théories pénales de MM. Durkheim et Tarde. *Archivio di Psichiatria, Scienze Penali ed Antropologia Criminale*, n.XVI, p.219-28.

ε FAGUET, Émile La Logique sociale. *Revue Politique et Littéraire – Revue Bleue*, février, p.215-18.

ε TUFTS, James Hayden. Review of Gabriel Tarde, Les Transformations du droit. *Psychological Review*, n.II (3), p.305-9.

ε _____. Review of Gabriel Tarde, La Logique sociale. *Psychological Review*, n.II (6), p.616-8.

ε WORMS, René. La Logique sociale. *Revue Internationale de Sociologie*, n.III.

θ DURKHEIM, Émile. Crime et santé sociale. *Revue Philosophique*, n.XXXIX, p.518-23. [Réplica ao artigo de Tarde "Criminalité et santé sociale".]

1896

δ GIDDINGS, Henry Franklin. Reviews of Gabriel Tarde and other works. *Political Science Quarterly*, n.XI.

ε BELOT, Gustave. La Logique sociale. *Revue Philosophique*, n.XLI, p.182-97.

1897

γ TOSTI, Gustavo. The Sociological Theories of Gabriel Tarde. *Political Science Quarterly*, n.XII (3), p.490-511.

ε ANÔNIMO. Études de psychologie sociale. *Année Sociologique*, n.I, p.185.

ε BOUGLÉ, Célestin. L'Opposition universelle. *Année Sociologique*, n.I, p.111-6.

ε RICHARD, Gaston. La Criminalité professionnelle (Rapport présenté au congrès de Genève). *Année Sociologique*, n.I, p.433-5.

ε TURATI, F. L'Opposition universelle. *Critica Sociale*, n.VII, p.144.

1898

ε BOUGLÉ, Célestin. Les Lois sociales. *Année Sociologique*, n.II, p.147-52.

ε COLAJANNI, Napoleone. Les Lois sociales. *Rivista Popolare di Politica, Lettere e Scienze Sociali*, n.IV, p.20.

ε DAURIAC, Lionel. L'Opposition universelle. *Revue Philosophique*, n.XLV, p.181-9.

ε GOBLOT, Edmond. Les Lois sociales. *Revue Philosophique*, n.XLVI, 206-9.

ε LAMBERT, Alfred. Études de psychologie sociale. *Revue Internationale de Sociologie*, n.VI.

ε MAZEL, Henri. Les Lois sociales. *Mercure de France*, n.XXVI, abr.-jun.

ε _____. Études de psychologie sociale. *Mercure de France*, n.XXVI, abr.-jun.

ε PALANTE, Georges. Fragment d'histoire future. *Revue Philosophique*, n.XLVI, p.328-9.

ε WORMS, René. L'Opposition universelle. *Revue Internationale de Sociologie*, n.VI.

ε _____. Les Lois sociales. *Revue Internationale de Sociologie*, n.VI.

1899

ε FAGUET, Émile. Les Transformations du pouvoir. *Revue Politique et Littéraire – Revue Bleue*, décembre, p.777-80.

ε FAUCONNET, Paul. Qu'est-ce que le crime? *Année Sociologique*, n.III, p.413-4.

ε LAPIE, Paul. Les Transformations du pouvoir. *Année Sociologique*, n.III, p.356-62.

ε MAZEL, Henri. Les Transformations du pouvoir. *Mercure de France*, n.XXXII, out.-dez., p.232-4.

ε PAULHAN, Frédéric. Études de Psychologie Sociale. *Revue Philosophique*, n.XLVII, p.335-9.

ζ BALDWIN, James M. Preface, in Tarde, Gabriel. *Social Laws. An Outline of Sociology*. Nova York, p.VII-VIII.

λ MAY, Dick. Gabriel Tarde. *Revue Encyclopédique*.

1900

ε TOSTI, Gustavo, Review of Gabriel Tarde's Social Laws. *Psychological Review*, n.VII.

ε VEBLEN, Thorstein. Social Laws – An Outline of Sociology. *Journal of Political Economy*, september, p.562-3.

ι DURKHEIM, Émile. L'Esprit de groupe. *Année Sociologique*, n.IV, p.136.

1901

γ ESPINAS, Alfred. Être ou ne pas être, ou du postulat de la sociologie. *Revue Philosophique*, n.LI, p.449-80.

δ DOUMIC, René. Les Derniers travaux de psychologie collective: M. Tarde, Sighele, G. le Bon. *Revue des Deux Mondes*, 15 jul.

ε BELOT, Gustave. Les Transformations du pouvoir. *Revue Philosophique*, n.LI, p.61-70.

ε D'EICHTHAL, Eugène. *L'opinion et la foule* – à propos d'un livre récent. *La Semaine politique et littéraire*, p.1575-82.

ε FAUCONNET, Paul. L'Opinion et la foule. *Année Sociologique*, n.V, p.160-6.

ε LOMBROSO, Cesare. La Criminalité et les phénomènes économiques. *Archivio di Psichiatria, Scienze Penali ed Antropologia Criminale*, n.XXII, p.176-8.

ε RICHARD, Gaston. La Criminalité et les Phénomènes Économiques. *Année Sociologique*, n.V, p.450-3.

ε WORMS, René. L'Opinion et la foule. *Revue Internationale de Sociologie*, n.IX.

λ DAGAN, Henri. Les Sociologues contemporains: M. Gabriel Tarde. *Grande Revue*, n.V.

λ JELGERSMA, Gerbrandus. Hommage. *Archives d'Anthropologie Criminelle*, n.XVI.

1902

ε ANÔNIMO. La Psychologie économique. *Mercure de France*, n.XLII, abr.-jun.

ε AUBIER, A. La Réalité sociale. *Année Sociologique*, n.VI, p.130-3.

ε D'EICHTHAL, Eugène. La Psychologie économique. *Revue Philosophique*, n.LIII, p.523-32.

ε MAZEL, Henri. L'Opinion et la foule. *Mercure de France*, n.XLI, jan.-mar.

ε PAULHAN, Frédéric. L'Opinion et la foule. *Revue Philosophique*, n.LIII, p.201-7.

ε RICHARD, Gaston. La Psychologie économique. *Revue Philosophique*, n.LIV, p.640-8.

ε SIMIAND, François. Psychologie économique. *Année Sociologique*, n.VI, p.459-61.

ε VEBLEN, Thorstein. La Psychologie économique. *Journal of Political Economy*, december, p.116-48.

ε WARD, Lester. Tarde's Social Laws. *Science*.

ε WORMS, René. La Psychologie économique. *Revue Internationale de Sociologie*, n.X.

1903

γ MAHAIN, Ernest. L'Économie politique de M. Tarde. *Revue d'Économie Politique*, n.XVII, p.1-34.

ε DUPRAT, Guillaume-Léonce. La Psychologie économique. *Revue Universelle*, n.III (77), p.228.

ζ GIDDINGS, Henry Franklin. Introduction, in Tarde, Gabriel. *The Laws of Imitation*. Nova York: Henry Holt & Co., p.III-VIII.

1904

γ BERTRAND, Alexis. Les Thèses monadologiques de Gabriel Tarde. Un essai de cosmologie sociale. *Archives d'Anthropologie Criminelle – À la Mémoire de G. Tarde*, n.XIX, p.623-60.

γ VASHIDE, N. La Psychologie de Tarde. *Archives d'Anthropologie Criminelle – À la Mémoire de G. Tarde*, n.IX, p.661-74.

ε ANÔNIMO. Tarde et la morale sexuelle. *Mercure de France*, n.LI, jul.-set.

ι HERTZ, Robert. Annales de l'Institut International de Sociologie. *Année Sociologique*, n.VIII, p.157-62. [Resenha dos *Annales* publicados por René Worms com destaque para discussão da apresentação de Tarde.]

κ LACASSAGNE, Alexandre (org.). *Archives d'Anthropologie Criminelle – À la Mémoire de G. Tarde*, n.XIX.

λ ANÔNIMO. Nécrologie. *Revue Philosophique*, n.LVII, p.685.

λ LACASSAGNE, Alexandre. Gabriel Tarde (1843-1904). *Archives d'Anthropologie Criminelle – À la Mémoire de G. Tarde*, n.IX, p.501-34.

λ _____. Notes sur G. Tarde. *Archives d'Anthropologie Criminelle – À la Mémoire de G. Tarde*, n.IX, p.674-6.

λ MAZEL, Henri. A Propos de Gabriel Tarde. *Mercure de France*, n.LI, juillet-septembre, p.89-102.

λ SOCIÉTÉ DE SOCIOLOGIE DE PARIS. Parole à la mémoire de G. Tarde. *Revue Internationale de Sociologie*, n.XII.

λ WORMS, René. Notice nécrologique. *Revue Internationale de Sociologie*, n.XII.

1905

γ BOUGLÉ, Célestin. Un Sociologue individualiste: Gabriel Tarde. *Revue de Paris*, n.XII (3), p.294-316.

γ MOISANT, Savier. Une Philosophie de l'imitation. *Revue de Philosophie.*

γ WORMS, René. La Philosophie sociale de Tarde. *Revue Philosophique*, n.LX, p.121-56.

ε ARRÉAT, L. G. Tarde. Fragment d'histoire future. *Revue Philosophique*, n.LX, p.88-9.

ε BOUGLÉ, Célestin. La Société sous la terre. Une utopie de G. Tarde. *Revue Politique et Littéraire – Revue Bleue*, p.333-6.

ε DURKHEIM, Émile. L'Interpsychologie. *Année Sociologique*, n.IX, p.133-5.

ζ WELLS, H. G. Preface, in Tarde, Gabriel. *Undergroud Man*. Londres: Duckworth, p.1-20. [Tradução inglesa de *Fragment d'histoire future*. O prefácio de Wells foi traduzido e publicado em *Archives d'Anthropologie Criminelle*, n.XXI, p.233-40.]

λ BAJENOV, N. Tarde, sa personnalité, ses idées et sa puissance créatrice. *Voprossi Filisofii i Psychologii*, jan.-jun.

1906

γ DAURIAC, Lionel. La Philosophie de Gabriel Tarde. *Année Philosophique*, n.XVI, p.149-69.

1909

α DAVIS, Michael Marks. *Psychological Interpretations of Society. [With a "Bibliography of the Sociological Writings of Gabriel Tarde."]*. Nova York: Columbia University; Londres: P.S. King & Son.

β DE TARDE, Alfred e Guillaume. *Gabriel Tarde, introduction et pages choisies par ses fils*. Paris: Louis Michaud.

ζ BERGSON, Henri. Préface, in De Tarde, Alfred e Guillaume. *Gabriel Tarde, Introduction et pages choisies par ses fils*. Paris: Louis Michaud, p.5-6.

λ VÁRIOS AUTORES. *Gabriel Tarde, Discours prononcés le 12 septembre 1909 à Sarlat à l'inauguration de son monument*. Sarlat: Michelet.

1910

α DUPONT, Auguste. *Gabriel Tarde et l'économie politique.* Paris: Jouve.

α MATAGRIN, Amédée. *La Psychologie sociale de Gabriel Tarde*. Paris: Félix Alcan.

λ ESPINAS, Alfred. Notice sur la vie et les œuvres de Gabriel Tarde. *Séances et Travaux de l'Académie des Sciences Morales et Politiques*, n.CLXXIV (NS: 74), p.309-409. [Lida nas sessões de 18 e 22 de dezembro de 1909.]

1912

ζ GAULT, Robert H. Introduction, in Tarde, Gabriel. *Penal Philosophy*. Boston.

ζ LINDSEY, Edward. Editorial preface, in Tarde, Gabriel. *Penal Philosophy*. Boston.

1919

γ BARNES, Harry Elmer. The Philosophy of the State in the Writings of Gabriel Tarde. *Philosophical Review*, n.XXVIII, p.248–79.

1926

γ ROCHE-AGUSSOL, Maurice. Tarde et l'économie psychologique. *Revue d'Histoire Economique et Sociale*, n.XIV, p.68-114, 273-319.

1935

α GEISERT, André. *Le Système criminaliste de Tarde*. Paris: Domat-Mont Chrétien.

1949

γ VUILLEMIN, J. L'Imitation dans l'interpsychologie de Tarde et ses prolongements. *Journal de Psychologie*, n.IV, p.420-49.

1955

λ WILSON, Margareth S. Pioneers in Criminology: Gabriel Tarde (1843-1904). *Criminal Law Criminological Science – usa*, n.XLV (1). [Também em Mannheim, H. *Pionners in criminology*. Montclair: Patterson Smith, p.292-304.]

1957

ζ LYRA, Roberto. Prefácio, in Tarde, Gabriel. *Criminalidade comparada*. Rio de Janeiro: Editora Nacional de Direito.

1959

γ PINATEL, Jean. La Pensée criminologique d'Émile Durkheim et sa controverse avec Gabriel Tarde. *Revue de Science Criminelle et de Droit Pénal Comparé*, n.XIV (2), p.435-42.

1961

ε HUGHES, Everett C. Tarde's *Psychologie Économique*: An Unknown Classic by a Forgotten Sociologist. *American Journal of Sociology*, n.LXVI, p.553-9.

1964

γ BOUDON, Raimond. La "Statistique psychologique" de Tarde. *Annales Internationales de Criminologie*, n.3, p.1-16. [Republicado em Boudon, Raimond. *La Crise de la sociologie. Questions d'épistémologie sociologique.* Genève: Droz, p.75-91.]

1968

γ GRUPP, Stanley. The Sociology of Gabriel Tarde (1843-1904). *Sociology and Social Research*, n.LII, p.333-47.

λ CLARK, Terry. Tarde, Gabriel. *International Encyclopedia of the Social Sciences.* Nova York, p.509-14.

1969

β CLARK, Terry (Org.). *Gabriel Tarde – On Communication and Social Influence*. Chicago: Chicago University Press.

ζ CLARK, Terry. Introduction, in Clark, Terry (Org.). *Gabriel Tarde – On Communication and Social Influence*. Chicago: Chicago University Press, p.1-69.

1970

α MILET, Jean. *Gabriel Tarde et la philosophie de l'histoire.* Paris: Vrin.

1972

γ MILET, Jean. Gabriel Tarde et la Psychologie Sociale. *Revue Française de Sociologie*, n.XIII, p.472-84.

ζ PINATEL, J. Introduction, in Tarde, Gabriel. *La Philosophie pénale.* Paris: Cujas, p.VII-XVI.

1973

β ROCHEBLAVE-SPENLÉ, A. M. e MILET, J. (Orgs.). *Gabriel Tarde – écrits de psychologie sociale.* Toulouse: Privat.

γ ROCHEBLAVE-SPENLÉ, A. M. Gabriel Tarde et la Psychologie Sociale, in Rocheblave-Spenle, A. M. e Milet, J. (Orgs.). *Gabriel Tarde – écrits de psychologie sociale.* Toulouse: Privat, p.25-42.

λ MILET, Jean. Gabriel Tarde (1843-1904), in Rocheblave-Spenlé, A. M. e Milet, J. (Orgs.). *Gabriel Tarde – écrits de psychologie sociale.* Toulouse: Privat, p.9-24.

1979

γ BREVAN, Bruno. Relire Gabriel Tarde. *Ethnopsychologie*, n.XXXIV, p.239–51.

ζ BOUDON, Raimond. Présentation, in Tarde, Gabriel. *Les Lois de l'imitation.* Genebra: Slatkine.

1980

ζ TROUSSON, Raymond. Présentation, in Tarde, Gabriel, *Fragment d'histoire future.* Genebra: Slatkine, p.I-IX.

1981

γ LUBEK, Ian. Histoire de psychologies sociales perdues – le cas de Gabriel Tarde. *Revue Française de Sociologie*, n.XXII, p.361-95.

1982

γ CASADAMONT, G. Linéaments philosophiques, sociologiques et juridiques d'une présence de Gabriel Tarde. *Archives de Philosophie du Droit*, n.XXVII, p.447-66.

1983

γ FAVRE, Pierre. Gabriel Tarde et la mauvaise fortune d'un "baptême sociologique" de la science politique. *Revue Française de Sociologie*, n.XXIV (1), p.3-30.

1984

α SEMERARO, Pietro. *Il sistema penale di Gabriel Tarde*. Padova: Cedam.

γ JOSEPH, Isaac. Gabriel Tarde: le monde comme féerie. *Critique*, n.XL (445-6), p.548-65. [Republicado em Tarde, Gabriel. *Les Lois sociales*. Paris: Les Empêcheurs de Penser en Rond, 1999, p.9-36.]

1987

γ BEIRNE, Piers. Between Classicism and Positivism: Crime and Penalty in the Writings of Gabriel Tarde. *Criminology: An Interdisciplinary Journal – American Society of Criminology*, n.XXV (4), p.785-820.

γ SCHMITZ, H. W. The Concept of Conversation in the Writings of Gabriel Tarde. *Kodikas code-ars semeiotica*, n.X (3-4), p.287-99.

1988

α PETRUCCI, Valentino. *Gabriel Tarde: filosofie penali tra Otto e Novecento*. Napoli: Edizioni Scientifiche Italiane.

γ FRAISSE, L. A Transfigured sociology, Marcel Proust reader of Gabriel Tarde. *Revue d'Histoire Litteraire de la France*, n.LXXXVIII (4), p.710-36.

1989

γ FRAISSE, L. The Imitation of Organicism – Montesquieu "esprit des lois", Émile Durkheim and Gabriel Tarde – Montesquieu in light of the sociologists in 1880. *Revue d'Histoire Litteraire de la France*, n.LXXXIX (2), p.195-219 ζ REYNIÉ, Dominique. Introduction: Gabriel Tarde, théoricien de l'opinion, in Tarde, Gabriel. *L'Opinion et la foule*. Paris: PUF, p.7-28.

1992

γ KATZ, Elihu. L'héritage de Tarde: un paradigme pour la recherche sur l'opinion et la communication. *Hermès*, n.XI (2), p.265-74.

γ _____. On Parenting a Paradigm: Gabriel Tarde's Agenda for Opinion and Communication Research. *International Journal of Public Opinion Research*, n.IV (1), p.80-86.

1993

γ LEYS, Ruth. Mead's Voices: Imitation as Foundation, or, the Struggle against Mimesis. *Critical Inquiry*, n.XIX (2), p.277-307. [A primeira sessão, que ocupa um terço do artigo, intitula-se "Tarde in America".]

ζ KARSENTI, Bruno. Présentation, in Tarde, Gabriel. *Les Lois de l'imitation*. Paris: Éditions Kimé, p.VII-XXVI.

1994

γ BORLANDI, Massimo. Informations sur la rédaction du Suicide et sur l'état du conflit entre Durkheim et Tarde de 1895 à 1897. *Études Durkheimiennes*, n.VI, p.4-13. [Contém ainda cinco "Lettres d'Émile Durkheim à Gabriel Tarde". *Études Durkheimiennes*, n.VI, p.10-2.]

ζ MILET, Jean. Introduction, in Tarde, Gabriel. *Les Transformations du droit*. Paris: Berg International, p.7-15.

1995

γ BESNARD, Philippe. Durkheim critique de Tarde: des *Règles* au *Suicide*, in Borlandi, Massimo e Mucchielli, Laurent. *La Sociologie et sa méthode – les* Règles *de Durkheim un siècle après*. Paris: Harmattan, p.221-43.

γ VARGAS, Eduardo V. A microssociologia de Gabriel Tarde. *Revista Brasileira de Ciências Sociais*, n.X (27), p.93-110.

1996

γ KINNUEN, Jussi. Gabriel Tarde as a Founding Father of Innovation Diffusion Research. *Acta Sociologica*, n.XXXIX, p.431-42.

1998

γ BISI, Roberta. La criminologia in Gabriel Tarde: note introduttive. *Quaderni del Centro studi sui comportamenti devianti e criminali*, n.V. Bologna: Clueb.

ζ SCHERER, René. Fin de siècle – une utopie esthétique, in Tarde, Gabriel. *Fragment d'Histoire Future.* Biarritz: Atrantica, p.7-37.

λ VALADE, B. Gabriel Tarde (1843-1904), in *Dictionnaire de la sociologie*. Paris: Encyclopaedia Universalis, Albin Michel, p.843-49.

1999

γ KATZ, Elihu. Theorizing Diffusion: Tarde and Sorokin Revisited. *The Annals of the American Academy of Political and Social Science*, p.144–55.

γ TOEWS, David. The renaissance of *Philosophie Tardienne*. *Pli – The Warwick Journal of Philosophy*, n.VIII, p.164-73.

ε BALANDIER, Georges. Gabriel Tarde, le sociologue retrouvé, in *Le Monde des livres*, Paris: Le Monde, 19 février.

ε LATOUR, Bruno. Pourquoi viens-tu si tarde? (Comment trouver un successeur au structuralisme). *La Recherche*, n.CCCXX, p.81.

ζ ALLIEZ, Éric. Présentation. Tarde et le problème de la constitution, in Tarde, Gabriel. *Monadologie et sociologie.* Paris: Les Empêcheurs de Penser en Rond, p.9-22.

ζ LAZZARATO, Maurizio. Postface. Gabriel Tarde: un vitalisme politique, in Tarde, Gabriel. *Monadologie et sociologie.* Paris: Les Empêcheurs de Penser en Rond, p.103-50.

ζ MARTIN, Jean-Clet. Tarde aujourd'hui, in Tarde, Gabriel. *L'Opposition universelle – essai d'une théorie des contraires*. Paris: Les Empêcheurs de Penser en Rond, p.13-38.

ζ SCHERER, René. *Homo Ludens*: des stratégies vitales, in Tarde, Gabriel. *La Logique sociale*. Paris: Les Empêcheurs de Penser en Rond, p.15-56.

2000

α VARGAS, Eduardo V. *Antes tarde do que nunca: Gabriel Tarde e a emergência das ciências sociais.* Rio de Janeiro: Contra Capa.

γ BISI, Roberta. Credenze, desideri e imitazione: un approccio al sistema socio-psicologico di Gabriel Tarde. *Quaderni del Centro studi sui comportamenti devianti e criminali*, n.VII. Bologna: Clueb.

γ BORLANDI, Massimo. Tarde et les Criminologues Italiens de son temps (à partir de sa correspondance inédite ou retrouvée), in Borlandi, Massimo et al. (Orgs.). *Gabriel Tarde et la criminologie au tournant du siècle. Revue d'Histoire des Sciences Humaines*, n.III, p.7-56.

γ BOUDON, Raimond. Gabriel Tarde, la connexion micro-macro, in *Études sur les sociologues classiques*, 2. Paris: PUF, p.247-72.

γ LETONTURIER, Éric. Gabriel Tarde, sociologue de la communication et des réseaux. *Cahiers Internationaux de Sociologie*, n.CVIII, p.79-102.

γ MARSDEN, Paul. Forefathers of memetics: Gabriel Tarde and the Laws of Imitation. *Journal of Memetics – Evolutionary Models on Information Transmission*, n.IV.

γ MUCCHIELLI, Laurent. Tardomania? Réflexions sur les usages contemporains de Tarde, in Borlandi, Massimo et al. (Orgs.). *Gabriel Tarde et la criminologie au tournant du siècle. Revue d'Histoire des Sciences Humaines*, n.III, p.161-84.

γ VATIN, François. Tarde, Cournot et la fin des temps. *L'Homme et la société*, n.CXXXVI-VII, p.127-156. (Republicado em Vatin, François. *Trois Essais sur la genèse de la pensée sociologique*. Paris: La Découverte, 2005, p.221-45.)

ε LATOUR, Bruno. Le Retour de Gabriel Tarde. *Le Monde des Débats*, Paris: Le Monde, n.XI, février, p.29.

ζ DEVARIEUX, Anne. Préface. Gabriel Tarde lecteur de Maine de Biran, ou la "difficulté formidable", in: Tarde, Gabriel. *Maine de Biran et l'évolutionnisme en psychologie*. Paris: Les Empêcheurs de Penser en Rond, p.13-49.

κ BORLANDI, Massimo et al. (Orgs.). Gabriel Tarde et la criminologie au tournant du siècle. *Revue d'Histoire des Sciences Humaines*, n.III.

2001

γ ALLIEZ, Eric. Différence et répétition de Gabriel Tarde. *Multitudes – Mineure: Tarde intempestif*, n.VII, p.171-6.

γ ANTOINE, Jean Philippe. Tarde, commun sensationnel. *Multitudes – Mineure: Tarde intempestif*, n.VII, p.203-11.

γ JOSEPH, Issac. Tarde avec Park. *Multitudes – Mineure: Tarde intempestif*, n.VII, p.212-20.

γ LAZZARATO, Maurizio. La Psychologie économique contre l'économie politique. *Multitudes – Mineure: Tarde intempestif*, n.7, p.183-202.

γ MARTIN, Jean-Clet. Tarde: une nouvelle monadologie. *Multitudes – Mineure: Tarde intempestif*, n.VII, p.186-92.

γ SHERER, René. Tarde, puissances de l'invention. *Multitudes – Mineure: Tarde intempestif*, n.VII, p.177-85.

ζ BEIRNE, Piers. Introduction, in Tarde, Gabriel. *Penal Philosophy*. New Brunswick, N.J.: Transaction Publishers, p.I-XXXVII.

κ ALLIEZ, Eric (org.). *Multitudes – Mineure: Tarde intempestif*, n.VII.

2002

α LAZZARATO, Maurizio. *Puissances de l'invention – la psychologie économique de Gabriel Tarde contre l'économie politique*. Paris: Les Empêcheurs de Penser en Rond.

α THEMUDO, Tiago S. *Gabriel Tarde – sociologia e subjetividade*. Rio de Janeiro: Relume Dumará.

γ BALLER, Robert D. e RICHARDSON, Kelly K. Social Integration, Imitation, and the Geographic Patterning of Suicide. *American Sociological Review*, n.LXVII (6), p.873-88. [Artigo sobre a polêmica Tarde/Durkheim.]

γ DUNCAN, D. C. Gabriel Tarde – The First Economic Psychologist? *Journal of Economic Psychology*, n.XXIII (1), p.149-56.

γ KARSENTI, Bruno. L'Imitation – retour sur le débat entre Durkheim et Tarde, in Chauviré, Christiane e Ogien, Albert (Orgs.). *La Regularité – habitude, disposition et savoir-faire dans l'explication de l'action.* Paris: EHESS, p.183-205.

γ LATOUR, Bruno. Gabriel Tarde and the End of the Social, in Joyce, Patrick (Org.). *The Social and Its Problems – New Bearings in the History and the Social Sciences.* Londres: Routledge, p.117-32.

ζ MARTIN, Thierry, Préface: Tarde, lecteur de Cournot, in Tarde, Gabriel. *Philosophie de l'histoire et science sociale – la philosophie de Cournot.* Paris: Les Empêcheurs de Penser en Rond, p.9-26.

2003

α MONTEBELLO, Pierre. *L'Autre métaphysique: essai sur la philosophie de la nature*: Ravaisson, Tarde, Nietzsche et Bergson. Paris: Desclee de Brouwer.

γ TOEWS, David. The New Tarde: Sociology after the End of the Social. *Theory, Culture and Society*, n.XX (5), p.81-98.

ζ ZOURABICHVILLI, François. Préface: le pouvoir en devenir – Tarde et l'actualité, in: Tarde, Gabriel. *Les Transformations du pouvoir.* Paris: Les Empêcheurs de Penser en Rond, p.7-37.

2004

γ ANTOINE, Jean-Philippe. Tarde's Aesthetics: Art & Art, or the Invention of Social Memory, in Stäheli, Urs e Borch, Christian (Orgs.). *Distinktion – Scandinavian Journal of Social Theory – Special Issue on Gabriel Tarde*, n.IX, p.71-81.

γ CZARNIAWSKA, Barbara. Gabriel Tarde and Big City Management, in Stäheli, Urs e Borch, Christian (Orgs.). *Distinktion – Scandinavian Journal of Social Theory – Special Issue on Gabriel Tarde*, n.IX, p.119-33.

γ MOEBIUS, Stephan. Imitation, Repetition and Iterability – Poststruralism and the "Social Laws" of Gabriel Tarde, in Stäheli, Urs e Borch, Christian (Orgs.). *Distinktion – Scandinavian Journal of Social Theory – Special Issue on Gabriel Tarde*, n.IX, p.55-69.

γ PAPILLOUD, Christian. Understanding Interactivity with Gabriel Tarde, in Stäheli, Urs e Borch, Christian (Orgs.). *Distinktion – Scandinavian Journal of Social Theory – Special Issue on Gabriel Tarde*, n.IX, p.83-101.

γ SCHIMID, Hans Bernhard. Evolution by Imitation: Gabriel Tarde and the Limits of Memetics, in Stäheli, Urs e Borch, Christian (Orgs.). *Distinktion – Scandinavian Journal of Social Theory – Special Issue on Gabriel Tarde*, n.IX, p.103-18.

ε VARGAS, Eduardo V. Multiplicando os agentes do mundo: Gabriel Tarde e a sociologia infinitesimal. *Revista Brasileira de Ciências Sociais*, n.XIX (55), p.172-6.

ζ LAZZARATO, Maurizio. Introduction, in Tarde, Gabriel. *Underground: Fragments of Future Histories*. Bruxelas / Dijon, Les Maîtres de Forme Contemporains / Les Presses du Réel.

ζ RENNEVILE, Marc. Le Printemps des sciences du crime, in: Tarde, Gabriel. *La Criminalité comparée.* Paris: Les Empêcheurs de Penser en Rond, p.7-22.

ζ _____. Postface. Gabriel Tarde: l'hirondelle de la criminologie, in: Tarde, Gabriel. *La Criminalité comparée.* Paris: Les Empêcheurs de Penser en Rond, p.207-16.

ζ STÄHELI, Urs e BORCH, Christian. Editorial, in Stäheli, Urs e Borch, Christian (Orgs.). *Distinktion – Scandinavian Journal of Social Theory – Special Issue on Gabriel Tarde*, n.IX, p.5-7.

ι BORCH, Christian. Bibliography of Gabriel Tarde, in Stäheli, Urs e Borch, Christian (orgs.). *Distinktion – Scandinavian Journal of Social Theory – Special Issue on Gabriel Tarde*, n.IX, p.151-8.

κ STÄHELI, Urs e BORCH, Christian (orgs.). *Distinktion – Scandinavian Journal of Social Theory – Special Issue on Gabriel Tarde*, n.IX.

λ PÉNICAUD, Catherine (org.). *Gabriel Tarde (1843-1904)*. Agen: ENAP.

2005

α PARAMELLE, France. *Histoire des idées en criminologie au xixe. et au XXe siècle*: Gabriel Tarde. Paris: L'Harmattan.

γ BORCH, Christian. Urban Imitations: Tarde's Sociology Revisited. *Theory, Culture & Society*, n.XXII (3), p.81-100.

γ SALMON, Louise. Gabriel Tarde et la société parisienne à la fin du XIXe siècle: "rapides moments de vie sociale", 1894-1897. *Revue d'Histoire des Sciences Humaines*, n.XIII, p.127-40.

λ CLARK, Terry Gabriel Tarde – 1843-1904, in Borlandi, M. et al., *Dictionnaire de la pensée sociologique*. Paris: PUF, p.691-94.

Índice onomástico

SOBRE O LIVRO

Formato: 14 x 21 cm
Mancha: 23 x 44 paicas
Tipologia: Venetian 301 12,5/16
Papel: Off-white 80 g/m² (miolo)
Cartão Supremo 250 g/m² (capa)

1ª edição Editora Unesp: 2018

EQUIPE DE REALIZAÇÃO

Edição de texto
Bruno Gambarotto (Preparação)
Carmem Cacciacarro e Ricardo Inácio dos Santos (Revisão)

Capa
Vicente Pimenta

Crédito das imagens
Página 6, Gabriel Tarde; página 234, comuna de Beynac às margens do rio Dordogne, desenho de Gabriel Tarde. Fonte: Archives d'Histoire Contemporaine, Centre d'Histoire de Sciences Po, fonds Gabriel Tarde, autorizadas pela família de Tarde.

Editoração eletrônica
Eduardo Seiji Seki

Assistência editorial
Alberto Bononi
Richard Sanches

Impressão e Acabamento
assahi
gráfica e editora ltda.